D1924650

M+T easy

Java 2

Dirk Louis
Peter Müller

M+T easy

Java 2

Markt+Technik
Verlag

Die Deutsche Bibliothek – CIP-Einheitsaufnahme

Ein Titeldatensatz für diese Publikation ist bei
Der Deutschen Bibliothek erhältlich.

Umwelthinweis:
Dieses Buch wurde auf chlorfrei gebleichtem Papier gedruckt.
Die Einschrumpffolie – zum Schutz vor Verschmutzung – ist aus umweltverträglichem und recyclingfähigem PE-Material.

10 9 8 7 6 5 4 3 2 1

05 04 03 02 01

ISBN 3-8272-6027-2

Umschlaggrafik: adesso 21, München
Lektorat: Katrin Aits, kaits@pearson.de
Herstellung: Ulrike Hempel, uhempel@pearson.de
Satz: mediaService, Siegen
Druck und Verarbeitung: Kösel, Kempten (www.KoeselBuch.de)
Printed in Germany

Inhaltsverzeichnis

Anhänge

Vorwort

Sie interessieren sich dafür, selbst Computerprogramme zu erstellen? Sie wollen herausfinden, wie man so etwas macht und somit das Geheimnis ergründen, wie aus einem leblosen Kasten namens Computer ein fast lebendiges Gebilde wird, das bunte Bilder anzeigen kann, Töne von sich gibt und dem man komplexe Aufgaben zur Durchführung übergeben kann?

Dann halten Sie das richtige Buch in den Händen. Herzlichen Glückwunsch hierzu! Dieses Buch beschreibt anschaulich und verständlich, wie einfache Computerprogramme erstellt werden. Sie lernen also, wie man »programmiert«.

Das Programmieren erfolgt immer in einer so genannten Programmiersprache und ähnlich wie bei den natürlichen Sprachen gibt es mittlerweile viele verschiedene Varianten. Einige kennen Sie vielleicht vom Hören. Da fallen dann so kryptische Bezeichnungen wie C++[1], Oberon, Python, Delphi oder seit einigen Jahren auch ziemlich oft der Name Java. Java ist eine moderne Programmiersprache und relativ einfach zu erlernen, ohne dabei auf Funktionalität und Leistungsfähigkeit verzichten zu müssen. Aus diesem Grund ist Java mittlerweile eine Standardprogrammiersprache geworden, die sich mehr und mehr anschickt, andere etablierte Sprachen zu verdrängen.

Wenn Sie also programmieren lernen wollen und dies gleich mit einer wunderbaren Sprache wie Java, dann haben Sie eine sehr gute Wahl getroffen. Dieses Buch wird versuchen, Ihnen den Einstieg in Java so einfach wie möglich zu machen, ohne dabei auf Qualität und fundiertes Wissen zu verzichten. Neben den eigentlichen Bestandteilen der Programmiersprache Java werden Sie auch viel Wissen nebenbei mit aufsammeln hinsichtlich genereller Programmiertechniken und moderner Software-Entwicklung. Und dabei werden keine Vorkenntnisse erwartet! Sie müssen also noch nie programmiert haben und ein Informatik-Studium wird auch nicht vorausgesetzt! Es wird lediglich allgemeines Computerwissen benötigt, um mit diesem Kurs loszulegen, d.h. Sie sollten schon mit Windows 98 o.ä. vertraut sein und zum Beispiel wissen, was die [↵]-Taste ist und wozu sie dient. Von solchen Grundlagen einmal abgesehen müssen Sie vom Programmieren absolut

1. Dieser Titel wurde entsprechend dem C++-Titel aus der Easy-Reihe aufgebaut (gleicher Kapitelaufbau, gleiche Beispiele). Wir hoffen, Umsteigern dadurch die Einarbeitung in die jeweils andere Programmiersprache zu erleichtern.

nichts wissen. Ehrenwort! Dazu gehört natürlich auch, dass Sie hier nicht mit englischen Fachbegriffen bombardiert werden. Teilweise lassen sie sich nicht vermeiden, aber sie werden dann immer erklärt und nicht stillschweigend vorausgesetzt.

In der Hoffnung, dass Sie nun richtig Lust haben, die Welt der Java-Programme kennen zu lernen, wünschen Ihnen die Autoren viel Spaß und Erfolg.

Dirk Louis, dirklouis@cs.com
Peter Müller, jp_mueller@web.de

Saarbrücken, im März 2001

Kapitel 1

Schnelleinstieg

Damit Sie nicht den Überblick verlieren, beginnen wir mit einem Schnelleinstieg, der Ihnen ganz kurz die wesentlichen Aspekte bei der Programmentwicklung mit Java aufzeigen soll.

Das Java-Programmieren besteht im Prinzip aus dem Einsatz von vier Werkzeugen: dem Editor, dem Compiler, dem Interpreter und eventuell dem Debugger:

1. Zunächst wird das Java-Programm selbst mit einem einfachen Textverarbeitungsprogramm – einem so genannten Editor – geschrieben. Der dabei erstellte Programmtext (der Programmcode) muss dabei nach den Regeln (der Syntax) der jeweiligen Programmiersprache aufgebaut sein, in unserem Fall also gemäß den Java-Regeln. Diesen Programmcode nennt man auch Quellcode oder auf englisch Sourcecode.
2. Der Quellcode ist für Menschen lesbar, aber für einen Computer wertlos. Er braucht so genannten Maschinencode (eine Folge von Nullen und Einsen), denn nur das kann sein Prozessor verstehen (Sie wissen ja: Computer an sich sind doof!). Damit der Computer nun Maschinencode erhält, benötigt man ein spezielles Programm namens Compiler, das den Quellcode in Maschinencode übersetzt. Im Falle von Java allerdings gibt es im Unterschied zu anderen Programmiersprachen eine Besonderheit. Der Java-Compiler übersetzt den Quellcode nicht in Maschinencode, sondern in eine Zwischenform namens Bytecode, der weder für den Menschen noch für den Computer (genauer gesagt für seinen Prozessor) lesbar ist.
3. Diesen Bytecode übergibt man einem speziellen Programm, dem Interpreter. Der Interpreter liest den Bytecode ein und übersetzt ihn stückweise in Maschinencode und lässt ihn vom Prozessor dann ausführen.
4. Das Erstellen eines Programms ist ziemlich schwierig und ein fertiges Programm macht oft anfangs nicht das, was der Programmierer eigentlich will. Bei der Fehlersuche verwendet man dann ein spezielles Programm namens Debugger (vom englischen Begriff *debug* für entwanzen). Das Fehlersuchen und -entfernen heißt daher auch häufig debuggen.

Damit sind Ihnen schon die Grundschritte beim Programmentwickeln bekannt: Man schreibt das Programm als Quellcode auf, kompiliert es dann in das Zwischenformat namens Bytecode und führt es danach mittels eines Interpreters aus. So weit ist das ja alles klar, aber was steht denn nun in diesem Quellcode so drin?

Da wir an dieser Stelle einen Überblick gewinnen wollen, streifen wir daher nur kurz die wesentlichen Aspekte eines Programms:

- Ein- und Ausgabe von Daten: Ein Programm benötigt letztlich immer irgendwelche Daten. Diese Daten stammen vom Benutzer (der auf der Tastatur klimpert oder mit der Maus herumklickt) oder aus anderen Quellen, z.B. einer Datei auf der Festplatte. Der Quellcode muss daher festlegen, welche Daten wie behandelt werden, wo sie herkommen und wie sie ausgegeben werden (z.B. auf dem Bildschirm, in eine Datei oder auf den Drucker).

- Datenverarbeitung: Alle Daten, die das Programm erhält, müssen verarbeitet werden. Man kann mit ihnen rechnen, sie durchsuchen, vergleichen oder verändern. Neben diesen Operationen mit den Daten muss der Programmierer sich im Quellcode auch darum kümmern, wie die Daten während dieser Verarbeitung im Hauptspeicher des Computers organisiert und abgelegt werden.
- Programmfluss: Grundsätzlich werden die Anweisungen, die in einem Programm stehen, vom Computer schrittweise und vom Anfang bis zum Ende nacheinander ausgeführt. Diesen sequentiellen Programmfluss kann man aber auch steuern; im Wesentlichen erfolgt dies über Schleifen – Blöcke von Anweisungen, die mehrfach abgearbeitet werden – und Verzweigungen, bei denen von mehreren Alternativen nur eine bestimmte abgearbeitet wird.

Die Einzelheiten der obigen Punkte werden Sie in den nachfolgenden Kapiteln kennen lernen. Da Java eine sehr umfangreiche Sprache ist, werden wir uns dabei auf die wichtigsten Elemente konzentrieren, die notwendig sind, um die ersten einfachen Programme zu erstellen. Legen wir also los!

Kapitel 2

Was sind Programme?

Bisher kennen Sie Programme vermutlich nur aus der Perspektive des Anwenders. Sie nutzen ein Textverarbeitungsprogramm zum Verfassen von Briefen und anderen Dokumenten, mit einem Datenbankprogramm verwalten Sie Adressen oder eine CD-Sammlung, Sie verwenden einen Browser zum Surfen im Internet. Wo aber kommen diese Programme her? Was unterscheidet ein Programm von einem Textdokument? Wie kann man eigene Programme schreiben? Diesen Fragen wollen wir in diesem Kapitel nachgehen.

Was ist ein Programm?

Es gibt Leute, die erstarren vor Ehrfurcht, wenn Sie vor einem Computer stehen. Wenn diese Leute einen Computer nach der Hauptstadt von Nepal fragen und als Antwort Lhasa erhalten, werden Sie diese Antwort ohne zu zögern akzeptieren, weil Computer ja unfehlbar sind. Dabei ist Lhasa die Hauptstadt von Tibet und nicht von Nepal.

Sind Computer also dumm? Nein, denn den Fehler aus obigem Beispiel macht ja nicht der Computer selbst, sondern ein Programm, das auf diesem Computer ausgeführt wird. Computer selbst sind weder dumm noch intelligent. Es sind nichts anderes als Abspielgeräte für Programme. So wie Sie in Ihren CD-Player Musik-CDs stecken und dann abspielen, installieren Sie auf einem Computer Programme, die Sie dann ausführen.

Einen kleinen Unterschied gibt es aber doch zwischen einem CD-Player und einem Computer!

Auf einer Musik-CD befinden sich nur Daten (Töne und Akkorde), die der CD-Player nacheinander abspielt. Ein Programm enthält dagegen Befehle, die vom Computer ausgeführt werden sollen.

Abbildung 2.1: Computer sollte man nur mit Daten und Programmen füttern.

Sprechen Sie Computer?

Wow! Programme enthalten Befehle. Die Bedeutung dieses Satzes muss man erst einmal verarbeiten. Wir können also einen Befehl wie »Nenne mir die Hauptstadt von Nepal!« als Programm verpackt auf dem Computer ausführen und erhalten als Antwort »Katmandu« zurück? Nein, denn wenn es so einfach wäre, würden Programmierer nicht so gut bezahlt.

Das Problem ist, dass der Computer nur eine bestimmte Menge an elementaren Befehlen versteht. Diese Befehle lauten beispielsweise:

»Kopiere den Inhalt der Speicherzelle 325 in die Speicherzelle 326«

»Kopiere den Inhalt der Speicherzelle 12 in das Register A«

»Addiere zu dem Inhalt von Register A den Wert 1«

Erschwerend kommt hinzu, dass diese Befehle als eine Folge von Nullen und Einsen codiert sein müssen. Diese binärcodierten Befehle bezeichnet man als *Maschinencode*. Können Sie sich vorstellen, Ihre Programme als Maschinencode aufzusetzen, also etwas so:

0011001100111010

0011000100100101

1111011001101100

Brrrr!

Was macht man also? Man besorgt sich ein Übersetzungsprogramm, auch *Compiler* genannt, das unsere Befehle in Maschinencode umwandelt. Doch selbst ein Compiler ist nicht in der Lage, Befehle wie »Nenne mir die Hauptstadt von Nepal!« in Maschinencode zu übersetzen. Der Compiler verlangt nämlich, dass die Befehle in einer besonderen Sprache, einer Programmiersprache, aufgesetzt sind. Und Sie ahnen es schon: die Programmiersprache, die wir in diesem Buch zur Programmerstellung verwenden, ist Java.

Bytecode

Java hat im Gegensatz zu anderen Programmiersprachen wie C++ eine Besonderheit: der Java-Compiler übersetzt eine Folge von Java-Befehlen (also das Java-Programm) nicht in den obigen schauerlichen Maschinencode, sondern in eine Zwischenform namens *Bytecode*. Diese Zwischenstufe ist allerdings auch nicht viel besser zu lesen! Warum also das Ganze?

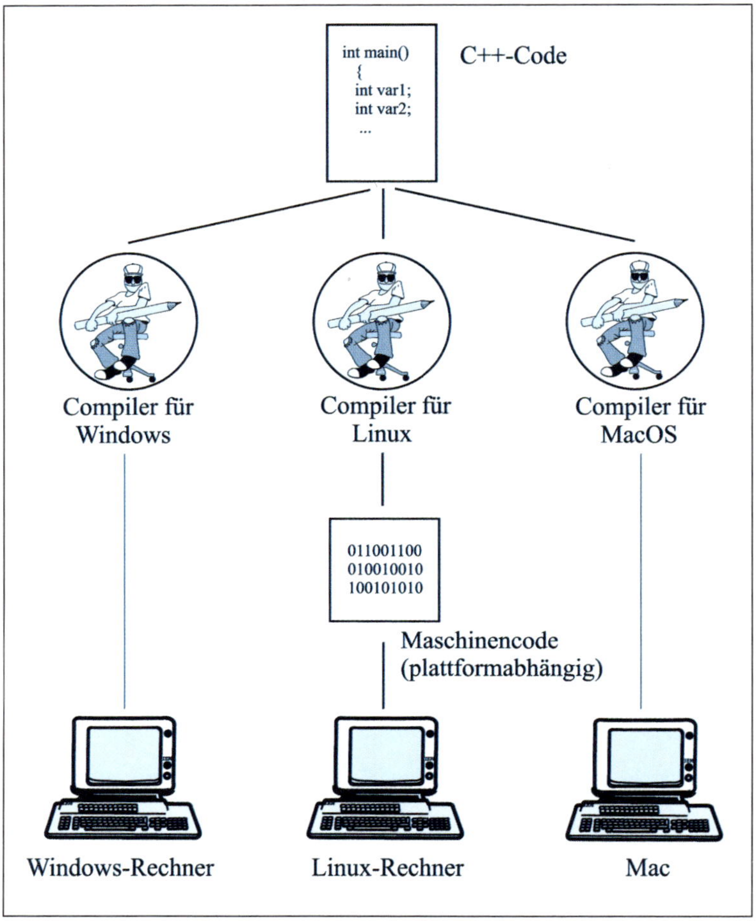

Abbildung 2.2: Ein kompiliertes C++-Programm kann nur auf der Rechner-Plattform ausgeführt werden, für die es erstellt wurde.

Nun, der Grund liegt in der Plattformunabhängigkeit. Darunter versteht man, dass ein Programm unabhängig von dem verwendeten Betriebssystem eingesetzt werden kann. Sicherlich wissen Sie, dass es viele verschiedene Betriebssysteme gibt, z.B. Windows 98 oder Linux oder MacOS auf den Apple-Computern. Diese Betriebssysteme sind zueinander nicht kompatibel und daher können Sie beispielsweise ein Spiel (nennen wir es mal *risiko.exe*) für Windows 98 nicht auf einem Linux-System ausführen. Die *risiko.exe*-Datei besteht aus Maschinencode, der auf das jeweilige Betriebssystem (also in unserem Beispiel Windows 98) sowie den verwendeten Prozessortyp (Intel Pentium) abgestimmt ist. Wäre das Spiel in Java programmiert, hätte man dieses Problem so nicht. Es würde in dieser besagten Zwischenform namens Bytecode vorliegen und wäre auf jedem Betriebssystem ablauffähig, vorausgesetzt, es gibt ein kleines Hilfsprogramm, das die Bytecode-Datei einliest und Zeile für Zeile in Maschinencode übersetzt und dem Prozessor zum Ausführen übergibt. Diesen Vorgang nennt man interpretieren und logischerweise heißt das Hilfsprogramm daher Interpreter.

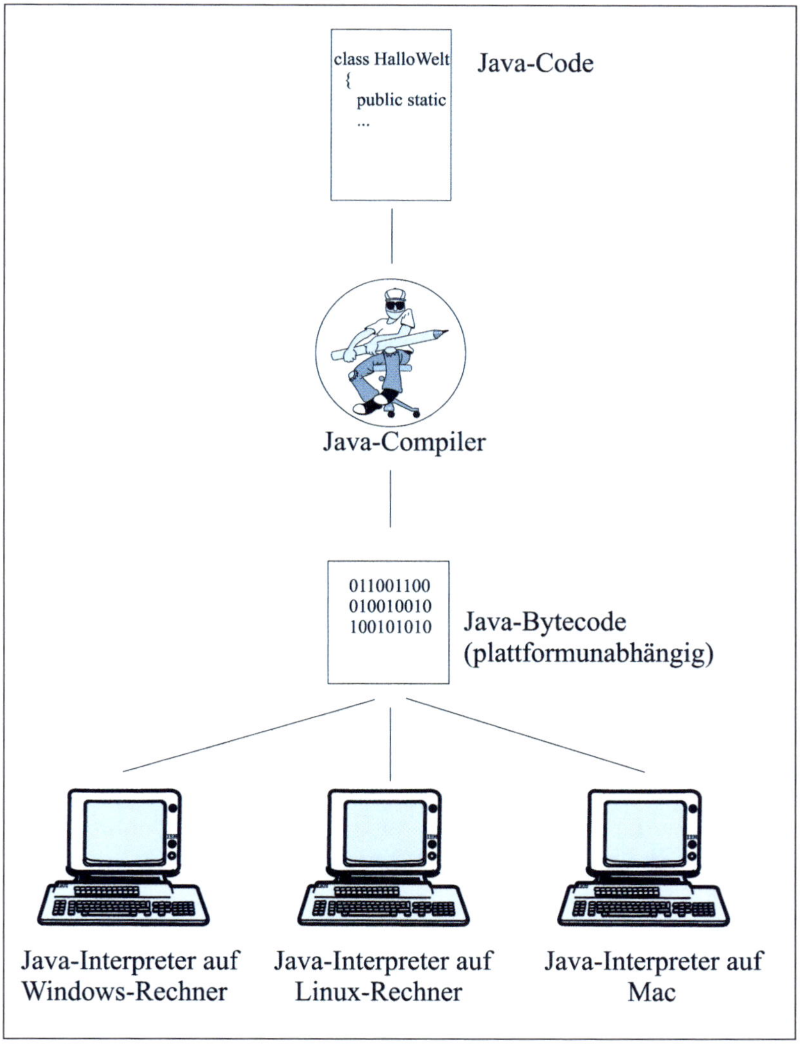

Abbildung 2.3: Ein kompiliertes Java-Programm kann mit Hilfe passender Interpreter auf beliebigen Plattformen ausgeführt werden.

Von der Idee zum Programm

Schauen wir uns nun einmal an, wie wir zu einem Programm kommen, das uns die Hauptstadt von Nepal oder gleich noch besser von beliebigen Ländern sagen kann. Wie könnte ein solches Programm aufgebaut sein?

Zuerst einmal muss das Programm wissen, welches Land welche Hauptstadt hat. Zu diesem Zweck könnte man im Programmcode alle Länder mit Hauptstädten aufführen. Obwohl dies prinzipiell möglich wäre, denn ein Programm kann neben Befehlen auch Daten enthalten, ist es bei größeren Datenmengen doch zu empfehlen, diese in einer separaten Datei abzulegen. Diese Datei, die eine einfache Textdatei sein kann, dient dann als Datenbank zu dem Programm.

Bei Programmstart soll das Programm den Anwender auffordern, das Land anzugeben, dessen Hauptstadt er wissen möchte. Das Programm liest die Eingabe des Anwenders ein, öffnet dann die Datenbank und geht alle Einträge in der Datenbank durch, bis es das betreffende Land gefunden hat. Dann schaut es nach, welche Hauptstadt zu diesem Land gehört. Danach schließt das Programm die Datenbank und zeigt dem Anwender die gefundene Hauptstadt an.

Ein solches Ablaufschema für die Arbeit eines Programms bezeichnet man auch als *Algorithmus*. Formuliert man ihn etwas übersichtlicher, sieht der Algorithmus für unser Programm wie folgt aus:

1. Fordere den Anwender auf, ein Land einzugeben.
2. Lies die Eingabe des Anwenders ein.
3. Öffne die Datenbank.
4. Gehe die Einträge in der Datenbank der Reihe nach durch und vergleiche jedes dort gespeicherte Land mit dem gesuchten. Hierbei sind zwei Fälle möglich:
   - Irgendwann wird ein passender Eintrag gefunden. Brich dann die Suche ab, lies die zugehörige Hauptstadt ein und gib sie auf dem Bildschirm aus.[1]
   - Das Ende der Datenbank wird erreicht, ohne dass der erste Fall eingetreten war. Gib eine entsprechende Fehlermeldung auf dem Bildschirm aus.
5. Schließe die Datenbank.

HINWEIS

Vielleicht denken Sie jetzt: »Meine Güte, darauf wäre ich nie selbst gekommen« und Sie fragen sich, wie man das Formulieren von Algorithmen erlernen kann. Ganz einfach, man erlernt es zusammen mit der Programmiersprache. Ein gut formulierter Algorithmus gibt nämlich nicht nur an, wie ein Programm abläuft, sondern weist auch bereits daraufhin, wie das Programm zu implementieren ist, das heißt, er verwendet die gleichen typischen Elemente und Konstruktionen, die auch im Programmcode verwendet werden. Diese Elemente und Konstruktionen (Schleifen, Verzweigungen, Dateioperationen) werden Sie im weiteren Verlauf dieses Buchs kennen lernen.

Im Übrigen kann man sich bei kleineren Programmen das Aufsetzen eines Algorithmus sparen, vorausgesetzt, man hat schon etwas Erfahrung im Programmieren. Bei größeren Programmen hingegen empfiehlt es sich dringend, nicht drauflos zu programmieren, sondern erst einen Ablaufplan für das Programm zu erstellen.

Der nächste Schritt besteht nun darin, den Algorithmus in Programmcode umzusetzen. Dazu muss man bei unserem obigen Beispiel natürlich wissen, wie man ein Java-Programm aufsetzt, mit Java Dateien auf der Festplatte des Computers lesen kann, eine Schleife programmiert (zum Durchsuchen der Datenbank), wie Verzweigungen codiert werden und vieles andere mehr.

Da Sie dies erst im Laufe des Buchs lernen werden, überspringen wir diesen Schritt kurzerhand und nehmen einfach an, wir hätten den Java-Quelltext des Programms bereits vollständig in einen Texteditor eingegeben und als Datei *Laender.java* auf der Festplatte gespeichert.

1. Um noch einmal auf die Unfehlbarkeit der Computer zurückzukommen: Es dürfte klar sein, dass dieses Programm nicht wirklich die Hauptstadt des Landes zurückliefert, sondern das, was als »Hauptstadt« des gesuchten Landes in der Datenbank abgespeichert ist. Wurde die Hauptstadt von Nepal gesucht und ist in der Datenbank als Hauptstadt zu Nepal Katmandu eingetragen, liefert das Programm eine korrekte Antwort. Hat sich der Programmierer, der die Datenbank aufgesetzt hat, vertippt oder ist er in der Zeile verrutscht, steht in der Datenbank neben Nepal vielleicht Kazmandu oder Lhasa. Dann liefert das Programm als Hauptstadt von Nepal eben Kazmandu oder Lhasa zurück – so lange, bis jemand den Fehler bemerkt und die Eintragung in der Datenbank berichtigt.

Jetzt rufen wir den Compiler auf und übergeben ihm die Datei mit unserem Java-Code. Der Compiler prüft nun, ob der Java-Code syntaktisch korrekt ist, d.h. ob er nach den Regeln der Sprache Java aufgebaut ist. Gibt es nichts zu bemängeln, wandelt er den Java-Code in Bytecode um und speichert diesen in einer neuen Datei ab (deren Inhalt man nicht mehr mit einem normalen Editor lesen kann). Diese Datei hat eine spezielle Endung, nämlich *.class*. Um das Programm auszuführen, muss dann wie schon vorher erwähnt diese *Laender.class*-Datei an einen Java-Interpreter zur Ausführung übergeben werden.

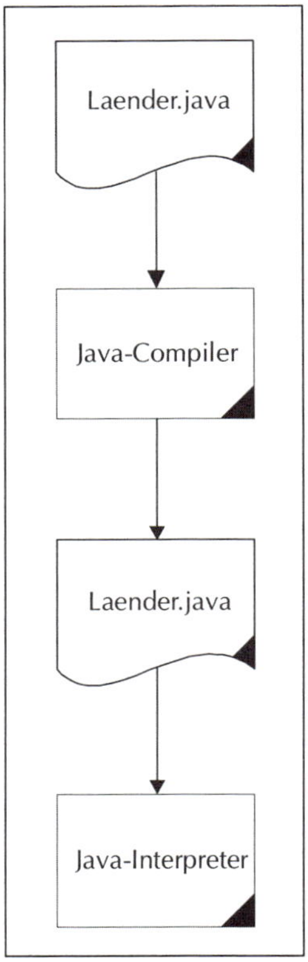

Abbildung 2.4: Ablauf der Programmerstellung

HINWEIS

Wenn Sie dieses Buch durchgearbeitet haben, werden Sie übrigens imstande sein, das in diesem Abschnitt skizzierte Programm (in leicht abgewandelter und verbesserter Form) zu implementieren. Es wird sozusagen Ihr Gesellenstück sein.

Von Windows, Fenstern und Konsolen

Viele Anwender – insbesondere jüngere Anwender, die mit Windows 95/98 oder NT groß geworden sind – erwarten von einem Programm, dass es über ein Fenster mit Menüleiste, Werkzeugleisten, Arbeitsfläche, Bildlaufleisten, Statusleiste und anderen Oberflächenelementen verfügt. Mit anderen Worten: sie denken bei Programmen an den Windows Explorer, den Netscape Navigator, an WinZip, RealPlayer, Paint oder wie sie alle heißen.

Programme müssen aber nicht über Fenster verfügen – was für uns Programmieranfänger ein Glück ist, denn die Einrichtung und Unterstützung von Fenstern ist recht kompliziert und dabei für die Erlernung einer Programmiersprache zunächst nicht notwendig.

Warum aber verfügen dann mittlerweile so viele Programme über Fenster?

Die Antwort ist, dass die Programme dadurch anwenderfreundlicher werden. Nahezu alle Programme sind darauf angewiesen, dass sie mit dem Anwender Informationen austauschen. So nimmt das im vorangehenden Abschnitt angesprochene Hauptstadt-Programm vom Anwender den Namen eines Landes entgegen und gibt als Antwort die zugehörige Hauptstadt zurück.

Ein Programm, dass unter Windows (oder X-Windows auf Unix-/Linux-Systemen) laufen soll, würde für die Interaktion mit dem Anwender ein Fenster erzeugen, beispielsweise mit einem Textfeld, in das der Anwender den Namen des Landes eintippen kann, einem Schalter, den der Anwender mit der Maus anklickt, um das Programm nach der Hauptstadt suchen zu lassen, und einem weiteren Textfeld, in dem die gefundene Hauptstadt angezeigt wird.

WAS IST DAS

Da Fenster, Dialoge und Oberflächenelemente wie Menü, Statusleiste, Steuerelemente etc. vor allem der Interaktion mit dem Anwender dienen, bezeichnet man sie zusammen als die grafische Benutzerschnittstelle eines Programms (im Englischen Graphical User Interface, kurz GUI).

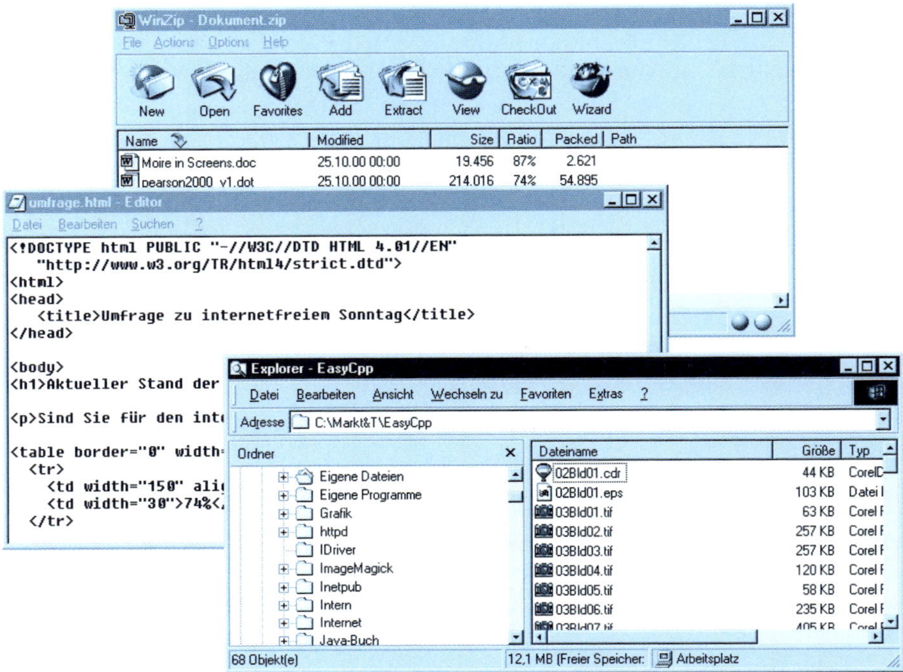

Abbildung 2.5: GUI-Programme unter Windows

Ein Programm, das nicht unter Windows läuft, benutzt dagegen zur Ein- und Ausgabe von Daten die so genannte *Konsole*.

Früher war der Computer selbst die Konsole. Die Anwender saßen vor einem schwarzen Bildschirm (ganz früher noch mit grüner oder brauner Schrift) und sahen dort eine Eingabeaufforderung, ein einzelnes Zeichen (z.B. ein >), kurz *Prompt* genannt. Über die Tastatur konnte der Anwender Befehle eintippen, die nach dem Abschicken mit der [↵]-Taste vom Computer ausgeführt wurden. Neben allgemeinen Betriebssystembefehlen, wie dem Wechseln des aktuellen Verzeichnisses oder dem Löschen einer Datei konnte man von der Konsole aus auch Programme aufrufen. Diese übernahmen dann die Konsole und nutzten sie, um Ergebnisse auszugeben oder Daten vom Anwender abzufragen.

Seitdem hat sich einiges geändert und die Anwender sind es gewohnt, auf den PCs eine grafische Windows-Oberfläche vorzufinden. Die Konsole ist dadurch aber nicht verschwunden. Man kann sie sogar unter der Windows-Oberfläche aufrufen, wo sie in einem eigenen Fenster erscheint. Unter Linux heißt die Konsole je nach verwendetem Windowing-Manager Konsole oder

Terminal, unter Windows heißt sie meist MS-DOS-Eingabeaufforderung oder einfach nur Eingabeaufforderung und kann über das START/PROGRAMME-Menü aufgerufen werden.

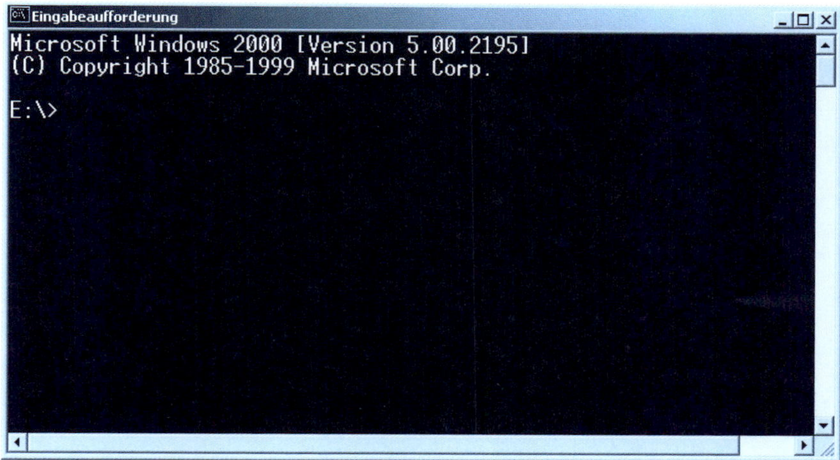

Abbildung 2.6: Die MS-DOS-Eingabeaufforderung (Konsole unter Windows)

Für uns als Programmieranfänger ist es von Vorteil, wenn wir uns ganz auf die Erstellung von Konsolenprogrammen konzentrieren. Wer echte fensterbasierte Programme schreiben will, muss viel Arbeit in die Erstellung der grafischen Benutzeroberfläche stecken. Java bietet zwar umfangreiche Unterstützung von Fenstern, Buttons und der Maus an, aber es kann trotzdem recht verzwickt sein, eine grafische Oberfläche zu erstellen. Als Anfänger wird man dadurch nur von dem eigentlichen Ziel, dem Erlernen der Kernsprache, abgelenkt.

Alles Java, oder was?

Falls Sie schon mal einige Computerzeitschriften in der Hand hatten, ist Ihnen bestimmt aufgefallen, dass im Zusammenhang mit Java viele Begriffe herumschwirren. Da heißt es mal schlicht Java, dann wird mal über JDK 1.3 geredet oder J2SDK Standard Edition. Wenn dann noch andere Artikel von JavaScript, JavaBeans und Enterprise JavaBeans (gerne auch viel sagend als J2EE abgekürzt) herumfaseln, kann einem schon etwas wirr im Kopf werden.

Aber Sie haben ja dieses Buch ... Lichten wir ein bisschen den Nebel.

Die erste grobe Trennung kann man zwischen der Programmiersprache *Java* und der Skriptsprache *JavaScript* ziehen. Letztere ist keine richtige Programmiersprache, sondern, wie der Name schon andeutet, eine Skriptsprache für kleine Prográmmchen (so genannte *Skripts*), die im Zusammenhang mit HTML-Seiten[2] manchmal benötigt werden.

(Enterprise) JavaBeans hingegen sind »richtiges« Java und bieten über das normale Java hinaus noch gewisse Mechanismen und Konstrukte für professionelle Softwareentwicklungen im kommerziellen Einsatz.

Das »normale« Java ist der Gegenstand dieses Buchs. Da Java schon etliche Jahre existiert und sich dabei laufend fortentwickelt hat, gibt es verschiedene Versionen des Java-Standards, der meistens als *JDK* (Java Development Kit) bezeichnet wird. Angefangen hat es 1993 mit dem JDK 1.0, danach kam 1.02, 1.1 usw. bis 1.1.8. Danach dachte sich die Firma Sun (der Erfinder von Java), dass diese Nummerierung auf die Dauer etwas langweilig ist, und nannte die nächste Version nicht JDK 1.2, sondern J2SDK SE[3] Version 1.2. Die zur Zeit (März 2001) aktuelle Version ist übrigens J2SDK Standard Edition Version 1.3 und wird natürlich in diesem Buch behandelt. Aber zurück zur Benennung. In der Praxis sagt man dennoch in der Regel weiter JDK 1.3, und so wollen wir es auch in diesem Buch halten.

Programmieren macht Spaß

Bevor es in den nächsten Kapiteln richtig losgeht, möchten wir Sie noch mal zu Ihrem Entschluss, mit Java programmieren zu lernen, beglückwünschen. Das Programmieren ist eine faszinierende Tätigkeit. Es fordert unsere logischen Fähigkeiten ebenso heraus wie unser kreatives Denken. Es bringt Spaß, bei professioneller Ausübung auch Geld, auf jeden Fall aber die Genugtuung, schöpferisch tätig zu sein.

Natürlich gibt es auch Zeiten des Verdrusses und des Frusts. Oh ja, die gibt es! Aber seien wir ehrlich: Wäre der Weg nicht so steinig, wäre die Freude am Ziel auch nicht so groß. Was sind das denn für trostlose Gesellen, die in ihrer gesamten Zeit als Programmierer noch keine Nacht durchwacht haben, weil sie den Fehler, der das Programm immer zum Abstürzen bringt, nicht finden konnten? Sie werden sehen: wenn das Programmierfieber einen gepackt hat, dann kann man ungeahnte Kräfte freisetzen.

2. HTML ist das Format, in dem alle Webseiten definiert werden.
3. SE = Standard Edition

Wer programmieren lernen will, der muss auch erkennen, dass bei der Programmierung nicht immer alles glatt geht. Das ist nicht ehrenrührig, man darf sich nur nicht unterkriegen lassen. Dieses Buch soll Sie mit Spaß und ohne Verdruss in die Java-Programmierung einführen. Sollten Sie trotzdem irgendwo auf Schwierigkeiten stoßen – sei es, dass Sie etwas nicht ganz verstanden haben oder ein Programm nicht zum Laufen bekommen –, versuchen Sie sich nicht zu sehr in das Problem zu verrennen. Legen Sie eine kleine Unterbrechung ein, lesen Sie erst einmal ein wenig weiter oder machen Sie einen Tag Pause – oftmals klärt sich das Problem danach von selbst. Sollten Sie gar nicht weiterkommen und kurz vorm Verzweifeln sein, wenden Sie sich an uns, die Autoren, via E-Mail (dirklouis@cs.com, jp_mueller@web.de).

Kapitel 3

Wie erstellt man eigene Programme?

In diesem Kapitel geht es darum, dass Sie Ihre Programmierwerkzeuge kennen lernen. Wir beginnen mit der Installation des Java-Entwicklungssystems (JDK) und der Einrichtung Ihres Rechners für die Programmentwicklung mit dem JDK. Anschließend werden wir unser erstes Programm erstellen und sehen, wie sich die Programmdateien sinnvoll auf der Festplatte organisieren lassen.

Installation des JDK

Alles, was wir – abgesehen von einem Editor zum Aufsetzen der Programmquelltexte – zur Programmerstellung mit Java benötigen, ist im Java Development Kit, kurz JDK, zusammengestellt. Den JDK kann man sich kostenlos von der Java-Website *http://java.sun.com* herunterladen (er wird dort unter dem Namen *J2SDK Standard Edition* geführt). Die zum Zeitpunkt der Drucklegung dieses Buchs aktuelle Version finden Sie aber auch auf der Buch-CD im Verzeichnis *JDK*.

Datei	**Beschreibung**
CDROM:\JDK\ j2sdk1_3_0-win.exe	Setup-Datei für Windows
CDROM:\JDK\ j2sdk-1_3_0_02-linux.bin	Setup-Datei für Linux
CDROM:\JDK\ j2sdk1_3_0-doc.zip	ZIP-Datei mit zusätzlicher Java-Referenz im HTML-Format

Tabelle 3.1: Inhalt des JDK-Verzeichnisses auf der Buch-CD

Zur Installation des JDK (Java Development Kit) schließen Sie bitte zunächst alle laufenden Anwendungen. Installationsprogramme (auch Setup-Programme genannt) sind unter Windows 98/ME häufig etwas empfindlich und könnten durch andere Anwendungen, die gerade ausgeführt werden, gestört werden.

Das eigentliche Installieren ist für Microsoft Windows sehr einfach.

HINWEIS

Unter Linux bedarf es zur Installation des JDK und zur Erstellung eigener Programme grundsätzlich der gleichen Schritte wie unter Windows – allerdings meist unter Verwendung anderer Dateien, Befehle etc. Achten Sie daher in den Schritt-für-Schritt-Anweisungen besonders auf die Linux-spezifischen Hinweise.

1 Legen Sie die Buch-CD in Ihr CD-ROM-Laufwerk ein.

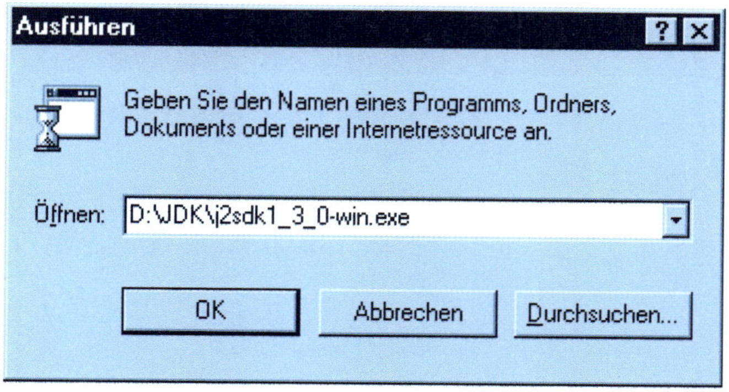

2 Führen Sie das Setup-Programm aus.

Öffnen Sie hierzu das START-Menü von Windows und wählen Sie den Menüeintrag AUSFÜHREN. Das Setup-Programm für die Windows-Version selbst heißt *j2sdk1_3_0-win.exe* und befindet sich auf der CD-ROM im Verzeichnis *JDK*. Wenn Ihr CD-Laufwerk z.B. als Laufwerk D:\ eingerichtet ist, würden Sie im Dialogfenster *D:\JDK\j2sdk1_3_0-win.exe* eingeben.

Wenn Ihnen das Eintippen zu mühselig ist, klicken Sie auf die DURCHSUCHEN-Schaltfläche und wählen Sie das Setup-Programm in dem Dialogfenster aus, das daraufhin erscheint.

Zum Schluss wird durch Klicken auf den OK-Schalter das Installationsprogramm gestartet.

HINWEIS

Das Setup-Programm für Linux heißt j2sdk-1_3_0_02-linux.bin. *Kopieren Sie die Datei in das Verzeichnis, unter dem der JDK installiert werden soll (beispielsweise* /home/ihrname/java*). Um das Programm zu starten, öffnen Sie eine Konsole (auch Terminalfenster genannt), wechseln in das Verzeichnis, in dem das Setup-Programm steht, und tippen*

```
./j2sdk-1_3_0_02-linux.bin
```

ein.

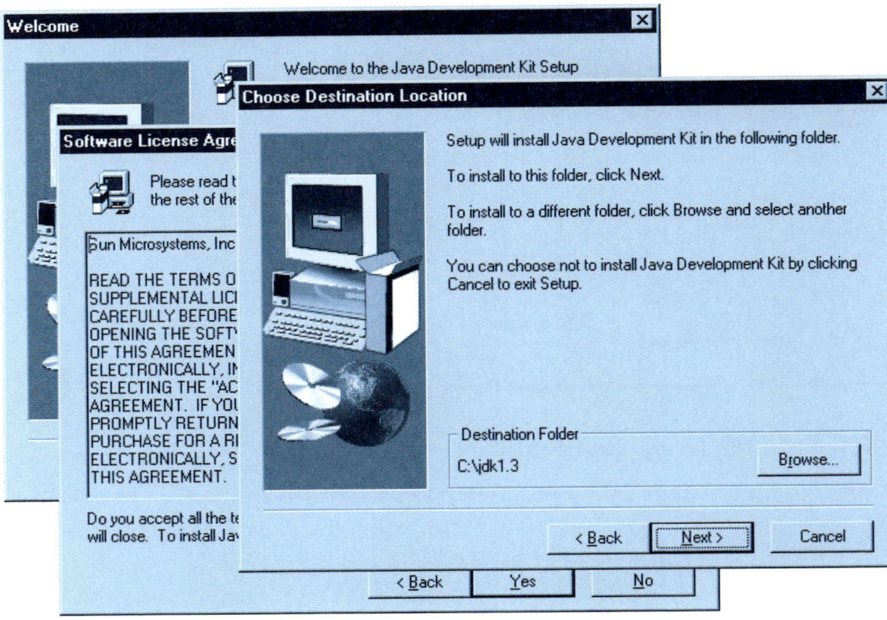

3 Beantworten Sie die Fragen des Installationsprogramms.

Es erscheinen jetzt nacheinander das Begrüßungsfenster des Installations-Assistenten, der Lizenzvertrag und die Abfrage des Umfangs der Installation und das gewünschte Zielverzeichnis. Übernehmen Sie am besten alle Vorgaben und klicken Sie jeweils auf die bestätigende Auswahl (je nach Fenster YES, ACCEPT, NEXT oder FINISH).

Nach Abschluss der Installation ist Ihre Festplatte um ca. 30-60 Mbyte freien Speicherplatz ärmer, aber Sie sind um *J2SDK Standard Edition Version 1.3* (was für ein Name!) reicher.

Wenn Sie nun mit Hilfe des Windows Explorer auf Ihrer Festplatte nachschauen, werden Sie ein neues Verzeichnis *c:\jdk1.3* (bzw. das von Ihnen bei der Installation gewählte Verzeichnis) vorfinden, das wiederum mehrere Unterverzeichnisse enthält. Hier stehen alle notwendigen Dateien und Programme für die Programmerstellung mit Java.

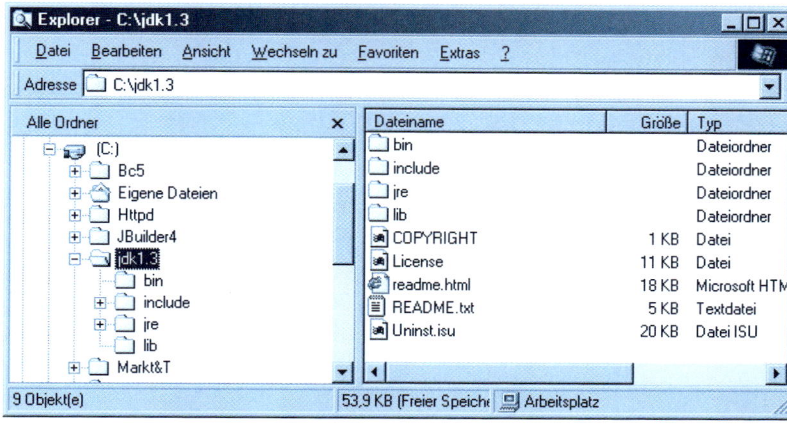

Abbildung 3.1: Der installierte JDK auf der Festplatte

HINWEIS

Die Linux-Version wird in das Unterverzeichnis jdk1.3.0_02 *installiert.*

Weitere Vorbereitungen

Der JDK ist nun installiert. Bevor wir jedoch richtig loslegen, sollten wir kurz prüfen, ob wirklich alle für die Programmierung benötigten Werkzeuge einsatzbereit sind. Im Einzelnen werden wir

- unser System so einrichten, dass wir die Java-Entwicklungswerkzeuge von jedem Verzeichnis aus aufrufen können,
- ein Verzeichnis für unsere Programme anlegen und
- einen passenden Editor auswählen.

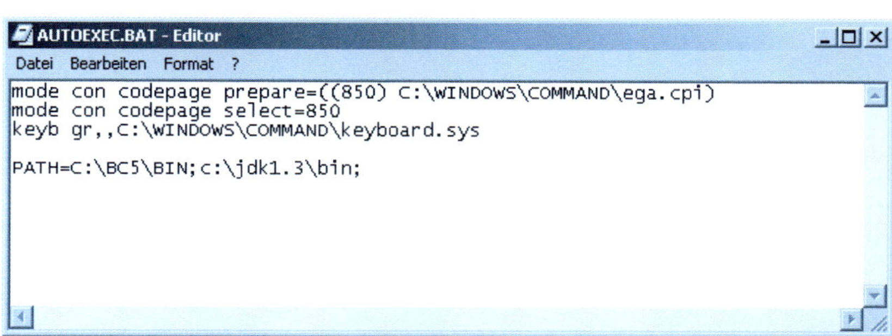

4 Tragen Sie die Java-Entwicklungswerkzeuge in Ihren Systempfad ein.

Für die Programmerstellung brauchen wir vor allem den Java-Compiler *javac* und den Java-Interpreter *java*, die bei der Installation des JDK in das JDK-Unterverzeichnis */bin* kopiert wurden.

Diese Programme werden von der Konsole aus aufgerufen. Unter Windows öffnet man die Konsole über den START-Menüeintrag PROGRAMME/MS-DOS-EINGABEAUFFORDERUNG[1]. Unter Angabe des Programmnamens und des Pfades, der zu dem Programm führt, können Sie die Java-Entwicklungswerkzeuge von der Konsole aus aufrufen. Das Programm gibt dann eine Kurzreferenz zu seiner korrekten Verwendung aus (siehe Abbildung 3.2).[2]

WAS IST DAS

Über die Konsole kann man Betriebssystembefehle eingeben und Programme ausführen, die – wie die Java-Entwicklungswerkzeuge – über keine grafische Benutzeroberfläche verfügen und nicht mit dem Fenstermanager des Windows-Systems zusammenarbeiten.

Mit der Konsole kann man sich auch in der Verzeichnisstruktur des Rechners bewegen (den zugehörigen cd*-Befehl werden wir später noch genauer vorstellen). Das Verzeichnis, in dem man sich gerade befindet, wird üblicherweise am linken Rand der Eingabeaufforderung, des so genannten Prompts, angezeigt. (In welchem Verzeichnis man sich nach Aufruf der Konsole befindet, hängt vom Betriebssystem ab.)*

Das wiederholte Eintippen des Pfades ist allerdings recht lästig. Wir wollen daher unser System so einrichten, dass es die Java-Entwicklungswerkzeuge automatisch findet (und wir dann in der Konsole nur noch `javac` oder `java` eintippen müssen). Dazu müssen wir das *JDK-Bin*-Verzeichnis in den Suchpfad des Betriebssystems aufnehmen. Nehmen wir für die folgenden Erklärungen an, dass Sie das JDK in das Verzeichnis *C:\jdk1.3* installiert haben.

1. Je nach Windows-Version wird die Konsole auch über START/PROGRAMME/EINGABEAUFFORDERUNG oder START/PROGRAMME/ZUBEHÖR/EINGABEAUFFORDERUNG aufgerufen.
2. Die meisten Betriebssystem erlauben dem Anwender, den Prompt nach seinen Vorstellungen zu konfigurieren.

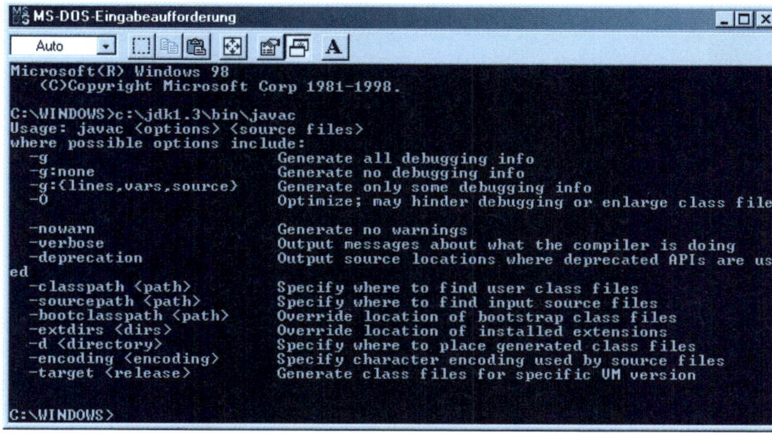

Abbildung 3.2: Aufruf des javac-Compilers von der Windows-Konsole aus.

Laden Sie die Systemdatei *c:\autoexec.bat* in einen Texteditor (beispielsweise START/PROGRAMME/ZUBEHÖR/EDITOR) und suchen Sie dort nach einem `PATH`-Eintrag. Hängen Sie diesem ein Semikolon und das *JDK-Bin*-Verzeichnis an.

WAS IST DAS

Die Datei autoexec.bat, *die im Verzeichnis C:\ stehen muss, ist eine Batch-Datei, die automatisch beim Hochfahren des Windows-Betriebssystems ausgeführt wird. In die* autoexec.bat *kann man bestimmte Befehle und Angaben zur Konfiguration des Systems schreiben.*

Wenn Sie beispielsweise in Ihrer *autoexec.bat* folgenden Pfadeintrag finden:

```
PATH=.;c:\;c:\dos;c:\windows
```

so erweitern Sie diesen zu:

```
PATH=.;c:\;c:\dos;c:\windows;c:\jdk1.3\bin
```

HINWEIS

Wenn Sie gar keine `PATH`*-Angabe finden, dann fügen Sie eine neue* `PATH`*-Anweisung hinzu, beispielsweise* `PATH=c:\jdk1.3\bin`. *Eventuell müssen Sie sogar die* autoexec.bat*-Datei neu anlegen.*

Starten Sie den Computer danach neu und testen Sie, ob Sie javac oder java von beliebigen Verzeichnissen aus aufrufen können.

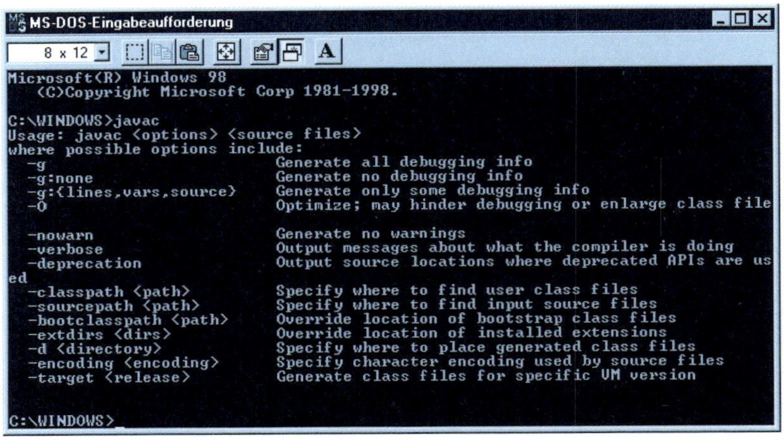

Abbildung 3.3: Aufruf des javac-Compilers ohne Pfadangabe

> **HINWEIS**
>
> *Unter Linux sollte eine manuelle Anpassung des Systempfades nicht nötig sein. Falls doch, gehen Sie analog vor. Suchen Sie die Pfadangabe* `path` *in der zuständigen* ini-*Datei (je nach Konfiguration* .login, .profile, .tcshrc *o.Ä.) und fügen Sie das* Java-Bin-*Verzeichnis, beispielsweise* /home/ihrname/jdk1.3/bin *in der nächsten Zeile nach der bisherigen Pfadangabe hinzu:*
>
> ```
> set path = (/home/myname/jdk1.3/bin $path)
> ```

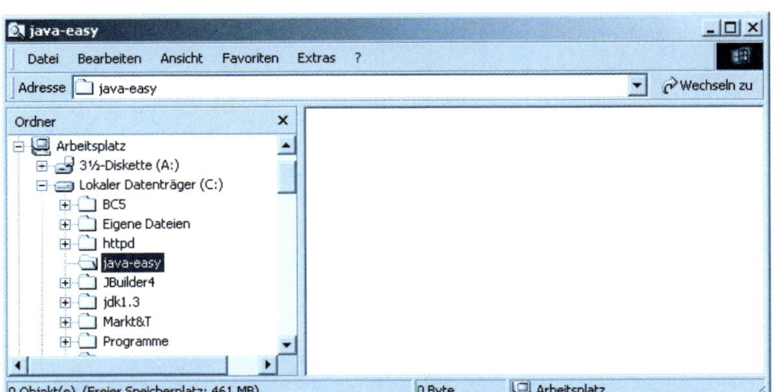

5 Legen Sie ein Verzeichnis für die Programme an.

Für das Erstellen eigener Programme brauchen wir noch ein geeignetes Plätzchen, wo die zugehörigen Java-Dateien abgelegt werden sollen. Für den Rest des Buchs gehen wir davon aus, dass es dazu ein Verzeichnis *c:\java-easy* gibt. Legen Sie daher bitte mit Hilfe des Windows Explorer (START/PROGRAMME/WINDOWS EXPLORER/) ein solches Verzeichnis an (Befehl DATEI/NEU/ORDNER).

HINWEIS

Unter Linux können Sie das Verzeichnis mit einem passenden Dateimanager (unter KDE beispielsweise der KFM-Dateimanager) anlegen oder Sie öffnen ein Konsolenfenster und verwenden den Shell-Befehl `mkdir verzeichnisname`.

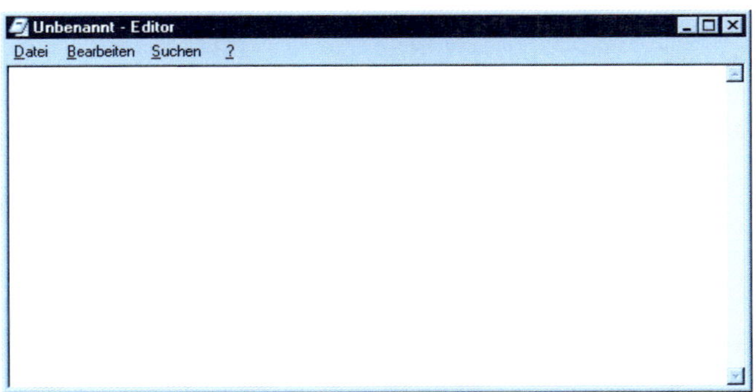

6 Wählen Sie einen Editor für das Aufsetzen der Programmquelltexte aus.

Zu guter Letzt brauchen wir noch ein Textverarbeitungsprogramm zum Erstellen der Java-Quellcode-Dateien. Hierzu gibt es spezielle *Editoren*, aber für die Zwecke dieses Buchs reicht auch der simple Windows-Editor *notepad*, den Sie über START/PROGRAMME/ZUBEHÖR/EDITOR aufrufen können. Natürlich können Sie auch ein ausgewachsenes Textverarbeitungssystem wie Word 2000 oder StarOffice verwenden. Wichtig ist nur, dass Sie beim Speichern die Funktion SPEICHERN UNTER wählen und dann als Dateityp NUR TEXT auswählen.

HINWEIS

Unter Linux können Sie beispielsweise vi oder KEdit (falls Sie mit der KDE-Oberfläche arbeiten) verwenden.

Damit sind auch schon alle wesentlichen Vorbereitungen getroffen und es kann mit dem ersten Programm losgehen!

Das erste Programm

Nun wird´s ernst. Wir beginnen damit, den Java-Quelltext aufzusetzen.

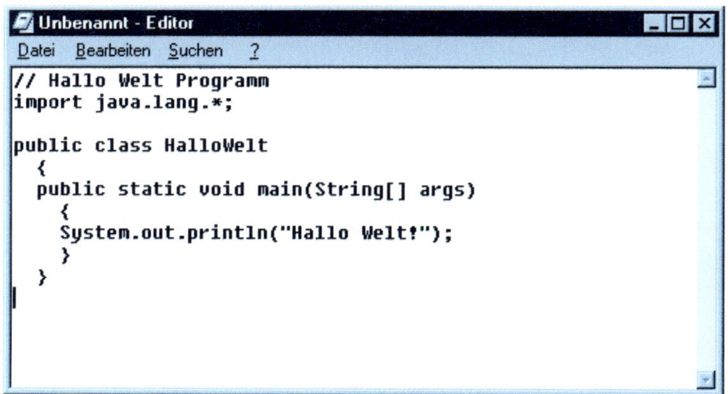

1 Legen Sie in Ihrem Editor eine neue Datei an und tippen Sie den folgenden Programmtext ein.

```
// Hallo Welt Programm
import java.lang.*;

public class HalloWelt
  {
  public static void main(String[] args)
    {
    System.out.println("Hallo Welt!");
    }
  }
```

Geben Sie diesen Quellcode bitte genau so ein wie hier abgedruckt. Wichtig ist insbesondere das Semikolon am Ende der `println`-Zeile.

ACHTUNG

In Java wird zwischen Groß- und Kleinschreibung unterschieden. Wenn Sie also beispielsweise `Main()` *statt* `main()` *eintippen, ist dies ein Fehler!*

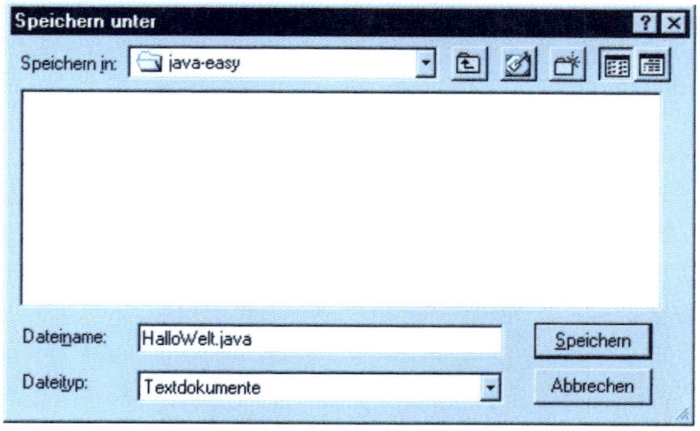

2 Den Quellcode speichern.

Nun wird der Quellcode gespeichert. Verwenden Sie als Dateinamen *HalloWelt.java* (Groß-/Kleinschreibung beachten!) und als Verzeichnis das oben vorgeschlagene *c:\java-easy*.

HINWEIS

Etwas lästig ist beim Einsatz mancher Textverarbeitungsprogramme, dass sie unter Umständen an die zu speichernde Datei die Endung .txt *anhängen. Falls dies passiert, müssen Sie über den Windows Explorer von Hand den Dateinamen korrigieren und das* .txt *wieder beseitigen (Datei auswählen, dann rechte Maustaste klicken und* UMBENENNEN *wählen).*

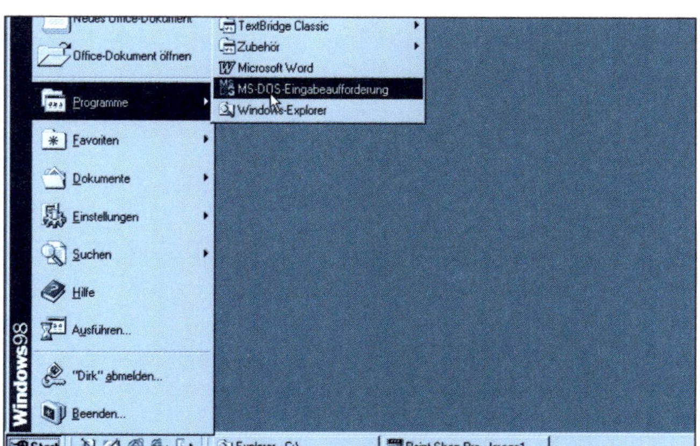

3 Eine Konsole aufmachen.

Der nächste Schritt im Entwicklungsprozess ist das Kompilieren des Java-Quelltextes in den Zwischencode (Bytecode). Hierfür brauchen wir den Java-Compiler; leider ist er keine grafische Anwendung und ohne Fenster. Wir müssen daher zunächst die Windows-Konsole (die MS-DOS-Eingabeaufforderung) aufmachen. Sie können sie wieder über die START-Leiste finden (START/PROGRAMME/MS-DOS-EINGABEAUFFORDERUNG).[3]

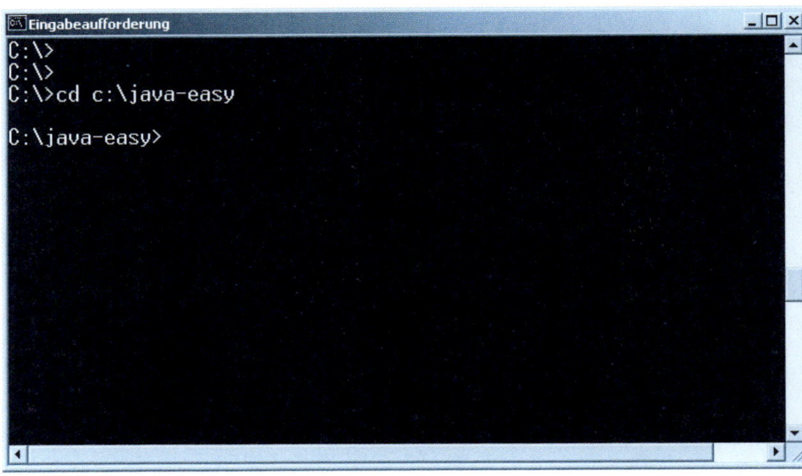

Abbildung 3.4: Das Verzeichnis wechseln

Wenn die Konsole erscheint, müssen Sie mit dem `cd`-Befehl (*change directory*) in das gewünschte Arbeitsverzeichnis wechseln. In unserem Beispiel wäre das also *c:\java-easy*. Tippen Sie also `cd java-easy` ein und drücken Sie die [↵]-Taste.

Wenn Sie in ein Unterverzeichnis wechseln wollen, brauchen Sie nicht den ganzen Pfad anzugeben, die Angabe des Verzeichnisses reicht. Um also beispielsweise von *C:* in das Verzeichnis *C:\java-easy* zu wechseln, genügt der Befehl:

```
cd java-easy
```

Wenn Sie in ein übergeordnetes Verzeichnis wechseln wollen, tippen Sie

```
cd ..
```

ein.

3. Je nach Windows-Version wird die Konsole auch über START/PROGRAMME/EINGABEAUFFORDERUNG oder START/PROGRAMME/ZUBEHÖR/EINGABEAUFFORDERUNG aufgerufen.

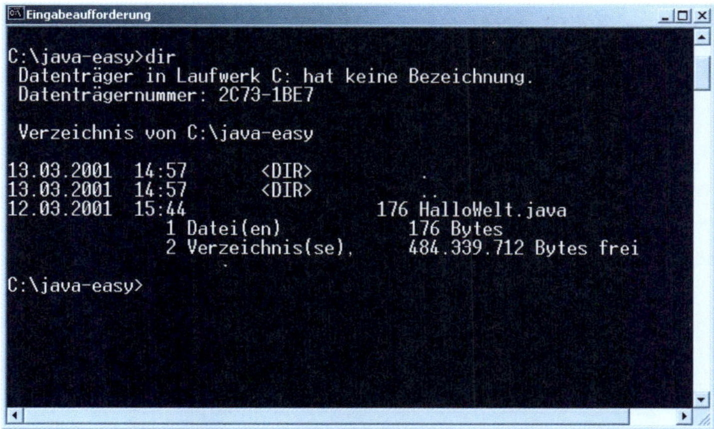

Abbildung 3.5: Inhalt eines Verzeichnisses auflisten lassen

Ein weiterer wichtiger Befehl, den Sie oft brauchen werden, ist `dir` (*directory*). Er zeigt den Inhalt des aktuellen Verzeichnisses an. Wenn Sie die Dateien und Unterverzeichnisse des aktuellen Verzeichnisses seitenweise auflisten lassen wollen, geben Sie den Befehl `dir /p` ein.

HINWEIS

Unter Linux lauten die Konsolenbefehle zum Wechseln und Auflisten der Verzeichnisse `cd` *und* `ls`.

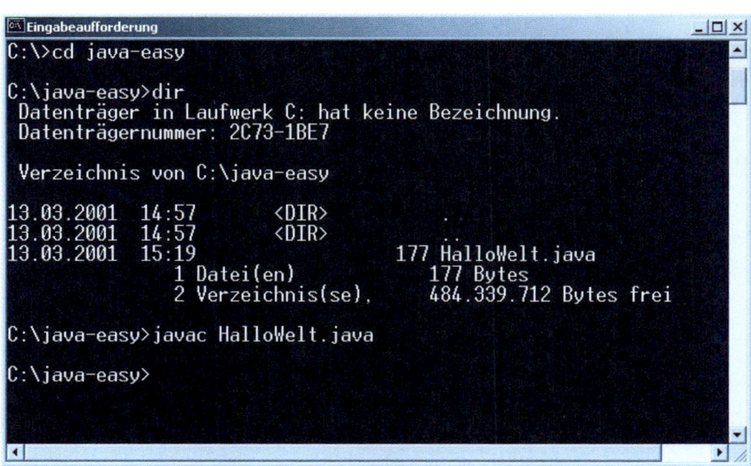

4 Den Quelltext kompilieren.

Der nächste Schritt im Entwicklungsprozess ist das Kompilieren des Java-Quelltextes. Der Java-Compiler hat den unauffälligen Namen *javac* und wird über die Konsole aufgerufen. Als Parameter erwartet er den Namen der zu kompilierenden Java-Datei. Das Kommando lautet also in unserem Beispiel `javac HalloWelt.java`.

Wenn Sie nun wieder mit dem `dir`-Befehl den Inhalt des Verzeichnisses überprüfen, werden Sie feststellen, dass eine neue Datei mit dem Namen *HalloWelt.class* erzeugt worden ist. Sie enthält den Bytecode.

ACHTUNG

Achten Sie auch hier auf die Groß- und Kleinschreibung!

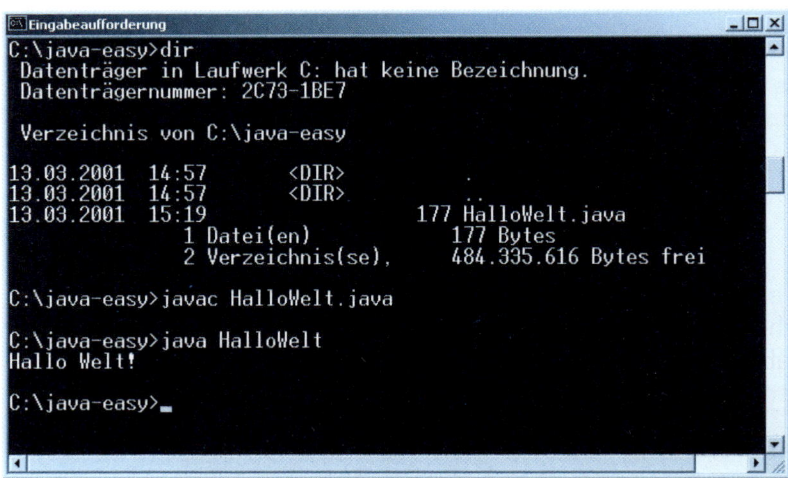

5 Das Programm ausführen.

Der Bytecode kann nun dem Java-Interpreter zur Ausführung übergeben werden. Der Java-Interpreter ist ebenfalls ein Konsolenprogramm und heißt schlicht *java*. Er benötigt als Parameter den Namen der auszuführenden *.class*-Datei, allerdings ohne die Endung *.class*! Das Ausführen unseres ersten Programms erfolgt also als `java HalloWelt`.

Nach dem Abschicken von `java HalloWelt` und Drücken der [↵]-Taste wird nach wenigen Sekunden die Meldung *Hallo Welt!* in der Konsole erscheinen. Sie ist das Lebenszeichen Ihres ersten Java-Programms, das erfolgreich ausgeführt worden ist!

Syntaxfehler beheben

Nur selten kommt es vor, dass man beim Aufsetzen des Quelltextes keinen Fehler macht. Oft sind es ganz unnötige Tippfehler, die dem Java-Novizen das Lernen zur Hölle machen. Dabei sind diese so genannten »syntaktischen Fehler« noch recht harmlos, denn sie werden – im Gegensatz zu den logischen Fehlern – vom Compiler entdeckt und meist recht gut lokalisiert.

Syntaktische Fehler liegen vor, wenn der Quelltext nicht den Regeln der Programmiersprache – also hier Java – entspricht. Im Gegensatz hierzu gibt es noch logische Fehler, die sich dadurch bemerkbar machen, dass das Programm zwar fehlerfrei kompiliert werden kann, aber bei seiner Ausführung nicht das macht, was der Programmierer eigentlich wollte.

Während diese logischen Fehler zum Teil sehr schwer zu finden sind, ist die Lage bei Syntaxfehlern deutlich besser, da der Java-Compiler dabei hilft. Sobald ihm beim Kompilieren ein Verstoß gegen die Java-Syntax auffällt, gibt er eine entsprechende Fehlermeldung aus und bricht das Kompilieren ab. Viele Syntaxfehler sind schlichte Tippfehler. Sehr beliebt ist zum Beispiel das Semikolon, das prinzipiell nach jeder Anweisung stehen muss[4].

Syntaxfehler und dadurch Fehlermeldungen beim Kompilieren sind der Alltag und daher wollen wir hier schon mal diese Situation simulieren. Manipulieren Sie deshalb den Quelltext aus dem vorigen Abschnitt, indem Sie beispielsweise das Semikolon am Ende der `println()`-Anweisung entfernen. Speichern Sie dann die Datei wieder neu ab und starten Sie in der MS-DOS-Eingabeaufforderung durch den Aufruf von `javac HalloWelt.java` einen neuen Kompilierdurchgang.

TIPP

Manchmal erzeugt ein Fehler mehrere Fehlermeldungen. Korrigieren Sie daher zuerst immer nur den ersten Fehler und lassen Sie anschließend den Quelltext neu kompilieren. Manchmal verschwinden die Nachfolgefehler dann automatisch.

4. Die Details hierzu erfahren Sie in den folgenden Kapiteln.

Sie werden folgendes Resultat erhalten:

Abbildung 3.6: Der Compiler ist auf einen Fehler gestoßen.

javac hat erkannt, dass hinter der schließenden Klammer der `println()`-Anweisung das Semikolon fehlt. Dies zeigt er Ihnen auch durch ein ^ in seiner Fehlermeldung an. Sehr hilfreich ist auch die Angabe `HalloWelt.java:8`, die angibt, dass der Fehler in Zeile 8 der Quellcode-Datei *HalloWelt.java* aufgetreten ist. Beseitigen Sie nun aufgrund dieser Informationen den Fehler und kompilieren Sie dann hoffentlich[5] fehlerfrei.

Dateien strukturieren

Da Sie im Laufe des Buchs etliche Java-Programme erzeugen werden, ist es auf die Dauer unhandlich, alle *.java*- und *.class*-Dateien im gleichen Verzeichnis abzuspeichern. Daher möchten wir Sie an dieser Stelle dazu anregen, für jedes Programm ein eigenes Unterverzeichnis im *java-easy*-Verzeichnis anzulegen.

Für das obige Beispiel wollen wir nun das Unterverzeichnis *HalloWelt* anlegen und dorthin die schon vorhandenen Dateien *HalloWelt.java* und *HalloWelt.class* verschieben. Für diese Aktionen kann man entweder den Windows Explorer verwenden (dies werden Sie sicherlich schon können) oder auch Kommandos, die in die Konsole eingegeben werden müssen. Da Sie sowieso mit der Konsole arbeiten müssen, werden wir die notwendigen Schritte kurz erwähnen:

5. Ein weiterer beliebter Fehler ist das Einbauen neuer Fehler beim Beseitigen eines alten Fehlers!

1 Wechseln Sie mit dem `cd`-Kommando in das Verzeichnis, wo ein Unterverzeichnis angelegt werden soll.

Da wir uns schon im Verzeichnis *java-easy* befinden, kann dieser Schritt hier ausnahmsweise entfallen.

2 Erzeugen Sie das neue Verzeichnis mit dem Kommando `mkdir`.

Dieser Befehl erwartet als Parameter den Namen des anzulegenden Verzeichnisses; in unserem Fall ist also zu tippen: `mkdir HalloWelt`.

TIPP

Wenn Sie einen bereits in der Konsole eingetippten Befehl nochmals ausführen lassen wollen, drücken Sie einfach so oft die [↑]*-Taste, bis der Befehl in der Konsole erscheint. Mit Hilfe der* [←]*- und der* [→]*-Taste können Sie sich in der Befehlszeile bewegen und den Befehl vor dem Abschicken mit der* [↵]*-Taste editieren.*

3 Verschieben Sie die Dateien *HalloWelt.java* und *HalloWelt.class* in das Unterverzeichnis mit dem Befehl `move`.

Der Befehl `move` erwartet als ersten Parameter den Namen der zu verschiebenden Datei und als zweiten Parameter den Namen des Zielverzeichnisses, also `move HalloWelt.java HalloWelt` und `move HalloWelt.class HalloWelt`.[6]

HINWEIS

Wenn Sie nicht verschieben, sondern kopieren wollen, verwenden Sie das Kommando `copy` *statt* `move`*. Die Parameter bleiben gleich: zuerst die »Quelle«, dann das »Ziel«.*

6. Unter Windows 95/98 müssen Sie die Aufzeichnung der eingegebenen Kommandozeilenbefehle explizit aktivieren. Geben Sie dazu nach Start der Konsole den Befehl `doskey` am Prompt ein oder schreiben Sie den Befehl `doskey` direkt in die *autoexec.bat*.

Abbildung 3.7: Das Anlegen eines Verzeichnisses und das Verschieben der bisherigen Dateien

Wenn Sie nun mit dem `dir`-Befehl den Inhalt des aktuellen Verzeichnisses *java-easy* prüfen, werden Sie sehen, dass die Dateien verschwunden sind und dafür ein neues Verzeichnis *HalloWelt* vorhanden ist. Wechseln Sie daher mit `cd HalloWelt` in dieses Unterverzeichnis und lassen Sie sich mit `dir` den Inhalt anzeigen!

Abbildung 3.8: Das neu angelegte Verzeichnis mit den kopierten Dateien

HINWEIS

Unter Linux lauten die entsprechenden Befehle `mv` *(für* move*) und* `cp` *(für* copy*).*

Kapitel 4

Das erste Programm

Es gibt eine Reihe von typischen Elementen, die man in fast jedem Java-Programm wieder findet. Diese Elemente werden wir uns jetzt einmal näher anschauen.

Der Programmcode

Bevor die Programmelemente im Einzelnen betrachtet werden, sollten wir einen Blick auf den vollständigen Quelltext eines Programms werfen:

```
// Hallo Welt Programm
import java.lang.*;

public class HalloWelt
  {
  public static void main(String[] args)
    {
    System.out.println("Hallo Welt!");
    }
  }
```

Haben Sie es wieder erkannt? Es ist das gleiche Programm, das wir schon in Kapitel 3 zum Austesten unseres Compilers verwendet haben. Während wir es in Kapitel 3 jedoch eingetippt haben, ohne es uns genauer anzusehen, wollen wir es nun genauer unter die Lupe nehmen. Packen Sie bitte Ihr Sezierbesteck aus und schärfen Sie Ihren Verstand. Wir beginnen mit der Analyse.

Kommentare

Die erste Zeile des Beispielprogramms ist ein Kommentar. Kommentare sind Anmerkungen des Programmierers, die er als Gedächtnisstütze und zur Erläuterung des eigentlichen Quelltextes einfügt. Für den Compiler sind sie überflüssig und werden von ihm ignoriert.

Wozu aber etwas aufschreiben, was der Java-Compiler sowieso nicht braucht? Nun, Kommentare sind vor allem für Sie! Oder vielleicht auch für Kollegen oder Freunde, die irgendwann einmal Ihren Quellcode lesen wollen. Völlig unkommentierter Quellcode ist meistens nur sehr schlecht oder mit hohem Zeitaufwand nachvollziehbar und daher sollten Sie sich angewöhnen, jedes Programm an sinnvollen Stellen mit kleinen Kommentaren zu ergänzen. Wenn Sie später mal wieder in den Quelltext hineinschauen – sei es nun eine Woche oder gar ein Jahr später –, werden Sie viel schneller wieder verstehen, was Sie damals programmiert hatten!

Java kennt zwei Formen von Kommentaren. Kürzere Kommentare, die in einer Zeile stehen, werden durch die Zeichenfolge // eingeleitet. Alle Zeichen, die zwischen // und dem Ende der Zeile stehen, werden vom Compiler als Kommentar angesehen.

```
// Hallo Welt Programm
import java.lang.*;

public class HalloWelt                        // Hauptklasse
  {
  public static void main(String[] args)      // main-Methode
    {
    System.out.println("Hallo Welt!");
    }
  }
```

Größere Kommentare, die sich über mehrere Zeilen erstrecken, erzeugt man, indem man jede der betreffenden Zeilen mit // beginnt oder den Kommentar zwischen die »Klammern« /* und */ setzt.

```
/* Dies ist ein
   mehrere Zeilen umfassender
   Kommentar */
```

Die Import-Anweisung

Springen wir nun zur zweiten Zeile. Hier haben wir eine so genannte `import`-Anweisung vorliegen:

```
import java.lang.*;
```

Dies sieht auf den ersten Blick wohl recht geheimnisvoll aus. Zur Erläuterung müssen wir daher etwas ausholen. Die Sprache Java ist eine so genannte objektorientierte Sprache; d.h. ein wesentliches Element bei der Programmerstellung ist das Gruppieren von Daten und den Aktivitäten, die mit diesen Daten arbeiten sollen, in bestimmte logische Einheiten. Diese Einheiten nennt man *Klassen*.

Ein Java-Programm besteht dadurch letztlich aus einer Menge von Klassen. Wenn man nun ein neues Java-Programm schreibt, wird man eine gewisse Anzahl an Klassen neu entwerfen und in der Regel eine große Zahl von schon vorhandenen Klassen wiederverwenden. Das JDK wird mit vielen hundert Klassen ausgeliefert, die von einem Programmierer eingesetzt werden können. Hierfür muss er diese Klassen in das eigene Programm importieren, und der Java-Befehl hierfür heißt dann auch logischerweise `import`!

Java-Packages

Die im JDK mitgelieferten Klassen wurden nicht einfach bunt zusammengewürfelt, sondern sind in Pakete (Packages) unterteilt. Der vollständige Klassenname setzt sich daher aus dem Paketnamen und dem eigentlichen

Klassennamen zusammen. Ein Beispiel ist `java.lang.System.out`: das Package heißt `java.lang` und die Klasse `System.out`.

Beim Importieren muss hinter der `import`-Anweisung der vollständige Klassenname stehen; meistens braucht man aber mehrere Klassen aus einem Package und importiert daher alle Klassen aus diesem Package, indem man den Joker * stellvertretend für alle Klassennamen angibt; so haben wir es im Beispiel gemacht:

```
import java.lang.*;
```

Dadurch werden alle Klassen aus dem Package `java.lang` importiert und können dann in diesem Programm unter ihrem einfachen (eigentlichen) Namen eingesetzt werden.

Eine wesentliche Hilfe beim Programmieren mit Java ist die Kenntnis, was es an Packages und darin enthaltenen Klassen bereits gibt: Diese Klassen kann man direkt in seinem Programm einsetzen und spart dadurch viel Arbeit und Zeit, ganz abgesehen davon, dass man oft gar nicht wüsste, wie etwas zu programmieren wäre. Schauen wir uns mal einige oft benötigte Packages an:

`java.lang`: Hier finden sich ganz elementare Klassen, die von fast allen anderen Java-Klassen direkt oder indirekt benötigt werden. Aus diesem Grund wird `java.lang` am Anfang eines jeden Java-Programms importiert, auch wenn der Programmierer es nicht explizit über eine `import`-Anweisung macht[1].

`java.io`: Hier gibt es viele nützliche Klassen für die Ein- und Ausgabe mit Dateien.

`javax.swing` und `java.awt` enthalten Klassen zum Erstellen von Fenstern u.Ä., also einer grafischen Benutzerschnittstelle.

HINWEIS

Einen vollständigen Überblick über die Packages der Java-Laufzeitbibliothek finden Sie in der JDK-API-Spezifikation. Extrahieren Sie dazu die ZIP-Datei j2sdk1_3_0-doc.zip *aus dem JDK-Verzeichnis der Buch-CD, laden Sie die Datei* index.html *in Ihren Browser und klicken Sie auf den Link* Java 2 Platform API Specification *(siehe auch den Abschnitt* Verwendung der JDK-Dokumentation *in Kapitel 6).*

1. `import java.lang.*` ist also eigentlich im Quelltext überflüssig und in vielen Java-Programmen werden Sie diese Anweisung daher nicht sehen.

Klassen, Methoden und Variablen

Wie Sie mittlerweile schon wissen, werden in Java logisch zusammengehörende Daten und die darauf operierenden Aktivitäten zu Klassen vereint. Die Daten werden dabei als so genannte Variablen und die Aktivitäten als Methoden (oder auch Klassenfunktionen) bezeichnet.

Stellen Sie sich mal vor, dass Sie ein Java-Programm schreiben sollen, welches einen Motor steuert. Mit einem solchen Motor sind gewisse Kenngrößen verbunden (z.B. Drehzahl, Temperatur) und Aktivitäten wie Motor starten/anhalten, Drehzahl erhöhen usw. Bei objektorientierter Programmierung könnte man nun eine Klasse `Motor` definieren, die als Variablen `drehzahl` und `temperatur` sowie die Methoden `starten()`, `anhalten()`, `drehzahl_erhöhen()` besitzt. Als Quellcode würde man dies folgendermaßen aufbauen:

1 Das Gerüst für die Klasse `Motor` aufsetzen.

```
public class Motor
   {
   }
```

Die Definition einer Klasse besteht aus den beiden Schlüsselwörtern `public`[2] `class` gefolgt vom gewünschten Klassennamen. Danach folgt ein Paar geschweifter Klammern `{}`. Sie markieren den Klassenrumpf, d.h. das »Innere« der Klasse. Alles, was hier hineingeschrieben wird, gehört zu dieser Klasse.

2 Variablen zur Klasse hinzufügen.

```
public class Motor
   {
   float temperatur;
   int   drehzahl;
   }
```

Die Deklaration einer Variablen besteht aus der Angabe eines Datentyps und einem Namen. Der Datentyp sagt dem Compiler, welche Art von Daten in der Variablen gespeichert werden sollen. In diesem Beispiel soll die Temperatur als Fließkommazahl (`float`) und die Drehzahl als ganze Zahl (`int`) verwaltet werden.

2. Es gibt noch einige andere Zusätze wie `private` oder `protected`, die wir aber im Rahmen dieses Buchs nicht benötigen werden.

ACHTUNG

Beachten Sie noch, dass bei der Deklaration nach dem Variablennamen ein Semikolon stehen muss! Das Semikolon benötigt der Compiler, um zu erkennen, dass an dieser Stelle eine Variablendeklaration abgeschlossen ist.

3 Methoden zur Klasse hinzufügen.

```
public class Motor
   {
   float temperatur;
   int   drehzahl;

   public void starten()
     {
     // hier Anweisungen zum Starten
     }

   public void anhalten()
     {
     // hier Anweisungen zum Anhalten
     }

   public void drehzahl_erhöhen()
     {
     // hier Anweisungen zum Erhöhen der Drehzahl
     }
   }
```

Die Definition einer Methode besteht aus mehreren Schlüsselwörtern (im obigen Beispiel `public void`), gefolgt von dem Namen der Methode zusammen mit runden Klammern, z.B. `anhalten()`. Ganz wie bei der Definition des Klassenrumpfes folgt nach dem Namen der Methode ein Paar geschweifter Klammern `{}` für den Methodenrumpf. Alle Anweisungen, die sich darin befinden, bilden den Anweisungsblock der Methode.

Die main()-Methode

Nach diesem kurzen Ausflug zu Klassen und Methoden können wir nun mit der Analyse des Beispielprogramms fortfahren.

Nach der `import`-Zeile findet sich die Definition einer Klasse namens `HalloWelt`. Damit sind Sie nun ja schon vertraut. Im Klassenrumpf gibt es allerdings keine Variablendeklaration, sondern nur die Definition einer Methode mit Namen `main()`. Hierbei handelt es sich aber um eine ganz besondere Methode.

Jedes Java-Programm muss eine Klasse haben, die eine spezielle Methode namens `public static void main(String[] args)` bereitstellt. Die `main()`-Methode ist die erste Methode, die bei der Programmausführung (durch den Interpreter *java.exe*) aufgerufen und abgearbeitet wird. Auf weitere Details (z.B. was bedeutet `String[] args` ?) werden wir im Verlauf des Buchs noch eingehen.

Abgesehen von obigen Besonderheiten ist die `main()`-Methode eine ganz normale Methode. In ihrem Rumpf kann man Anweisungen platzieren, die beim Aufruf von `main()` ausgeführt werden sollen. In unserem Beispiel ist dies die Zeile

```
System.out.println("Hallo Welt!");
```

Sie können hier schon ungefähr sehen, wie Methoden einer Klasse in Java benutzt werden. `println()` ist nämlich selbst wieder eine Methode (von der Klasse `System.out`) und wird hier in dieser Zeile von `main()` aufgerufen. Methoden können sich also gegenseitig aufrufen! Darauf werden wir später noch mal zurückkommen.

Zeichenketten (Strings)

Unser Beispielprogramm soll uns mit einem freundlichen »Hallo Welt!« begrüßen. »Hallo Welt!« ist also der auszugebende Text. Damit der Compiler weiß, dass es sich bei dieser Buchstabenfolge um Text handelt und nicht um Java-Anweisungen im eigentlichen Sinn, wird sie in Anführungszeichen eingeschlossen: `"Hallo Welt!"`.

WAS IST DAS

Textstücke, die das Programm verarbeitet, bezeichnet man als Strings. Strings, die direkt im Quellcode stehen, werden durch Anführungszeichen eingefasst.

Im Beispiel wird der String `"Hallo Welt!"` als Parameter an die Methode `println()` übergeben. Sie sorgt dafür, dass der Text bei Programmausführung in der Konsole erscheint.

Der Name der Quelltextdatei

Aus dem vorigen Kapitel wissen Sie noch, dass wir das *HalloWelt*-Programm unter dem Namen *HalloWelt.java* gespeichert hatten, also genau so (bis auf die Endung *.java*), wie die darin definierte Klasse heißt. Das kann doch kein Zufall sein, oder?

Ist es in der Tat nicht. In Java gibt es dazu eine genaue Vorschrift. Die Quellcodedatei muss genau so heißen wie die darin definierte Klasse! Testen wir doch einmal, was passiert, wenn wir uns nicht daran halten.

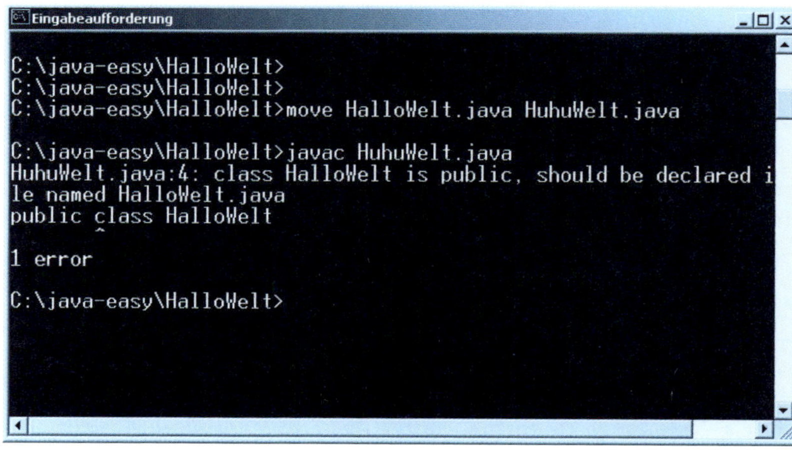

Abbildung 4.1: Der Name der Datei und der Klasse stimmen nicht überein!

Wechseln Sie in der Konsole in das Verzeichnis *c:\java-easy\HalloWelt* und benennen Sie die Datei *HalloWelt.java* in *HuhuWelt.java* um. Hierfür kann man wieder den `move`-Befehl einsetzen:

```
move HalloWelt.java HuhuWelt.java
```

Wenn Sie dann den Java-Compiler durch `javac HuhuWelt.java` starten, werden Sie sehen, dass dies dem Java-Compiler gar nicht schmeckt. Also schnell wieder in den richtigen Namen umbenennen!

Aber gibt es dann nicht ein Problem, wenn man zwei verschiedene Klassen in derselben Datei unterbringen will? Wie soll dann die Datei heißen?

Die Antwort ist einfach: Man kann nur eine Java-Klasse pro Datei definieren. Wenn Sie also ein Programm schreiben wollen, das aus fünf verschiedenen Klassen besteht, werden Sie diese Klassen auf fünf Dateien verteilen[3]!

Im letzten Kapitel fanden Sie die Empfehlung, jedes Programm in einem eigenen Verzeichnis abzulegen, damit kein Chaos auf der Festplatte ausbricht. Das *HalloWelt*-Programm hatten wir beispielsweise in einem Verzeichnis mit dem gleichen Namen abgelegt. Muss dies so sein, analog zum Namen der Klasse? Nein, keine Sorge. Dieses Verzeichnis können Sie im Prinzip so nennen, wie Sie möchten. Empfehlenswert ist aber, den Klassennamen für den Verzeichnisnamen zu übernehmen[4].

Codierstil

Zum Abschluss noch ein Wort über guten und schlechten Codierstil.

Java besitzt teilweise eine etwas kryptische Syntax, die daraus resultiert, dass es viele bedeutungstragende Syntaxelemente gibt, die durch einzelne Zeichen dargestellt werden (z.B. `{`, `(`, `++`, `%`), und dass sich die einzelnen Syntaxelemente zu den merkwürdigsten Konstrukten verbinden lassen. Für die Lesbarkeit und Verständlichkeit von Quellcode ist es daher notwendig, sich einen gewissen Stil beim Schreiben anzugewöhnen. Hierzu einige Vorschläge:

- Schreiben Sie möglichst nur eine Anweisung in eine Zeile.
- Rücken Sie Anweisungsblöcke ein.
- Verwenden Sie reichlich Leerzeichen und Leerzeilen zur optischen Auflockerung.
- Kommentieren Sie Ihren Code.

Achten Sie also bitte darauf, dass Ihre Quelltexte nicht wie folgt aussehen:

```
import java.lang.*; public class HalloWelt
{public static void main(String[] args){
System.out.println("Hallo Welt!");}}
```

3. Wenn Sie später mal ein Java-Profi sind, werden Sie wissen, dass man auch mehrere Klassen in einer Datei speichern kann (eine `public`, die anderen ohne den Vorsatz `public`). Aber Sie werden dann auch hoffentlich verstehen, warum wir in diesem Einsteigerbuch nicht darauf eingegangen sind.
4. Wenn Sie mal ein fortgeschrittener Java-Programmierer sind, kann die Benennung der Verzeichnisse wichtig werden.

Kapitel 5

Zahlen und Texte in Java-Programmen

Wie Sie aus dem vorigen Kapitel schon wissen, verarbeitet ein Programm Daten in Form von Variablen. In diesem Kapitel werden wir diesen Aspekt ausführlicher behandeln. Wie werden Daten repräsentiert? Wo kann das Programm Daten zwischenspeichern? Welche Arten von Daten gibt es überhaupt?

Variablen und Konstanten

Daten können in einem Programm in zwei unterschiedlichen Formen vorkommen:

- als Konstanten oder
- als Variablen

Konstanten

Von Konstanten spricht man, wenn die Daten direkt im Quelltext stehen. Eine Art von Konstante haben Sie bereits kennen gelernt: die `String`-Konstante.

```
// Hallo Welt Programm
import java.lang.*;

public class HalloWelt
  {
  public static void main(String[] args)
    {
    System.out.println("Hallo Welt!");
    }
  }
```

`String`-Konstanten stehen in doppelten Anführungszeichen und stehen für sich selbst (das heißt für den Text in den Anführungszeichen). Außerdem gibt es Zahlenkonstanten und einzelne Zeichenkonstanten (letztere müssen in einfachen Anführungszeichen stehen).

```
// Konstantenbeispiele
import java.lang.*;

public class Konstantenbeispiele
   {
   public static void main(String[] args)
     {
     // Stringkonstante
     System.out.println("Ich bin eine Stringkonstante");

     // Zahlkonstante
     System.out.println(3.1415);

     // Zeichenkonstante
     System.out.println('C');
     }
   }
```

WAS IST DAS

Die hier vorgestellte Form der Konstante bezeichnet man übrigens auch als Literal. Ferner gibt es noch als konstant deklarierte Variablen, auf die wir im Rahmen des Buchs aber nicht eingehen.

Variablen

Konstanten sind eine wunderbare Sache, aber um richtig programmieren zu können, reichen Konstanten nicht aus. Wir brauchen zusätzlich auch noch eine Möglichkeit, wie man Daten zwischenspeichern kann – und zwar so, dass wir jederzeit auf die Daten zugreifen und sie bei Bedarf auch verändern können. Diese Möglichkeit eröffnen uns die Variablen.

Um sich ein wenig in das Konzept und die Funktionsweise von Variablen einzudenken, stellt man sich die Variablen am besten als Schubladen vor. Am Anfang haben Sie einen Schrank mit Hunderten unbenutzter Schubladen vor sich. Wenn Sie jetzt eine Zahl oder irgendwelche anderen Daten speichern wollen – nehmen wir beispielsweise an, Sie züchten Kaninchen und wollen den aktuellen Bestand festhalten –, suchen Sie sich eine noch unbenutzte Schublade aus, öffnen sie und schreiben auf den Boden der Schublade die betreffende Zahl. Damit Sie immer wissen, in welcher Schublade der aktuelle Kaninchenbestand abgespeichert ist, denken Sie sich einen Namen für die Schublade aus, z.B. `anzKaninchen`, und schreiben diesen vorne auf die Schublade. Wenn Sie später einmal wissen wollen, wie viele Kaninchen Sie derzeit haben, müssen Sie nur an den Schubladenschrank treten, die Schublade `anzKaninchen` öffnen und nachlesen. Wenn sich der Kaninchenbestand geändert hat, öffnen Sie die Schublade, radieren den alten Wert aus und schreiben den neuen Wert hinein.

Abbildung 5.1: Variablen sind wie Schubladen Zwischenspeicher.

Bei der Programmierung gibt es natürlich keine Schubladenschränke, wohl aber einen Arbeitsspeicher. Wenn Sie in einem Programm eine Variable deklarieren, sorgt der Compiler dafür, dass bei Ausführung des Programms im Arbeitsspeicher Platz für diese Variable reserviert wird. Danach können Sie in der Variablen Werte speichern und den jeweils aktuellen Wert der Variablen abfragen. Wie aber deklariert man eine Variable?

> **ACHTUNG**
>
> *Auf einen wichtigen Unterschied zwischen unserem Schubladenschrank und dem Arbeitsspeicher wollen wir Sie gleich hinweisen: Daten, die in einem Schubladenschrank abgespeichert werden, können dort Tage, Wochen oder Jahre bestehen bleiben. Die Variablen eines Programms bestehen allerdings maximal so lange, wie das Programm ausgeführt wird. Spätestens bei Beendigung des Programms werden die Variablen aufgelöst und der Platz, den sie im Arbeitsspeicher belegt haben, wird wieder freigegeben (und kann beispielsweise von anderen Programmen, die auf dem Rechner laufen, benutzt werden).*
>
> *Daher ist es auch so ärgerlich, wenn ein Programm während seiner Ausführung abstürzt. Alle Daten, die im Hauptspeicher waren, sind verloren!*

Variablen deklarieren

Jede Variablendeklaration besteht aus der Angabe des Datentyps der Variablen und dem Variablennamen, beispielsweise

```
int meineVar;
```

- Der Datentyp teilt dem Compiler mit, welche Art von Daten in der Variablen verwahrt werden und wie groß deren Speicherbedarf ist.
- Der Name der Variablen muss eindeutig sein, wobei zu beachten ist, dass Java zwischen Groß- und Kleinschreibung unterscheidet.

Aber ein Schritt nach dem anderen.

1 Beginnen Sie ein neues Programm, d.h. legen Sie im Verzeichnis *java-easy* ein neues Unterverzeichnis *Variablendeklaration* an und starten Sie einen Editor (z.B. notepad).

2 Setzen Sie im Editor das Programmgerüst auf:

```
// Demo für Variablendeklaration
import java.lang.*;

public class Variablendeklaration
   {
   public static void main(String[] args)
     {

     }
   }
```

3 Geben Sie zu Beginn des Methodenrumpfes von `main()` den Datentyp und den Namen der einzurichtenden Variablen ein.

```
// Demo für Variablendeklaration
import java.lang.*;

public class Variablendeklaration
   {
   public static void main(String[] args)
     {
     int meineVar;
     }
   }
```

Der Datentyp (hier im Beispiel `int`) teilt dem Java-Compiler mit, welche Art von Daten die Variable aufnehmen soll. In Variablen vom Typ `int` kann man beispielsweise Ganzzahlen (Integer) ablegen. Weiter unten werden wir noch mehr Datentypen kennen lernen.

Den Namen der Variablen (im Beispiel `meineVar`) können Sie frei wählen, solange Sie sich an einige Regeln halten:

- Der Variablenname muss mit einem Buchstaben anfangen und darf keine Leer- oder Sonderzeichen enthalten. Umlaute sind aber erlaubt.
- Der Name sollte nicht zu lang, aber dennoch aussagekräftig sein, damit man am Namen der Variablen ihre Verwendung ablesen kann.

  Für Hilfsvariablen, die nur kurzfristig zum Speichern von Zwischenergebnissen benötigt werden, fällt es häufig schwer, sinnvolle Namen zu finden. Viele Programmierer nennen sie darum schlicht `i`, `j`, `tmp` o.Ä.
- Schließlich muss der Variablenname eindeutig sein, das heißt, Sie dürfen keine zwei Variablen mit gleichem Namen definieren.

ACHTUNG

Und nicht zuletzt noch mal die Warnung, dass am Ende der Variablendeklaration ein Semikolon stehen muss! Sie hatten das Semikolon ja schon am Anfang des Buchs kennen gelernt und gesehen, dass man es keinesfalls vergessen darf. In Java müssen Variablendeklarationen und Anweisungen mit einem Semikolon abgeschlossen werden.

WAS IST DAS

Bei der Programmierung wird grundsätzlich zwischen Deklaration und Definition unterschieden. Eine Deklaration dient dazu, einen selbst definierten (Variablen-)Namen beim Compiler anzumelden. Eine Definition erzeugt dagegen eine Zuordnung eines solchen Namens mit einem Bereich im Arbeitsspeicher, in dem während der Programmausführung die Daten abgelegt werden.

In vielen Fällen sind Deklaration und Definition aber identisch und nur eine Feinheit für fortgeschrittene Programmierer. Wichtig ist dieser Unterschied im Rahmen dieses Buchs nur, wenn es später um Klassen und Arrays gehen wird.

Der Datentyp – Variablen für jeden Zweck

Zu den Datentypen gibt es noch einige wichtige Informationen, die Sie wissen sollten. Wie schon gesagt beginnt in Java jede Variablendeklaration mit einer Typangabe, die dem Compiler mitteilt, welche Art von Daten in der Variablen abgespeichert werden können.

Wir könnten diese Aussage nun einfach hinnehmen und damit fortfahren, uns die verschiedenen zur Verfügung stehenden Datentypen anzuschauen. Andererseits wäre es auch ganz interessant zu hinterfragen, wofür der Compiler die Typangabe eigentlich benötigt. Wer neugierig genug ist, sollte also im nächsten Abschnitt mit in die Tiefen des Arbeitsspeichers abtauchen. Alle anderen treffen wir im übernächsten Abschnitt bei der Vorstellung der Java-Datentypen wieder.

Die Bedeutung des Datentyps

Für jede Variable, die Sie in Ihrem Programm deklarieren, reserviert der Compiler Platz im Arbeitsspeicher.[1] Wenn Sie der Variablen im weiteren Verlauf des Programms einen Wert zuweisen, legt der Compiler diesen Wert im Speicher der Variablen ab. Wenn Sie im Programm den Wert der Variablen abfragen, liest der Compiler den Wert aus dem Speicher der Variablen aus.

Soweit scheint alles recht einfach. Kompliziert wird es erst dadurch, dass der Arbeitsspeicher des Rechners ein elektronischer, digitaler Speicher ist, der aus Tausenden von Zellen besteht, die jede nur eine 1 (Spannung an) oder eine 0 (Spannung aus) speichern können. Sie können diese Speicher selbst simulieren. Nehmen Sie einfach ein Blatt mit Rechenkästchen zur Hand, umrahmen Sie ca. 20 mal 10 Kästchen, stellen Sie sich vor, dass Sie in jedes Kästchen nur eine 1 oder eine 0 schreiben dürfen, und fertig ist Ihr Arbeitsspeicher.

Nehmen wir an, dass Sie eine Variable `var1` deklarieren und darin die Zahl 3 abspeichern. Da man im Arbeitsspeicher nur Nullen und Einsen speichern kann, müssen Sie die Zahl 3 in eine Folge von Nullen und Einsen umwandeln, eine so genannte Binärdarstellung. Im Binärsystem wird aus der Dezimalzahl 3 die Binärzahl 11 (1*2 + 1*1).

1. Der Compiler reserviert den Arbeitsspeicher natürlich nicht direkt. Korrekter wäre es zu sagen, dass der Compiler den Maschinencode erzeugt, der später bei Ausführung des Programms den Arbeitsspeicher reserviert.

HINWEIS

Eine dezimale Zahl als Binärzahl auszudrücken bedeutet, sie als die Summe der Potenzen von 2 (1, 2, 4, 8, 16, etc.) auszudrücken (statt als Summe der Potenzen von 10, wie wir es von unseren Dezimalzahlen gewohnt sind).

Sie könnten nun die ersten zwei Zellen in Ihrem simulierten Arbeitsspeicher für die Variable `var1` reservieren und darin die Zahl 11 ablegen. Was aber, wenn Sie später den Wert 5 in `var1` ablegen wollen? 5 ist binär gleich 101 und benötigt drei Speicherzellen. Für unsere Variable sind aber nur zwei Speicherzellen reserviert und der Compiler hat keine Möglichkeit, den Speicherplatz einer bereits reservierten Variablen nachträglich zu erweitern. Wir müssen also direkt bei der Deklaration der Variablen genügend Speicherzellen reservieren. Seien wir etwas großzügiger und reservieren wir für `var1` doch gleich 16 Zellen.

WAS IST DAS

Programmierer zählen Speicherzellen in Bit und Byte. Ein Bit ist eine Informationseinheit, die einen der Werte 1 oder 0 annehmen kann. Die binäre Zahl 101 besteht also aus drei Bit. Im Arbeitsspeicher kann jede Speicherzelle genau eine 1-Bit-Information speichern. Ein Byte sind 8 Bit.

16 Speicherzellen (= 16 Bit) entsprechen also 2 Byte. Wenn wir festlegen, dass die erste Speicherzelle das Vorzeichen festlegt (0 für positive, 1 für negative Zahlen), bleiben 15 Bit für den eigentlichen Wert – das bedeutet, wir können in `var1` jetzt Werte zwischen -32.768 und +32.767 abspeichern.

Als Nächstes wollen wir eine Bruchzahl mit Nachkommastellen (im Programmierjargon heißt das »Gleitkommazahl«) abspeichern. Wir deklarieren dazu eine neue Variable `var2` und reservieren für diese die nächsten 2 Byte in unserem simulierten Arbeitsspeicher. In der Variablen wollen wir jetzt den Wert `1,3` speichern.

Hoppla! Wie sollen wir die Zahl 1,3 als Bitfolge codieren? Sollen wir 1 und 3 einzeln in Binärzahlen umwandeln und dann festlegen, dass im ersten Byte der Wert vor dem Komma und im zweiten Byte der Wert hinter dem Komma abgelegt wird? Dann könnten wir selbst in 2 Byte nur kleine Zahlen mit wenigen Nachkommastellen abspeichern. Besser ist es, die Zahl in Exponentialschreibweise auszudrücken und dabei so umzuformulieren, dass vor dem Komma eine 0 steht. So wird aus 1,3 zuerst 1,3 * 10^0 und dann 0,13 * 10^1.

Statt 2 Byte belegen wir 4 Byte für die Gleitkommavariable. In den ersten drei Byte speichern wir die Nachkommastellen (13 = 1101) – die Null brauchen wir nicht zu speichern, da wir ja alle Gleitkommazahlen so umwandeln, dass sie mit einer Null vor dem Komma beginnen. Im vierten Byte speichern wir die Potenz zur Basis 10 (in unserem Beispiel also 1).

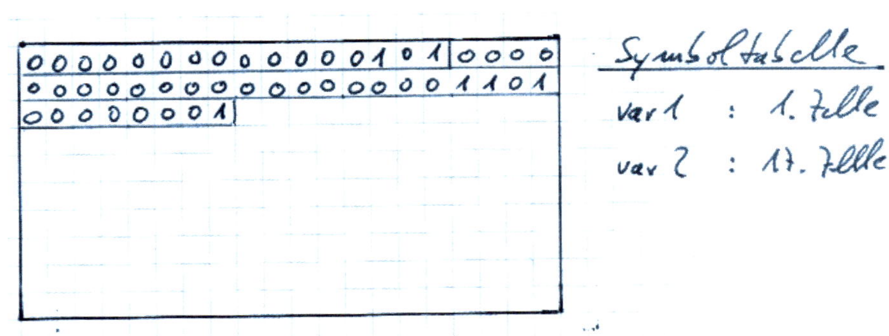

Zu guter Letzt reservieren wir auch noch eine Variable `var3`, in der wir den Buchstaben C ablegen wollen. Buchstaben werden mit Hilfe der so genannten ASCII-Tabelle codiert. In dieser Tabelle ist für jeden Buchstaben ein Zahlenwert angegeben. Um den Buchstaben C im Speicher abzulegen, reservieren wir 1 Byte Speicher, schauen in der ASCII-Tabelle (siehe Anhang dieses Buchs) nach, welchen Codewert der Großbuchstabe C hat (67) und wandeln ihn in Binärcode um (67 = 0100 0011), den wir in der Variablen speichern.

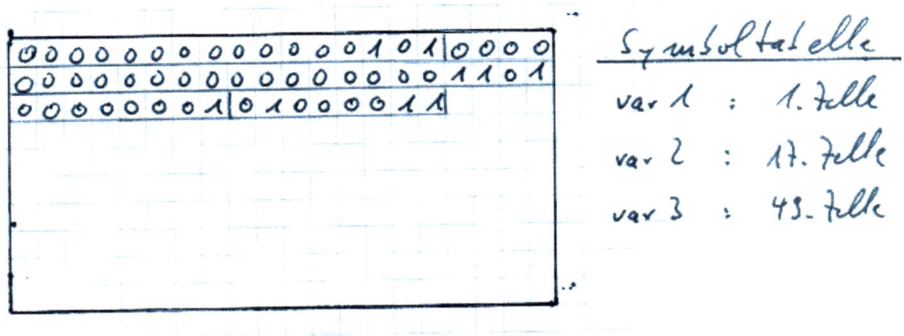

So, jetzt haben wir Speicher für Variablen von drei verschiedenen Datentypen reserviert (Ganzzahlen, Gleitkommazahlen und Zeichen). Wir wissen, dass jeder Datentyp über einen spezifischen Speicherbedarf und ein eigenes Codierungsverfahren verfügt. Und genau deshalb benötigt der Compiler zu jeder Variablendeklaration die Typangabe. Aus ihr kann er ablesen,

- wie viel Speicher er für die Variable reservieren soll und
- wie er Werte, die der Variablen zugewiesen werden, in Bitfolgen codieren und im Speicherbereich der Variablen ablegen soll (und umgekehrt; beim Abfragen des Variablenwerts wird die Bitfolge in einen Wert zurückverwandelt).

HINWEIS

Die in diesem Abschnitt vorgestellten Codierungsverfahren für Ganzzahlen, Gleitkommazahlen und Zeichen sind vereinfachte Versionen der im Rechner ablaufenden Codierungen.

Der Vollständigkeit halber sei noch erwähnt, dass der Compiler die Datentypangabe auch dazu verwendet, den korrekten Gebrauch der Variablen sicherzustellen. So muss der Compiler für die Division zweier Ganzzahlen anderen Bytecode erzeugen als für die Division zweier Gleitkommazahlen – und die Division zweier Strings erlaubt er erst gar nicht (wie sollte die auch aussehen?).

Die Java-Datentypen

Java kennt zwei unterschiedliche Kategorien von Datentypen:

- elementare Datentypen
- definierte Datentypen

Die elementaren Datentypen sind in der Sprache fest verankert. Jeder dieser Datentypen verfügt über ein eigenes Schlüsselwort, das Sie in der Variablendeklaration als Typ angeben.

Wenn Sie beispielsweise eine Variable einrichten wollen, in der Sie Ganzzahlen speichern möchten, geben Sie als Datentyp `int` an:

```
int meineZahl;
```

Wenn Sie in einer Variablen besonders große Ganzzahlen abspeichern wollen, reicht der Speicherplatz, den der Compiler für `int`-Variablen reserviert, aber vielleicht nicht aus. Dann deklarieren Sie die Variable zur Sicherheit als `long`:

```
long meineZahl;
```

In Tabelle 5.1 sind die wichtigsten elementaren Datentypen aufgeführt. Zu jedem Datentyp ist angegeben, welche Art von Daten man in Variablen des jeweiligen Datentyps abspeichern kann.

Datentyp	**Wertebereiche**[2]
boolean	Wahrheitswerte: true (wahr), false (falsch)
char	Einzelnes Zeichen: 'a', '!', '\n'
int	Ganzzahlen im Bereich von -2147483648 bis 2147483647
long	Ganzzahlen im Bereich von –9223372036854775808 bis 9223372036854775807
float	Fließkommazahlen im Bereich von -3.40e+38 bis +3.40e+38
double	Fließkommazahlen im Bereich von -1.79e+308 bis +1.79e+308

Tabelle 5.1: Die wichtigsten elementaren Datentypen

2. Die angegebenen Wertebereiche sind Mindestbereiche, die vom C++-Standard vorgeschrieben sind. Je nach verwendetem Betriebssystem und Compiler sind aber auch größere Bereiche möglich. So ist der Wertebereich für `int` beim Visual C++-Compiler ebenso groß wie der Wertebereich des Datentyps `long`.

Wenn diese Datentypen nicht ausreichen, müssen selbst definierte Datentypen eingesetzt werden. Der Mechanismus hierfür ist die Definition einer geeigneten Klasse. Solche Datentypen nennt man daher auch Klassentypen. Im Laufe des Buchs werden Sie dies noch näher kennen lernen.

In den Java-Packages gibt es natürlich schon eine Vielzahl solcher Klassen. Ein Beispiel ist die Klasse `String` (Package `java.lang`), die für den bequemen Umgang mit Zeichenketten gedacht ist. Um eine `String`-Variable zu deklarieren, gehen Sie ganz analog wie bei der Deklaration einer Variablen eines elementaren Datentyps vor. Zuerst kommt die Typenangabe, dann der Variablenname:

```
String meinString;
```

WAS IST DAS

Variablen von Klassentypen bezeichnet man auch als Instanzen oder Objekte (mehr dazu in Kapitel 12).

Werte in Variablen speichern

Nun war schon so oft die Rede davon, dass man in Variablen Werte speichern kann, dass es Zeit wird, sich dies in der Praxis anzuschauen:

1 Beginnen Sie ein neues Programm, d.h. legen Sie im Verzeichnis *java-easy* ein neues Unterverzeichnis *Variablenzuweisung* an und starten Sie einen Editor (z.B. notepad).

2 Setzen Sie das Programmgerüst auf.

```
// Beispiel für Variablenzuweisung
import java.lang.*;

public class Variablenzuweisung
   {
   public static void main(String[] args)
      {
      }
   }
```

3 Definieren Sie eine `int`-, `double`- und eine `String`-Variable.

```
// Beispiel für Variablenzuweisung
import java.lang.*;

public class Variablenzuweisung
   {
   public static void main(String[] args)
     {
     int    zahl;
     double bruchzahl;
     String str;
     }
   }
```

4 Weisen Sie nun den Variablen jeweils einen passenden Wert zu. Dies erfolgt durch Angabe der Variablen gefolgt von = und dem Wert:

```
// Beispiel für Variablenzuweisung
import java.lang.*;

public class Variablenzuweisung
   {
   public static void main(String[] args)
     {
     int    zahl;
     double bruchzahl;
     String str;

     zahl = 124;
     bruchzahl = 3.1415;
     str = "Dies ist eine Zeichenkette";
     }
   }
```

ACHTUNG

Die Art der Konstante muss zu dem Datentyp der Variablen passen. So ist es nicht erlaubt, einer `String`*-Variablen eine Ganzzahl zuzuweisen.*

Beachten Sie auch, dass bei Kommanzahlen ein Punkt getippt werden muss (also `3.1415` *und NICHT* `3,1415`*).*

Variablen bei der Definition initialisieren

Wenn Sie möchten, können Sie einer Variablen auch direkt bei der Deklaration einen Anfangswert zuweisen:

```
int    zahl       = 100;
double bruchzahl  = 333.33;
string str        = "Hallo";
```

ACHTUNG

Bei der Eingabe von Kommazahlen müssen Sie einen Dezimalpunkt für das Komma eingeben (also wie bei einem Taschenrechner).

Werte von Variablen abfragen

Einen Wert in einer Variablen abzuspeichern ist natürlich nur dann interessant, wenn man auf den Wert der Variablen später noch einmal zugreifen möchte.

Das folgende Listing setzt das Beispiel aus dem vorangegangenen Abschnitt fort und fragt die Werte der deklarierten Variablen ab, um sie zur Kontrolle auszugeben.

5 Fragen Sie die Werte der Variablen ab und geben Sie sie aus.

```
// Beispiel für Variablenzuweisung (Fortsetzung)
import java.lang.*;

public class Variablenzuweisung
   {
   public static void main(String[] args)
     {
     int    zahl;
     double bruchzahl;
     String str;


     zahl = 124;
     bruchzahl = 3.1415;
     str = "Dies ist eine Zeichenkette";

     System.out.println(zahl);
     System.out.println(bruchzahl);
     System.out.println(str);
     }
   }
```

6 Speichern Sie das Programm im Verzeichnis *c:\java-easy\Variablenzuweisung* unter dem Namen *Variablenzuweisung.java.*

7 Wechseln Sie in der Konsole in dieses Verzeichnis, kompilieren und starten Sie das Programm.

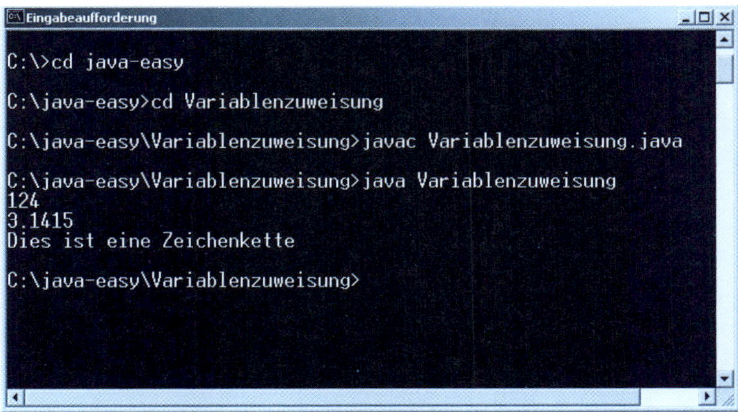

Abbildung 5.2: Ausgabe des Variablenzuweisung*-Programms*

Offensichtlich kann man über den Variablennamen der Variablen sowohl einen neuen Wert zuweisen als auch den aktuellen Wert der Variablen abfragen. Woher aber weiß der Compiler, wenn er auf das Vorkommen eines Variablennamens trifft, ob er der Variablen einen Wert zuweisen oder ob er den aktuellen Wert der Variablen abfragen soll?

Ganz einfach!

- Taucht der Variablenname auf der linken Seite einer Zuweisung auf (wie in `zahl  = 124;`), weist der Compiler der Variablen den Wert des Ausdrucks auf der rechten Seite des Gleichheitszeichens zu (in der Welt der Programmiersprachen wird es auch als =-Operator bezeichnet).
- Taucht der Variablenname an irgendeiner anderen Stelle auf (wie in `System.out.println(zahl);`), ersetzt der Compiler den Variablennamen durch den aktuellen Wert der Variablen.

Schauen wir uns zum Thema Abfrage und Zuweisung noch ein weiteres Beispiel an.

Gleichzeitige Abfrage und Zuweisung

Wenn Ihnen zwei Variablen des gleichen Datentyps vorliegen, können Sie der einen Variablen den Wert der anderen Variablen zuweisen.

```
import java.lang.*;

public class Variablenzuweisung
   {
   public static void main(String[] args)
      {
      int  zahl1;
      int  zahl2;

      zahl1 = 11;
      zahl2 = zahl1;
      }
   }
```

Beachten Sie vor allem die Zeile

```
zahl2 = zahl1;
```

Hier ersetzt der Compiler den Variablennamen `zahl1` durch den aktuellen Wert dieser Variablen (also `11`) und weist diesen der Variablen `zahl2` zu. Nach dieser Anweisung steht in den beiden Variablen `zahl1` und `zahl2` der Wert `11`.

HINWEIS

Wenn Sie mehrere Variablen eines Datentyps deklarieren, reicht es, den Datentyp einmal anzugeben und dahinter die einzelnen Variablen – durch Kommata voneinander getrennt – anzugeben.

```
int zahl1, zahl2;
```

Ja, wir können sogar in einer Anweisung den Wert einer Variablen abfragen, manipulieren und der Variablen wieder zuweisen:

```
int  zahl = 11;

zahl = zahl * 3;
```

Hier wird die Variable `zahl` deklariert und mit dem Wert `11` initialisiert. Interessant wird es in der nächsten Anweisung:

```
zahl = zahl * 3;
```

Bei der Auswertung dieser Anweisung fängt der Compiler auf der rechten Seite des =-Operators an. Er ersetzt `zahl` durch den aktuellen Wert der Variablen (`11`). Diesen multipliziert er mit `3`. Das Ergebnis (`33`) speichert er als neuen Wert von `zahl`.

Kapitel 6

Mit Zahlen und Texten arbeiten

Bis jetzt waren unsere Beispielprogramme weder besonders nützlich noch besonders aufregend. Das lag daran, dass wir noch nicht gelernt haben, wie man die Daten, die in den Variablen abgespeichert sind, weiterverarbeiten kann.

Die Rechenoperationen

Neben der Zuweisung von Werten an Variablen gibt es noch andere Operationen auf Daten. Dabei legt der Datentyp bereits fest, welche Operationen auf die Daten angewendet werden dürfen. Zahlen lassen sich zum Beispiel addieren, subtrahieren, dividieren und multiplizieren:

```
// Multiplikation
import java.lang.*;

public class Multiplikation
   {
   public static void main(String[] args)
      {
      int n_1, n_2;

      n_1 = 10;
      n_2 = n_1;

      n_1 = n_1 * n_2;

      System.out.println("Ergebnis ist " + n_1);
      }
   }
```

Die Ausgabe[1] ist:

```
Ergebnis ist 100
```

Wie Sie sehen, erfolgt die Multiplikation durch das *-Zeichen – den Multiplikations-Operator. Java kennt noch eine Reihe weiterer Operatoren zur Manipulation von Zahlen, siehe Tabelle 6.1.

Operator	Bedeutung	Beispiel
=	Zuweisung	`var = 3;`
+	Addition	`var = 3 + 4;     // var = 7;`
-	Subtraktion	`var = 3 - 4;     // var = -1;`
-	Vorzeichen	`var =  - 4;      // var = -4;`
*	Multiplikation	`var = 3 * 4;     // var = 12;`

1. Beachten Sie, dass für die Ausgabe durch `System.out.println` der Ausgabestring mit dem Wert der Variablen `n_1` durch + verbunden worden ist. Darauf gehen wir später noch genauer ein.

Operator	Bedeutung	Beispiel

/	Division	`var = 3 / 4;      // var = 0;`
		`var = 3.0/4.0;  // var = 0.75;`

%	Modulo (ganzzahliger Rest einer Division von Ganzzahlen)	`var = 3 % 4;      // var = 3;`

Tabelle 6.1: Die arithmetischen Operatoren

ACHTUNG

Beachten Sie, dass die Modulo-Operation nur auf Ganzzahlen (`int` oder `long`) angewendet werden darf, während die Division unterschiedliche Ergebnisse für Ganzzahlen und Gleitkommazahlen liefert. Bei der Division von Gleitkommazahlen liefert der Operator das exakte Ergebnis zurück, bei der Division von Ganzzahlen liefert er dagegen ein ganzzahliges Ergebnis zurück, das heißt, der Nachkommateil wird einfach verworfen.

Mathematische Formeln ausrechnen

Mit Hilfe der oben vorgestellten Operatoren kann man bereits einfache Formeln berechnen.

Stellen Sie sich vor, Sie wollen im Urlaub nach Arizona fliegen. Im Internet recherchieren Sie, dass es in Arizona derzeit 20 Grad Fahrenheit warm ist. 20 Grad Fahrenheit? Entspricht das 20 Grad Celsius?

Die Formel für die Umrechnung von Fahrenheit in Celsius lautet:

```
celsius = (fahrenheit - 32) * 5 / 9
```

Lassen Sie uns nun zusammen ein Programm aufsetzen, das nach dieser Formel berechnet, wie warm 20 Grad Fahrenheit wirklich sind.

1 Beginnen Sie ein neues Programm, d.h. legen Sie im Verzeichnis *java-easy* ein neues Unterverzeichnis, *Fahrenheit,* an und starten Sie einen Editor (z.B. notepad).

2 Setzen Sie das Programmgerüst auf.

```
// Fahrenheit-Umrechnung
import java.lang.*;

public class Fahrenheit
   {
   public static void main(String[] args)
      {

      }
   }
```

3 Deklarieren Sie zwei `double`-Variablen für die Temperatur in Fahrenheit und Celsius.

```
// Fahrenheit-Umrechnung
import java.lang.*;

public class Fahrenheit
   {
   public static void main(String[] args)
      {
      double fahrenheit;
      double celsius;
      }
   }
```

Für die Variable `fahrenheit` wählen wir den Datentyp `double`, damit wir auch Werte mit Nachkommaanteil (beispielsweise 20.5) umrechnen lassen können.

Für die Variable `celsius` wählen wir den Datentyp `double`, weil das Ergebnis der Formel wegen der Multiplikation mit `5/9` in den meisten Fällen eine Zahl mit Nachkommaanteil ergibt.

4 Initialisieren Sie die Variable `fahrenheit`.

```
// Fahrenheit-Umrechnung
import java.lang.*;

public class Fahrenheit
   {
   public static void main(String[] args)
      {
      double fahrenheit;
      double celsius;
      fahrenheit = 20;
      }
   }
```

> **HINWEIS**
>
> *Wenn Sie einen anderen Fahrenheit-Wert in Celsius umrechnen wollen, ersetzen Sie* `20` *durch den betreffenden Wert.*

5 Fügen Sie die Formel für die Umrechnung in Celsius hinzu.

```
// Fahrenheit-Umrechnung
import java.lang.*;

public class Fahrenheit
   {
   public static void main(String[] args)
      {
      double fahrenheit;
      double celsius;

      fahrenheit = 20;

      celsius = fahrenheit - 32 * 5.0 / 9.0;
      }
   }
```

Warum schreiben wir in dieser Formel 5.0 / 9.0 statt einfach 5 / 9?

5 / 9 ist eine Ganzzahldivision, die der Compiler zu 0 berechnen würde, da er Nachkommastellen einfach abschneidet.

5.0 / 9.0 dagegen ist eine Gleitkommadivision, die der Compiler wie gewünscht zu 0.55555555 berechnet.

Damit haben wir aber noch nicht alle Fallstricke umgangen.

Klammerung von Ausdrücken

Wie in der Mathematik gilt auch in Java, dass die Punktrechnung vor der Strichrechnung kommt. Der obige Ausdruck wird also nicht als

```
(fahrenheit - 32) * 5.0 / 9.0
```

berechnet, sondern als

```
fahrenheit - (32 * 5.0 / 9.0)
```

Damit der Compiler die einzelnen Operatoren in der von uns gewünschten Reihenfolge auswertet, müssen wir – wie in der Mathematik – Klammern setzen.

6 Setzen Sie Klammern, um die korrekte Reihenfolge bei der Auswertung der Operatoren sicherzustellen.

```
// Fahrenheit-Umrechnung
import java.lang.*;

public class Fahrenheit
   {
   public static void main(String[] args)
      {
      double fahrenheit;
      double celsius;

      fahrenheit = 20;

      celsius = (fahrenheit - 32) * 5.0 / 9.0;
      }
   }
```

7 Geben Sie das Ergebnis der Berechnung aus.

```
// Fahrenheit-Umrechnung
import java.lang.*;

public class Fahrenheit
   {
   public static void main(String[] args)
      {
      double fahrenheit;
      double celsius;

      fahrenheit = 20;

      celsius = (fahrenheit - 32) * 5.0 / 9.0;

      System.out.println(fahrenheit +
                " Grad Fahrenheit entsprechen ");
      System.out.println(celsius +
                " Grad Celsius");
      }
   }
```

8 Speichern Sie das Programm als *c:\java-easy\Fahrenheit\Fahrenheit.java*. Kompilieren Sie das Programm und führen Sie es aus.

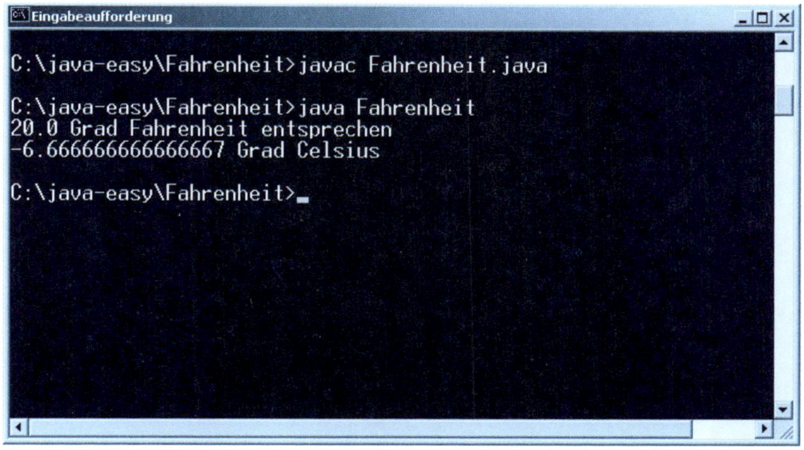

Abbildung 6.1: Das Fahrenheit-*Programm*

Mathematische Funktionen

Bestimmte häufig benötigte Rechenoperationen, wie das Ziehen einer Wurzel oder das Berechnen des Sinus eines Winkels, sind mit Hilfe der Operationen für die Grundrechenarten nur sehr schwer umzusetzen. Für die wichtigsten dieser Rechenoperationen gibt es daher im Package `java.lang` die Klasse `Math`, welche geeignete so genannte statische[2] Methoden anbietet. Hier eine Auswahl der wichtigsten:

Methode	**Beschreibung**
`Math.acos(x)`	Arcuskosinus von x
`Math.asin(x)`	Arcussinus von x
`Math.atan(x)`	Arcustangens von x
`Math.cos(x)`	Kosinus von x
`Math.cosh(x)`	Kosinus hyperbolicus von x
`Math.sin(x)`	Sinus von x
`Math.sinh(x)`	Sinus hyperbolicus von x

2. Was es damit auf sich hat, ist im Rahmen dieses Buchs nicht weiter interessant. Wir erwähnen es nur, damit Sie den Begriff schon mal gehört haben.

Methode	Beschreibung
`tan(x)`	Tangens von x
`tanh(x)`	Tangens hyperbolicus von x
`Math.abs(x)`	Absoluter Betrag von x
`Math.floor(x)`	Größte Ganzzahl, die kleiner oder gleich dem übergebenen Wert ist
`Math.ceil(x)`	Kleinste Ganzzahl, die größer/gleich dem übergebenen Wert ist
`Math.round(x)`	Rundet x auf die nächste ganze Zahl auf oder ab
`Math.exp(x)`	Exponentialfunktion (e hoch x)
`Math.log(x)`	Natürlicher Logarithmus (d.h. zur Basis e)
`pow(x,y)`	Zahl x mit y potenzieren
`sqrt(x)`	Quadratwurzel von x

Tabelle 6.2: Mathematische Methoden der Klasse `Math`

Die Programmierung mit diesen Methoden ist die Einfachheit selbst: Sie rufen die Methode über ihren Namen auf, übergeben ihr die benötigten Parameter und erhalten das Ergebnis zurück. Um beispielsweise die Quadratwurzel von 102355 zu berechnen, schreiben Sie:

```
double wurzel;      // Variable zur Aufnahme des Ergebnisses
wurzel = Math.sqrt(102355);
```

Woher aber weiß man, was eine Methode macht, welche Parameter sie benötigt und was sie als Ergebnis zurückliefert?

Nun, entweder besorgt man sich ein gutes Buch, in dem die einzelnen Funktionen (am besten auch gleich die anderen Elemente der Java-Packages) vorgestellt werden, oder man schaut in die Dokumentation, die mit dem JDK zusammen installiert wird. Bei Installation im Verzeichnis *c:\jdk1.3* finden Sie dann im Unterverzeichnis *docs\api* die HTML-Datei *index.html*, die Sie mit einem Webbrowser öffnen können.

Verwendung der JDK-Dokumentation

Die JDK-Dokumentation enthält sowohl für Anfänger als auch für Profis umfangreiche Angaben zu den vorhandenen Java-Packages, ihren Klassen und

Methoden. Allerdings sind alle Erläuterungen auf Englisch, aber das ist doch eine gute Gelegenheit, Ihr Englisch mal wieder aufzufrischen!

HINWEIS

Die JDK-Dokumentation finden Sie im Internet auf der Java-Website http://java.sun.com. *Die Dokumentation zur Version 1.3 finden Sie auch im JDK-Verzeichnis auf der Buch-CD. Sie ist in der ZIP-Datei* j2sdk1_3_0-doc.zip *enthalten und kann mit jedem gängigen ZIP-Programm, beispielsweise WinZip, entpackt werden. (Achten Sie dabei darauf, dass die Pfadangaben beim Entpacken übernommen werden.) Die Dokumentation selbst liegt im HTML-Format vor und kann mit Hilfe eines Browsers (Internet Explorer, Netscape Navigator) betrachtet werden.*

Nehmen wir an, Sie wollen in Ihrem Programm eine Quadratwurzel ziehen und können sich noch vage erinnern, dass es da eine Klasse `Math` gibt, aber den genauen Methodennamen wissen Sie nicht mehr. Rufen Sie dann mit Ihrem Browser die *index.html*-Datei der JDK-Dokumentation auf (wenn Sie die Dateien aus der ZIP-Datei nach *C:* entpackt haben, finden Sie die *index.html*-Datei unter *c:\jdk1.3\docs\index.html*) und Sie werden die Seite aus Abbildung 6.2 sehen.

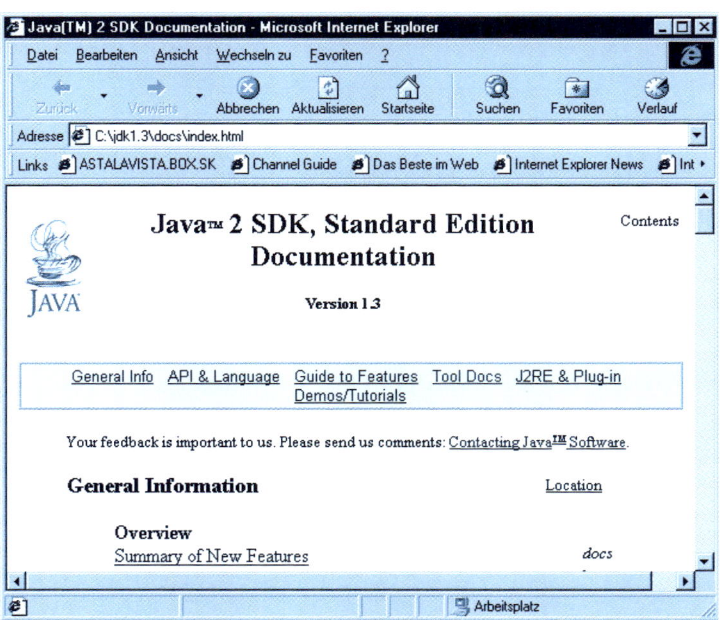

Abbildung 6.2: Die Java-Dokumentation

Die Seite enthält umfangreiche Verweise. Für das Nachschlagen von Java-Klassen wählen Sie weiter unten auf der Seite den Link *Java 2 Platform API Specification*, der Sie zu einer Seite führt, wo Sie sowohl nach Klassennamen als auch Packagenamen blättern können. Die Suche nach `Math` liefert dann schnell die Seite mit allen Methoden dieser Klasse. Dort findet sich dann auch die Methode mit der benötigten Funktionalität: `sqrt()`.

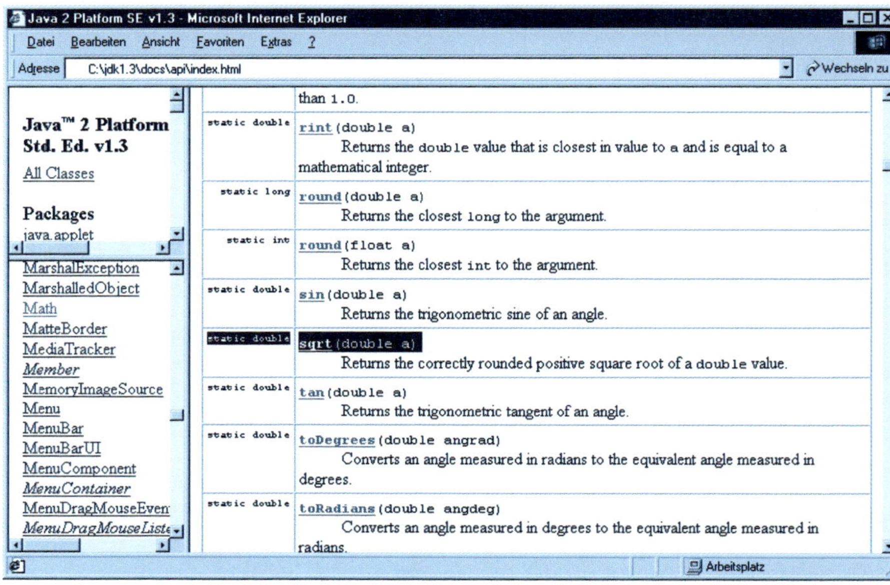

Abbildung 6.3: Elemente der Klasse `Math`

Sie können der Dokumentation entnehmen, dass `sqrt()` einen `double`-Wert als Parameter erwartet. Die erste Spalte zeigt an, dass ein Ergebnis vom Typ `double` zurückgegeben wird. Der Zusatz `static` bedeutet übrigens, dass diese Methode aufgerufen werden kann, auch wenn keine Instanz von `Math` angelegt worden ist. Darauf werden wir in einem späteren Kapitel noch eingehen.

Was aber soll man machen, wenn man eine gewisse Funktionalität sucht, aber nicht (mehr) weiß, wie die zugehörige Klasse heißt? Nun, das ist erst mal Pech. Es bleibt Ihnen dann nichts anderes übrig, als die Packages durchzublättern und notfalls alle aufgeführten Klassen und ihre Kurzbeschreibung durchzulesen. Vielleicht finden Sie dabei eine Klasse bzw. Methode, die genau das anbietet, was Sie brauchen. Vielleicht finden Sie auch nichts und müssen selbst eine geeignete Klasse erstellen. Auf jeden Fall werden Sie bei diesem Blättern viele Klassen vage kennen lernen und beim nächsten Problem bereits wissen, dass es da doch eine Klasse gibt, die ungefähr das schon bietet, was gerade gebraucht wird.

> **TIPP**
>
> *Stöbern Sie in der JDK-Dokumentation herum! Blättern Sie durch die verschiedenen Packages und die darin enthaltenen Klassen und Methoden. Lassen Sie sich anregen und entdecken Sie, was man mit den bereitgestellten Klassen alles machen könnte.*

Typenstrenge und Typumwandlung

Bevor wir uns im nächsten Abschnitt anschauen, wie man eine Methode wie `Math.sqrt()` in einem Programm verwendet, müssen wir noch kurz auf die Bedeutung der Datentypen der Parameter und des Ergebniswertes der Funktion eingehen.

Beginnen wir mit dem Parameter der `Math.sqrt()`-Methode. Wir haben in der JDK-Dokumentation gesehen, dass er vom Typ `double` ist. Was bedeutet das nun?

Java ist eine sehr typenstrenge Programmiersprache. Das bedeutet, wenn der Compiler irgendwo einen Wert eines bestimmten Typs erwartet, dann dürfen Sie an dieser Stelle auch nur Werte dieses Typs verwenden!

Der Typ `double` steht für alle reellen Zahlen (soweit sie im Wertebereich des Datentyps liegen, siehe Tabelle 5.1). Das heißt, wir können als Argumente Konstanten wie -3.14 oder 2.0 oder eine `double`-Variable übergeben:

```
double wert = 0.575;
double ergebnis1,ergebnis2,ergebnis3;
ergebnis1 = Math.sqrt( 3.14 );
ergebnis2 = Math.sqrt( 2.0 );
ergebnis3 = Math.sqrt(wert);
```

Können wir auch die ganze Zahl `2` übergeben?

```
ergebnis1 = Math.sqrt( 2 );          // ist das korrekt?
```

Auf den ersten Blick würde man sagen: »Natürlich, die `2` ist schließlich auch eine reelle Zahl.«

Aber Achtung, der Java-Compiler ist hier pingelig. Für ihn ist die Konstante `2` eine Ganzzahl, also vom Typ `int` (im Gegensatz zur Konstante `2.0`, die vom Typ `double` ist). Wir haben es also mit unterschiedlichen Typen zu tun und der Compiler sollte den Aufruf `Math.sqrt(2)` eigentlich mit einer Fehlermeldung quittieren.

Dass er keine Fehlermeldung ausgibt, liegt daran, dass er für bestimmte Typkombinationen den einen Typ automatisch in den anderen Typ umwandeln kann. Dies gilt beispielsweise für die Umwandlung von `int` in `long` oder von `float` in `double` oder eben auch für die Umwandlung einer Ganzzahl (`int` oder `long`) in eine Gleitkommazahl (`float` oder `double`).

> **HINWEIS**
>
> *Dass man dem* `double`*-Parameter keine Zeichen oder Strings übergeben kann, selbst wenn diese Ziffern enthalten (*`'1'` *oder* `"314"`*), dürfte klar sein.*

Und wie sieht es mit dem Ergebnis aus? Die Funktion `double Math.sqrt(double x)` liefert die berechnete Wurzel als Wert vom Typ `double` zurück. Diesen Wert können wir nur in einer `float`- oder einer `double`-Variablen speichern:

```
double ergebnis;
ergebnis = Math.sqrt(0.54);
```

> **ACHTUNG**
>
> *Wenn Sie das Ergebnis in einer* `float`*-Variablen speichern, müssen Sie damit rechnen, dass der Wert verkrüppelt wird – sei es, dass der* `double`*-Wert einfach zu groß ist, um in einer* `float`*-Variablen abgespeichert zu werden (*`double` *hat ja den größeren Wertebereich), sei es, dass bei der Umwandlung aus Platzgründen Nachkommastellen verloren gehen.*

Was passiert, wenn wir das Ergebnis in einer `long`-Variablen speichern wollen?

```
long ergebnis;
ergebnis = Math.sqrt(0.54);
```

Kann der Compiler dann nicht auch eine automatische Konvertierung durchführen. Nein! Bedenken Sie, dass es etwas ganz anderes ist, eine Ganzzahl in eine Gleitkommazahl umzuwandeln, als umgekehrt eine Gleitkommazahl in eine Ganzzahl zu konvertieren.

Aus 2 oder irgendeiner anderen Ganzzahl eine Gleitkommazahl zu machen, ist für den Compiler genauso einfach wie für Sie, aus der 2 eine 2.0 zu machen. Aber nicht jede Gleitkommazahl kann man ebenso einfach in eine Ganzzahl verwandeln. Die meisten Gleitkommazahlen haben nämlich Nachkommastellen oder einen Wert, der außerhalb des Wertebereichs des `long`-Datentyps liegt. Eine Umwandlung dieser Gleitkommazahlen in eine Ganzzahl wäre nicht ohne Datenverlust möglich. Daher nimmt der Compiler keine automatische Typumwandlung vor.

Der obige Versuch, das `double`-Ergebnis der Funktion einer `long`-Variablen zuzuweisen, wird also zu einer Fehlermeldung des Compilers führen. Probieren Sie es doch mal aus. Setzen Sie ein kleines Programm auf und fügen Sie die Anweisungen

```
long ergebnis;
ergebnis = Math.sqrt(0.54);
```

ein und kompilieren Sie mal!

Manchmal möchte man aber ganz bewusst eine Typumwandlung durchführen (auch *casten* genannt). Dann kann man den gewünschten Datentyp vor den umzuwandelnden Wert stellen:

```
long ergebnis;
ergebnis = (long) Math.sqrt(0.54);
```

Diese Anweisung sagt dem Compiler:

»Ich weiß, dass du Umwandlungen von `double`-Werten in `long`-Werte eigentlich nicht erlaubst und dass es dabei zu Datenverlusten kommen kann, aber der Wert ist in diesem Fall nicht zu groß und die Nachkommastellen interessieren mich nicht. Ich übernehme also die Verantwortung; speichere den Wert bitte trotzdem in einer `long`-Variablen ab.«

In der Variablen `ergebnis` wird dann statt des richtigen Wertes `0.7348` (= Wurzel aus 0.54) der Wert `0` gespeichert.

ACHTUNG

Die explizite Typumwandlung ist nicht für jede beliebige Kombination von Typen erlaubt, sondern nur für Umwandlungen, die vom Compiler unterstützt werden. Beispielsweise können Sie Strings, die Zahlen enthalten (beispielsweise `"312"`*), nicht durch explizite Typumwandlung in einen* `int`*-Wert verwandeln. Für die Umwandlung von Strings in Zahlen gibt es in Java spezielle Methoden, die wir noch kennen lernen werden.*

Verwendung der trigonometrischen Methoden

Wenn Sie mit den trigonometrischen Methoden arbeiten, müssen Sie beachten, dass diese als Parameter stets Werte in Bogenmaß (Radiant) erwarten. Beim Bogenmaß wird der Winkel nicht in Grad, sondern als Länge des Bogens angegeben, den der Winkel aus dem Einheitskreis (Gesamtumfang 2π) ausschneidet. Für die Umrechnung gilt: Winkel (Radiant) = Winkel (Grad) * (2π/360°).

Nehmen wir an, Sie wollen die Höhe eines Bungalows ermitteln. Sie stellen sich in einiger Entfernung vor das Haus und markieren diesen Punkt am Boden. Von diesem Punkt aus peilen Sie die Dachkante an und messen den Winkel zwischen der Peillinie zur Dachkante und dem Boden, sagen wir 25 Grad. Jetzt müssen Sie noch die Entfernung zum Haus messen, sagen wir 18 Meter. Nach der Formel

```
h = distanz * tan a
```

können wir jetzt die Höhe berechnen.

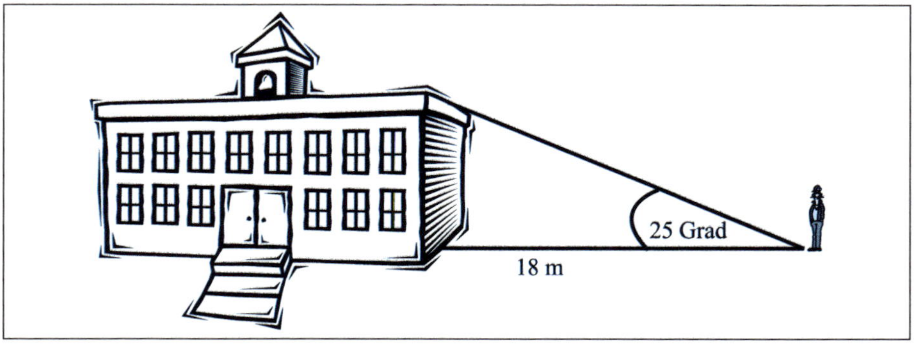

1 Beginnen Sie ein neues Programm, d.h. legen Sie im Verzeichnis *java-easy* ein neues Unterverzeichnis, *Bungalowhoehe,* an und starten Sie einen Editor (z.B. notepad).

2 Setzen Sie das Programmgerüst auf.

```
// Berechnen der Bungalowhöhe
import java.lang.*;

public class Bungalowhoehe
  {
  public static void main(String[] args)
    {
    }
  }
```

3 Deklarieren und initialisieren Sie die Variablen für den gemessenen Winkel, die Entfernung zur Hauswand und die zu berechnende Höhe.

```
// Berechnen der Bungalowhöhe
import java.lang.*;

public class Bungalowhoehe
  {
  public static void main(String[] args)
    {
    double winkel = 25.0; // Winkel (in Grad)
    double distanz = 18.0; // Entfernung (in m)
    double höhe;
    }
  }
```

4 Rechnen Sie den Winkel von Grad in rad um.

```
// Berechnen der Bungalowhöhe
import java.lang.*;

public class Bungalowhoehe
  {
  public static void main(String[] args)
    {
    double winkel = 25.0; // Winkel Peillinie-Boden
                         // (in Grad)
    double distanz = 18.0; // Entfernung
                          // Peilpunkt - Hauswand
    double höhe;

    winkel = winkel * 2 * 3.14159 / 360;
    }
  }
```

5 Rufen Sie die Methode `Math.tan()` auf, um die Haushöhe zu berechnen.

```
// Berechnen der Bungalowhoehe
import java.lang.*;

public class Bungalowhöhe
  {
  public static void main(String[] args)
    {
    double winkel = 25.0; // Winkel Peillinie-Boden
                         // (in Grad)
    double distanz = 18.0; // Entfernung
                          // Peilpunkt - Hauswand
    double höhe;

    winkel = winkel * 2 * 3.14159 / 360;
    höhe = distanz * Math.tan(winkel);
    }
  }
```

6 Geben Sie das Ergebnis aus.

```
// Berechnen der Bungalowhöhe
import java.lang.*;

public class Bungalowhoehe
  {
  public static void main(String[] args)
    {
    double winkel = 25.0; // Winkel Peillinie-Boden
                         // (in Grad)
    double distanz = 18.0; // Entfernung
                          // Peilpunkt - Hauswand
    double höhe;

    winkel = winkel * 2 * 3.14159 / 360;
    höhe = distanz * Math.tan (winkel);

    System.out.println("Das Haus ist "
                        + höhe + " m hoch" );
    }
  }
```

7 Speichern Sie das Programm im Verzeichnis *c:\java-easy\Bungalowhoehe* als *Bungalowhoehe.java*. Wechseln Sie in der Konsole in *c:\java-easy\Bungalowhoehe* und kompilieren Sie das Programm. Führen Sie es dann aus.

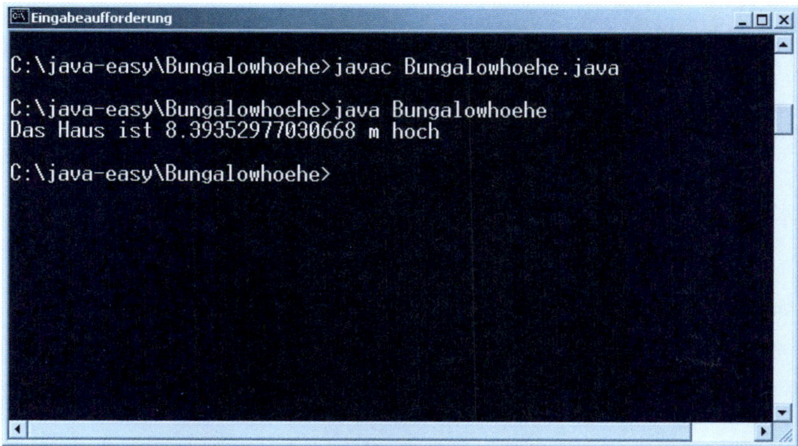

Abbildung 6.4: Ausgabe der berechneten Haushöhe

Weitere Zahlenoperatoren

Wir können das Thema Zahlen und Operatoren nicht abschließen, ohne uns einige wichtige Kurzformen für Zuweisungen anzuschauen.

Kombinierte Zuweisungen

Bisher würden Sie, um den Wert einer Variablen zu verändern (sagen wir ihn mit 3 zu multiplizieren), schreiben:

```
int var = 12;
var = var * 3; // oder auch: var = 3 * var;
```

Hierfür gibt es eine Kurzform, die auf der Verwendung des kombinierten *=-Operators beruht:

```
int var = 12;
var *= 3;
```

Diese Kurzform ist zunächst zwar etwas gewöhnungsbedürftig, erspart aber dem Programmierer Tipparbeit.

Kombinierte Zuweisungsoperatoren stehen für alle arithmetischen Operationen zur Verfügung: +=, -=, *=, /=, %=.

Inkrement und Dekrement

Zwei in der Programmierung häufig benötigte Operationen sind die Erhöhung beziehungsweise Verminderung einer ganzzahligen Variablen um 1 (siehe unter anderem Kapitel 9). Hierfür gibt es in Java zwei spezielle Operatoren: ++ und --.

Die Anweisung

```
var++; // oder: ++var;
```

setzt den Wert der Variablen `var` um `1` hoch.

> **WAS IST DAS**
>
> *Die Erhöhung um 1 bezeichnet man auch als Inkrement.*

Die Anweisung

```
var--; // oder: --var;
```

setzt den Wert der Variablen `var` um `1` herab.

> **WAS IST DAS**
>
> *Die Verminderung um 1 bezeichnet man auch als Dekrement.*

Das Besondere an den Operatoren ++ und -- ist, dass man sie auch in Ausdrücken (also auf der rechten Seite von Zuweisungen) verwenden kann:

```
var1 = 3 * var2++;
```

und dass man sie sowohl vor als auch hinter den Namen der Variablen setzen kann:

```
++var;
var++;
```

Die Möglichkeiten und Fallstricke zu erläutern, die mit diesen Schreibweisen einhergehen, würde an dieser Stelle zu weit führen (außerdem gibt es weit mehr Fallstricke als Möglichkeiten!). Sie können die Fallstricke aber umgehen, wenn Sie die Operatoren nur allein mit dem Variablennamen (und nicht in Ausdrücken, an denen weitere Operatoren beteiligt sind) verwenden.

Mit Strings arbeiten

Im Abschnitt *Der Datentyp – Variablen für jeden Zweck* in Kapitel 5 haben wir Sie bereits darauf hingewiesen, dass es in Java keinen eingebauten Datentyp für Zeichenketten (Strings) gibt, wohl aber eine in dem Package `java.lang` definierte Klasse `String`, mit der man Strings speichern kann.

String-Variablen definieren und zuweisen

Auf den ersten Blick arbeitet man mit dem Klassentyp `String` genauso wie mit einem elementaren. Erstellen wir gleich mal ein Beispiel.

1 Beginnen Sie ein neues Programm, d.h. legen Sie im Verzeichnis *java-easy* ein neues Unterverzeichnis, *StringDemo,* an und starten Sie einen Editor (z.B. notepad).

2 Setzen Sie das Programmgerüst auf.

```
// StringDemo
import java.lang.*;

public class StringDemo
  {
  public static void main(String[] args)
    {
    }
  }
```

3 Deklarieren Sie eine Variable vom Typ `String` und weisen Sie ihr die Zeichenkette `"Mein Name ist Dirk"` zu.

```
// StringDemo
import java.lang.*;

public class StringDemo
  {
  public static void main(String[] args)
    {
    String meinName;
    meinName = "Mein Name ist Dirk";
    }
  }
```

4 Geben Sie den String auf den Bildschirm aus.

```
// StringDemo
import java.lang.*;

public class StringDemo
  {
```

```
public static void main(String[] args)
  {
  String meinName;
  meinName = "Mein Name ist Dirk";
  System.out.println(meinName);
  }
}
```

5 Speichern Sie das Programm im Verzeichnis *c:\java-easy\StringDemo* als *StringDemo.java*. Wechseln Sie in der Konsole in *c:\java-easy\StringDemo* und kompilieren Sie das Programm. Führen Sie es dann aus.

Strings aneinander hängen

Eine wichtige Operation zur Bearbeitung von Strings ist das Anhängen eines Strings an einen anderen.

> **WAS IST DAS**
>
> *Das Aneinanderhängen von Strings spielt in der Programmierung und in der theoretischen Informatik eine so bedeutende Rolle, dass es sogar einen eigenen Namen dafür gibt: Konkatenation.*

Um uns das Aneinanderhängen von Strings so bequem wie möglich zu machen, wurde die Klasse `String` so implementiert, dass man Strings mit Hilfe des +-Operators aneinander hängen kann. In einzelnen Beispielen haben Sie das schon mal am Rande gesehen.

Schauen wir uns das noch mal genauer an. Da Sie mittlerweile die Grundschritte beim Erstellen eines Programms im Schlaf beherrschen, werden die elementaren Schritte ab nun etwas kompakter gehalten!

1 Beginnen Sie ein neues Programm und setzen Sie das Programmgerüst auf.

```
// Konkatenierung von Strings
import java.lang.*;

public class StringDemo2
  {
  public static void main(String[] args)
    {
    }
  }
```

2 Deklarieren Sie drei String-Variablen: eine, die Sie direkt mit einem Grußwort initialisieren, eine, die Sie mit einem Namen initialisieren, und eine für den kombinierten String.

```
// Konkatenierung von Strings
import java.lang.*;

public class StringDemo2
  {
  public static void main(String[] args)
    {
    String gruss   = "Hallo";
    String name    = "Sean O' Casey";
    String ausgabe;
    }
  }
```

3 Hängen Sie Grußwort und Namen aneinander und weisen Sie das Ergebnis der String-Variablen ausgabe zu.

```
// Konkatenierung von Strings
import java.lang.*;

public class StringDemo2
  {
  public static void main(String[] args)
    {
    String gruss   = "Hallo";
    String name    = "Sean O' Casey";
    String ausgabe;

    ausgabe = gruss + " " + name + "!";
     }
  }
```

Damit der Name im kombinierten String nicht direkt am Grußwort klebt, hängen wir an das Grußwort zuerst ein Leerzeichen an. Dann folgen der Name und ein abschließendes Ausrufezeichen. Sie sehen: Es ist kein Problem, mehrere Strings nacheinander anzuhängen, und man kann sowohl String-Variablen als auch String-Konstanten anhängen.

4 Geben Sie den konkatenierten Ergebnis-String aus.

```
// Konkatenierung von Strings
import java.lang.*;

public class StringDemo2
  {
  public static void main(String[] args)
    {
    String gruss   = "Hallo";
    String name    = "Sean O' Casey";
```

```
    String ausgabe;

    ausgabe = gruss + " " + name + "!";
    System.out.println(ausgabe);
    }
}
```

5 Speichern Sie das Programm, kompilieren Sie es und führen Sie es aus.

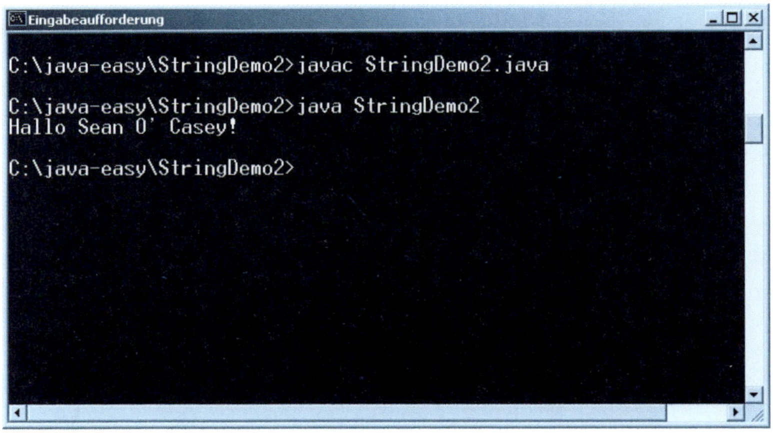

Abbildung 6.5: Ausgabe des konkatenierten Strings

Sonderzeichen in Strings

In dem String `"Sean O' Casey"` ist ein einfaches Anführungszeichen enthalten. Einfache gerade Anführungszeichen in Strings stellen kein Problem dar, aber was ist, wenn wir einen String aufsetzen müssen, der doppelte Anführungszeichen enthält:

```
"Sean sagte "Hallo!""
```

Es ist klar, dass das nicht klappen kann. Wenn der Compiler beim Übersetzen des Quellcodes auf das erste doppelte Anführungszeichen trifft, weiß er, dass jetzt ein String folgt. Er liest also weiter Zeichen für Zeichen ein, bis er auf das nächste doppelte Anführungszeichen trifft, das für ihn das Ende des Strings signalisiert. Aus seiner Sicht lautet der String also `"Sean sagte "`. Danach folgt ein Bezeichner `Hallo!`, der nirgends definiert ist, und ein weiterer String `""`, der gar nicht an diese Stelle passt. Der Compiler ist zu Recht verwirrt. Er kapituliert und gibt eine Reihe von Fehlermeldungen aus.

Um die Fehler zu beheben, müssen wir dem Compiler anzeigen, dass es sich bei den doppelten Anführungszeichen um `Hallo!` herum nicht um das String-Ende-Zeichen, sondern um ganz normale, zum Text des Strings gehörende Zeichen handelt. Dazu stellen wir den Anführungszeichen das so genannte Escape-Zeichen \ voran:

```
"Sean sagte \"Hallo!\"";
```

WAS IST DAS

Mit Hilfe des Escape-Zeichens kann man zum einen Zeichen, die für den Compiler eine besondere Bedeutung haben (" oder \), als einfache Textzeichen kennzeichnen (\" oder \\), zum anderen kann man bestimmte Sonderzeichen in einen Text einfügen (beispielsweise \t zum Einfügen eines Tabulators).

Sequenz	Aufgabe
`\a`	Signalton
`\n`	Neue Zeile
`\t`	Horizontaler Tabulator
`\\`	Backslash
`\"`	Doppeltes Anführungszeichen

Tabelle 6.3: Die wichtigsten Escape-Sequenzen

Strings manipulieren

Das Aneinanderreihen und Ausgeben von Strings sind Aufgaben, die bei der Programmierung recht häufig anfallen, aber das sind natürlich nicht die einzigen. In diesem Abschnitt werden wir sehen, wie Strings verglichen werden, wie man ihre Länge bestimmt und wie man Zeichen(ketten) in einem String sucht. Im nächsten Kapitel werden Sie darüber hinaus noch erfahren, wie man Zahlen in Strings konvertiert und umgekehrt.

Die Länge eines Strings bestimmen

Hierzu besitzt die `String`-Klasse eine besondere Methode namens `length()`. Sie liefert die Anzahl an einzelnen Zeichen zurück. Das kann manchmal sehr nützlich sein. Schauen wir uns den konkreten Gebrauch an:

```
String str = "Hallo Dirk, wie geht es Dir?";
int länge = str.length();
```

Eine Zeichenkette in einer anderen Zeichenkette suchen

Eine geradezu klassische Operation auf Strings ist das Suchen von Teilstrings. Hierzu gibt es in `String` die Methode `indexOf()`:

```
String str = "Hallo Dirk, wie geht es Dir?";
String suchmuster = "geht";
int pos = str.indexOf(suchmuster);
```

Diese Methode liefert die Position des ersten Auftretens des Suchmusters im `String`-Objekt, dessen `indexOf`-Methode aufgerufen worden ist. Die einzelnen Zeichen eines Strings werden dabei von null an durchnummeriert. Wenn wir also im obigen Beispiel nach `Hallo` suchen würden, käme als Ergebnis der Index 0 heraus, da der erste Buchstabe von `Hallo` an der 0. Position der Zeichenkette `str` liegt. Wenn das Suchmuster nicht vorhanden ist, wird der Wert –1 zurückgegeben.

Bestimmtes Zeichen in einer Zeichenkette ersetzen

Manchmal ist es notwendig, in einem bestehenden String alle Vorkommen eines bestimmten Zeichens zu ersetzen. Hierfür bietet die `String`-Klasse die Methode `replace()` an:

```
String str = "XXXXXX ----- XXXXX";
str = str.replace('-', 'X');
```

Wir ersetzen hier alle `-`-Zeichen durch `X`. `replace()` liefert als Rückgabewert ein neues `String`-Objekt zurück, das wieder `str` zugewiesen wird.

Schreiten wir nun zur Tat und üben ein bisschen den Einsatz von Strings.

1 Beginnen Sie ein neues Programm und setzen Sie das folgende Programmgerüst auf.

```
// DreiChinesen
import java.lang.*;

public class DreiChinesen
  {
  public static void main(String[] args)
    {
    }
  }
```

2 Legen Sie eine String-Variable an, die mit dem Text `"Drei Chinesen mit dem Kontrabass"` initialisiert wird.

```
// DreiChinesen
import java.lang.*;
```

```
public class DreiChinesen
  {
  public static void main(String[] args)
    {
    String text = "Drei Chinesen mit dem Kontrabass";
    }
  }
```

3 Sorgen Sie nun mit der `replace()`-Methode dafür, dass alle Vokale zu i werden. Geben Sie das Ergebnis aus.

```
// DreiChinesen
import java.lang.*;

public class DreiChinesen
  {
  public static void main(String[] args)
    {
    String text   = "Drei Chinesen mit dem Kontrabass";

    text = text.replace('e','i');
    text = text.replace('a','i');
    text = text.replace('o','i');

    System.out.println();   // Leerzeile ausgeben
    System.out.println(text);
    }
  }
```

4 Speichern und kompilieren Sie das Programm. Führen Sie es dann aus.

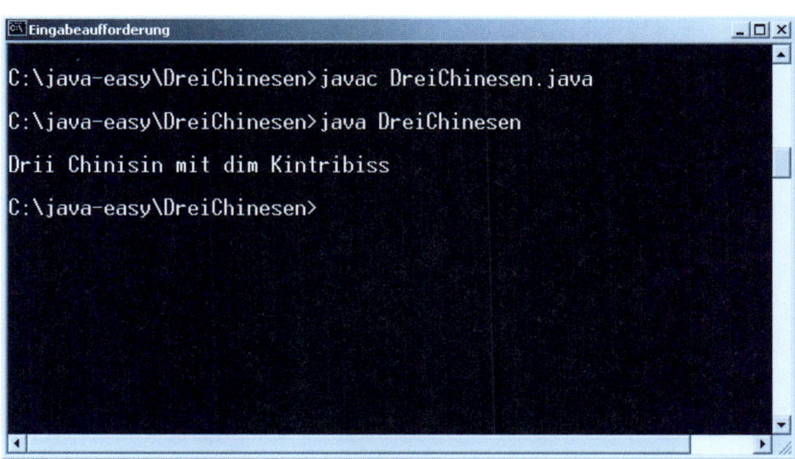

Abbildung 6.6: Ausgabe des veränderten Strings

Vertiefung: Speicherverwaltung für Strings

Wenn Sie im Abschnitt *Die Bedeutung des Datentyps* in Kapitel 5 den Teil zur Speicherbelegung für die elementaren Datentypen gelesen haben, werden Sie sich vielleicht fragen, wie denn die Speicherbelegung für Strings aussieht.

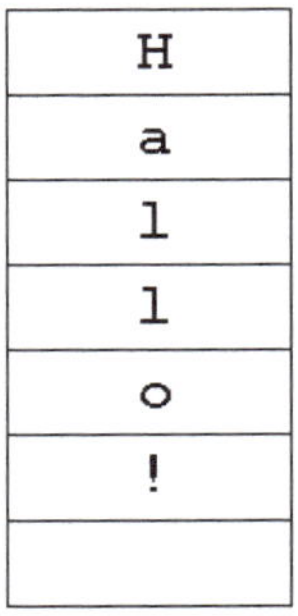

Abbildung 6.7: Ein String im Arbeitsspeicher (jedes Zeichen belegt dabei 16 Bit = 2 Byte)

Strings werden einfach Zeichen für Zeichen hintereinander im Speicher abgelegt. Damit der Compiler weiß, wo der String endet, speichert er in der Klasse noch zusätzliche Informationen ab.

Problematisch wird es, wenn in einer `String`-Variablen ein String wie »Hallo« gespeichert ist, der Variablen dann aber ein String »Herzlich willkommen« zugewiesen oder ein String » Dirk« angehängt wird.

```
String str = "Hallo";
```

```
str = "Herzlich willkommen";
```

oder

```
str += " Dirk";
```

Das Problem hierbei besteht natürlich darin, dass sich der String, der in der Variablen gespeichert werden soll, vergrößert. Nun wissen wir aber aus dem Abschnitt *Der Datentyp – Variablen für jeden Zweck* in Kapitel 5, dass es nicht möglich ist, den für eine Variable reservierten Speicher nachträglich zu vergrößern. Trotzdem haben Sie gesehen, dass man `String`-Variablen neue Strings zuweisen, andere Strings anhängen oder einfügen und Teilstrings entfernen kann. Wie ist dies möglich?

Die Lösung dieses Rätsels liegt in der Implementierung der Klasse `String` verborgen. Wenn Sie beispielsweise einer `String`-Variablen einen neuen String zuweisen, reserviert die Klasse zur Laufzeit einen komplett neuen

Speicherbereich für den String. Der alte Speicherbereich wird freigegeben und die `String`-Variable mit dem neuen Speicherbereich verbunden.

Als Fazit können wir feststellen, dass uns die Klasse `String` nicht nur eine Reihe von leistungsfähigen Methoden zur Bearbeitung von Strings zur Verfügung stellt, sondern uns auch von lästigen Aufgaben wie der Speicherverwaltung befreit.

Kapitel 7

Daten einlesen und ausgeben

Die meisten Programme sind darauf angewiesen, dass sie Daten mit den Anwendern austauschen. Das heißt, sie nehmen die zu verarbeitenden Daten über die Tastatur entgegen und geben ihre Ergebnisse auf die Konsole aus. Wie das geht, sehen wir uns in diesem Kapitel an.

Daten auf die Konsole ausgeben

In Kapitel 4 haben wir eher nebenbei gelernt, dass man Daten auf die Konsole ausgibt, indem man sie mit Hilfe der Methode `System.out.println()` auf den Bildschirm ausgeben kann.

Diese Methode ist recht praktisch. Man kann Konstanten und Variablen in vielfältiger Kombination ausgeben:

- einzelne String-/Zahlkonstanten:

  ```
  System.out.println("Hallo Welt");
  System.out.println(245);
  ```

- einzelne String-/Zahlvariablen:

  ```
  int var = 245;
  String text = "Hallo Welt";
  System.out.println(text);
  System.out.println(var);
  ```

- beliebige Kombinationen von Variablen und Konstanten; die einzelnen Komponenten werden über den +-Operator miteinander verkettet:

  ```
  System.out.println("Hallo Welt" + " Zahl = " + var);
  ```

Neben `println()` gibt es noch die fast identische Methode `print()`. Der einzige Unterschied ist, dass hierbei am Ende kein Zeilenumbruch erzeugt wird. Man kann dadurch mehrere Ausgaben in einer Zeile erreichen.

Daten von der Konsole einlesen

Leider ist die umgekehrte Richtung, also das Einlesen von Zahlen und Zeichen, die das Programm verarbeiten soll, etwas umständlicher. Man benötigt dazu einige spezielle Klassen und Mechanismen aus dem Package `java.io`, die Sie an dieser Stelle zunächst einfach mal schlucken sollten. Weitere Erklärungen werden im Verlaufe des Buchs noch folgen.

Die Verwendung von Daten, die von der Tastatur an das Java-Programm gesendet werden, erfolgt in zwei Schritten:

1. Zunächst muss die Java-Laufzeitumgebung eine Verbindung mit der Tastatur herstellen und
2. vom Anwender eingetippte Zeichen müssen in geeignete Datentypen konvertiert werden.

Einlesen von Tastatureingaben

```
BufferedReader tastatur =
         BufferedReader(    InputStreamReader(System.in));
```

Dies sieht ja grässlich aus! Aber lassen Sie sich davon nicht abschrecken, sondern akzeptieren Sie diese Zeilen erst einmal so. Sie werden später besser verstehen, was da genau steht. Hier begnügen wir uns mit der Aussage, dass drei Klassen involviert sind (`BufferedReader`, `InputStreamReader` und `System.in`), die irgendwie zusammenwirken und uns die Variable `tastatur` liefern. Sie stellt die Verbindung zur Tastatur her!

Da `tastatur` vom Klassentyp `BufferedReader` ist, haben wir nun die spezielle Methode `readLine()` zur Verfügung, mit der eine Eingabe des Anwenders als String bereitgestellt wird:

```
String eingabe;
eingabe = tastatur.readLine();
```

Nun haben wir es schon fast geschafft. Wenn der Anwender einen String eingeben will (z.B. einen Namen), dann sind wir jetzt schon fertig und können die String-Variable `eingabe` nach Bedarf einsetzen. Was aber, wenn der Anwender eigentlich eine Zahl eingegeben hat? Dann müssen wir sie nun in den richtigen Datentyp konvertierten!

Konvertieren von Strings in Zahlen

Das Umwandeln einer als String vorliegenden Zahl in eine »echte« Zahl erfolgt mit speziellen Methoden, die es für jeden elementaren Datentyp gibt:

```
int ganzeZahl = Integer.parseInt(eingabe);
float floatZahl  = Float.parseFloat(eingabe);
double doubleZahl = Double.parseDouble(eingabe);
```

Voraussetzung beim Einsatz dieser Methoden ist natürlich, dass im übergebenen String auch etwas Sinnvolles steht. Aus der Zeichenkette `"Hallo"` kann der Compiler beim besten Willen keine Zahl generieren!

Nun wird es aber Zeit, das Gelernte im praktischen Einsatz zu erleben. Als Beispiel greifen wir hierzu das Programm *Fahrenheit.java* aus dem Abschnitt *Mathematische Formeln ausrechnen* in Kapitel 6 auf.

1 Erstellen Sie ein neues Programm, *Fahrenheit2.java,* und tippen oder kopieren Sie den Quelltext von *Fahrenheit.java* ein. Achten Sie darauf, den Klassennamen anzupassen.

```
// Fahrenheit-Umrechnung mit Tastatureingabe
import java.lang.*;

public class Fahrenheit2
   {
   public static void main(String[] args)
      {
      double fahrenheit;
      double celsius;

      fahrenheit = 20;
      celsius = (fahrenheit - 32) * 5.0 / 9.0;

      System.out.println(fahrenheit +
                         " Grad Fahrenheit entsprechen ");
      System.out.println( celsius + " Grad Celsius");
      }
   }
```

Mit diesem Programm kann man sich eine Temperaturangabe von Fahrenheit in Grad Celsius umrechnen lassen. Das Programm ist insofern aber unpraktisch, als man für jeden Fahrenheit-Wert, den man umrechnen lassen möchte,

- den Quelltext laden,
- der Variablen `fahrenheit` einen anderen Wert zuweisen sowie
- das Programm neu kompilieren und ausführen

muss. Ein solches Programm kann man nicht mal seinen Freunden zur Verfügung stellen, da diese ohne Java-Compiler praktisch nichts damit anfangen können (außer sich 20 Grad Fahrenheit immer wieder in Grad Celsius umrechnen zu lassen).

Wenn wir das Programm allerdings dahingehend erweitern, dass der Fahrenheit-Wert vom Anwender abfragt wird, erhalten wir ein sinnvolles Programm, mit dem man sich jeden beliebigen Fahrenheit-Wert in Celsius umrechnen kann.

2 Bauen Sie eine Ausgabe ein, die den Anwender auffordert, den Fahrenheit-Wert einzugeben:

```
// Fahrenheit-Umrechnung mit Tastatureingabe
import java.lang.*;

public class Fahrenheit2
   {
   public static void main(String[] args)
      {
      double fahrenheit;
      double celsius;

     System.out.print("Temperatur in Fahrenheit: ");

      celsius = (fahrenheit - 32) * 5.0 / 9.0;

      System.out.println(fahrenheit +
                         " Grad Fahrenheit entsprechen ");
      System.out.println( celsius + " Grad Celsius");

      }
   }
```

3 Legen Sie eine Variable an, welche mit der Tastatur verknüpft ist.

```
// Fahrenheit-Umrechnung mit Tastatureingabe
import java.lang.*;
import java.io.*;

public class Fahrenheit2
   {
   public static void main(String[] args)
                                   throws IOException
      {
      double fahrenheit;
      double celsius;

      System.out.print("Temperatur in Fahrenheit: ");

      // Verbindung zur Tastatur
      BufferedReader tastatur =
               new BufferedReader(
               new InputStreamReader(System.in));

      celsius = (fahrenheit - 32) * 5.0 / 9.0;

      System.out.println(fahrenheit +
                         " Grad Fahrenheit entsprechen ");
      System.out.println( celsius + " Grad Celsius");

      }
   }
```

In diesem Schritt müssen Sie drei Dinge berücksichtigen. Zunächst einmal werden Klassen (`BufferedReader` etc.) aus dem Package `java.io` benötigt, daher muss am Programmanfang die entsprechende `import`-Anweisung hinzugefügt werden.

Als Nächstes fügen Sie die Zeile für die Variable `tastatur` ein. Dies haben wir schon weiter oben besprochen. Hier wird die Verbindung zur Tastatur hergestellt.

Zum Abschluss muss hinter den Namen der Methode `main()` noch der Zusatz `throws IOException` gesetzt werden. Leider können wir im Rahmen dieses Buchs nicht näher darauf eingehen. Es handelt sich hierbei um eine Zusatzinformation für den Compiler, damit er weiß, dass der folgende Quelltext spezielle Anweisungen enthält, die während der Ausführung fehlschlagen können (in unserem Beispiel, wenn die Verbindung zur Tastatur über `BufferedReader` nicht zustande kommt).

4 Lesen Sie eine Zeile von der Tastatur als String ein.

```
// Fahrenheit-Umrechnung mit Tastatureingabe
import java.lang.*;
import java.io.*;

public class Fahrenheit2
   {
   public static void main(String[] args)
                                      throws IOException
      {
      double fahrenheit;
      double celsius;

      System.out.print("Temperatur in Fahrenheit: ");

      // Verbindung zur Tastatur
      BufferedReader tastatur =
                        new BufferedReader(
                        new InputStreamReader(System.in));

      String eingabe = tastatur.readLine();

      celsius = (fahrenheit - 32) * 5.0 / 9.0;

      System.out.println(fahrenheit +
                         " Grad Fahrenheit entsprechen ");
      System.out.println( celsius + " Grad Celsius");

      }
   }
```

5 Wandeln Sie den Eingabestring, der von der Tastatur eingelesen wird, in eine `double`-Zahl um.

```
// Fahrenheit-Umrechnung mit Tastatureingabe
import java.lang.*;
import java.io.*;

public class Fahrenheit2
   {
   public static void main(String[] args)
                                    throws IOException
      {
      double fahrenheit;
      double celsius;

      System.out.print("Temperatur in Fahrenheit: ");

      // Verbindung zur Tastatur
      BufferedReader tastatur =
                        new BufferedReader(
                        new InputStreamReader(System.in));

      String eingabe = tastatur.readLine();
      fahrenheit = Double.parseDouble(eingabe);

      celsius = (fahrenheit - 32) * 5.0 / 9.0;

      System.out.println(fahrenheit +
                        " Grad Fahrenheit entsprechen ");
      System.out.println( celsius + " Grad Celsius");

      }
   }
```

6 Speichern Sie das Programm als *Fahrenheit2.java*, kompilieren Sie es und führen Sie es aus.

Wenn Sie das Programm ausführen, erscheint auf der Konsole als Erstes die Ausgabe:

```
Temperatur in Fahrenheit:
```

Danach scheint das Programm stehen zu bleiben. Dies liegt aber nicht an der Ausgabe mit `System.out.print()`, sondern an der Zeile

```
String eingabe = tastatur.readLine();
```

Diese wartet darauf, dass der Anwender einen Wert eintippt und ihn durch Drücken der [↵]-Taste an das Programm schickt. Ist dies geschehen, wird die Eingabe als Zeichenkette in der Variablen `eingabe` gespeichert, und das Programm kann fortgesetzt werden.

> **HINWEIS**
>
> *Beachten Sie, dass wir die Aufforderung zur Temperatureingabe nicht mit* `println()`*, sondern mit* `print()` *ausgeben. Dadurch wird keine neue Zeile begonnen.*

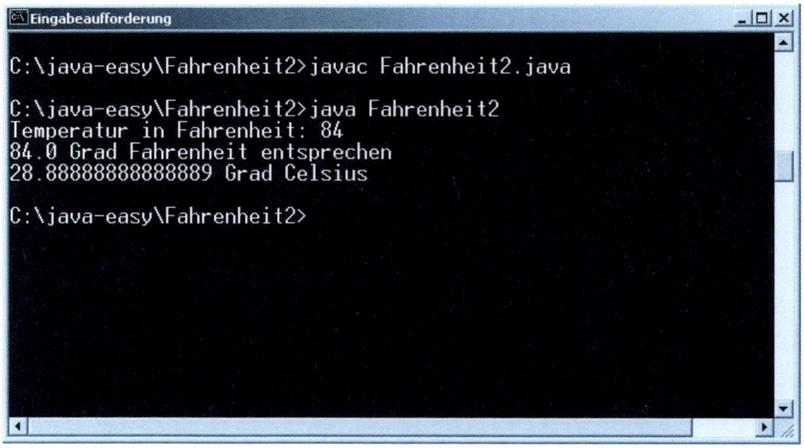

Abbildung 7.1: Ausgabe des Fahrenheit2*-Programms*

Nachkommastellen begrenzen

Betrachtet man die Ausgaben des *Fahrenheit*-Programms, stört ein wenig die unnötig große Zahl der angezeigten Nachkommastellen. Jemand, der wissen möchte, wie warm 84 Grad Fahrenheit sind, dem dürfte vollauf genügen zu erfahren, dass 84 Grad Fahrenheit zirka 28,9 Grad Celsius entsprechen. Eine Ausgabe, die bis auf die zehnte Nachkommastelle genau ist, stört dabei mehr als dass sie nützt.

Java bietet uns dabei keine direkte Unterstützung, aber da wir schon einiges über die Datentypen wissen, können wir uns hier selbst helfen.

Der Trick besteht darin, geschickt mit den Datentypen `int` und `double` zu jonglieren. Das Ergebnis liegt uns zunächst bis auf fast endlose Nachkommastellen genau vor. Nehmen wir an, dass wir aber nur zwei Stellen hinter dem Komma haben wollen. Der Rest kann sich zum Teufel scheren!

Dies kann man erreichen, indem wir das originale `double`-Ergebnis mit 100 (= 2 Dezimalstellen) multiplizieren und dann den neuen Wert in eine Variable vom Typ `int` pressen (Sie erinnern sich vielleicht: man nennt dies einen

Cast)! Dadurch verwirft der Compiler die übrigen Nachkommastellen, und wir müssen nur noch die Multiplikation durch eine Division wieder rückgängig machen und das Ergebnis wieder in einer `double`-Variablen ablegen.

Schauen wir uns dies gleich mal im echten Einsatz an.

Anpassung des Fahrenheit-Programms

Lassen Sie uns die Ausgabe des *Fahrenheit*-Programms so anpassen, dass die Grad-Werte stets nur mit zwei Nachkommastellen ausgegeben werden.

1 Beginnen Sie ein neues Programm, *Fahrenheit3.java,* und tippen oder kopieren Sie den Code aus *Fahrenheit2.java* ab. Achten Sie darauf, den Klassennamen anzupassen.

```
// Fahrenheit-Umrechnung mit
// Tastatureingabe und 2 Nachkommastellen
import java.lang.*;
import java.io.*;

public class Fahrenheit3
   {
   public static void main(String[] args)
                                 throws IOException
      {
      double fahrenheit;
      double celsius;

      System.out.print("Temperatur in Fahrenheit: ");

      // Verbindung zur Tastatur
      BufferedReader tastatur = new BufferedReader(
                       new InputStreamReader(System.in));

      String eingabe = tastatur.readLine();
      fahrenheit = Double.parseDouble(eingabe);

      celsius = (fahrenheit - 32) * 5.0 / 9.0;

      System.out.println(fahrenheit +
                       " Grad Fahrenheit entsprechen ");
      System.out.println( celsius + " Grad Celsius");

      }
   }
```

2 Fügen Sie nun eine Anweisung hinzu, die den berechneten Celsius-Wert mit 100 multipliziert und in eine `int`-Variable castet.

```
// Fahrenheit-Umrechnung mit
// Tastatureingabe und 2 Nachkommastellen
import java.lang.*;
import java.io.*;

public class Fahrenheit3
   {
   public static void main(String[] args)
                                 throws IOException
      {
      double fahrenheit;
      double celsius;

      System.out.print("Temperatur in Fahrenheit: ");

      // Verbindung zur Tastatur
      BufferedReader tastatur = new BufferedReader(
                         new InputStreamReader(System.in));

      String eingabe = tastatur.readLine();
      fahrenheit = Double.parseDouble(eingabe);

      celsius = (fahrenheit - 32) * 5.0 / 9.0;
      int temp = (int) (celsius * 100.0);

      System.out.println(fahrenheit +
                         " Grad Fahrenheit entsprechen ");
      System.out.println( celsius + " Grad Celsius");

      }
   }
```

Das Pressen in eine `int`-Variable müssen wir dem Compiler aufzwingen durch die Angabe `(int)` vor dem eigentlichen Ausdruck. Beachten Sie auch die Klammerung von `(celsius * 100.0)`. Sie ist notwendig, damit das Ergebnis der Multiplikation (also die ganze Klammer) gecastet wird und nicht der Wert von `celsius`[1].

1. `(int) celsius * 100` würde dazu führen, dass erst der Wert in `celsius` gecastet wird und dann die Multiplikation mit `100` durchgeführt wird; dann sind aber die Nachkommastellen schon weg!

3 Nun die Multiplikation wieder rückgängig machen.

```
// Fahrenheit-Umrechnung mit
// Tastatureingabe und 2 Nachkommastellen
import java.lang.*;
import java.io.*;

public class Fahrenheit3
   {
   public static void main(String[] args)
                                  throws IOException
      {
      double fahrenheit;
      double celsius;

      System.out.print("Temperatur in Fahrenheit: ");

      // Verbindung zur Tastatur
      BufferedReader tastatur = new BufferedReader(
                        new InputStreamReader(System.in));

      String eingabe = tastatur.readLine();
      fahrenheit = Double.parseDouble(eingabe);

      celsius = (fahrenheit - 32) * 5.0 / 9.0;
      int temp = (int) (celsius * 100.0);
      celsius = temp / 100.0;
      System.out.println(fahrenheit +
                        " Grad Fahrenheit entsprechen ");
      System.out.println( celsius + " Grad Celsius");
      }
   }
```

4 Speichern Sie das Programm als *Fahrenheit3.java*, kompilieren und führen Sie es aus.

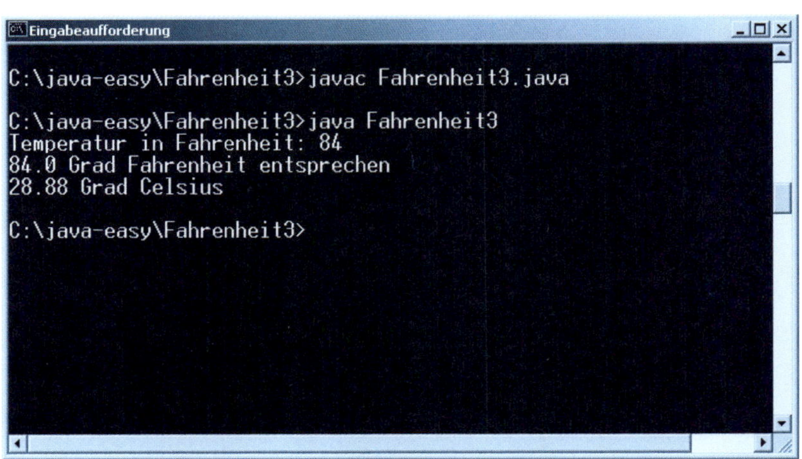

Abbildung 7.2: Ausgabe mit nur zwei Nachkommastellen

Kapitel 8

Vergleichen und verzweigen

Grundsätzlich werden Programme sequentiell, d.h. Anweisung für Anweisung, ausgeführt. Mit Hilfe spezieller, in der Programmiersprache verankerter Schlüsselwörter kann der Programmierer den strengen, sequentiellen Ablauf aufbrechen und bestimmen, dass einzelne Anweisungen oder Anweisungsblöcke nur unter bestimmten Bedingungen (if), alternativ (if-else/switch) oder mehrere Male hintereinander (for/while) ausgeführt werden. In diesem Kapitel werden Sie lernen, wie man Werte vergleicht und je nach Ergebnis dieses Vergleichs unterschiedliche Anweisungen ausführen lässt (die mehrfache Ausführung von Anweisungen schauen wir uns im nächsten Kapitel an).

Zahlen und Strings vergleichen

Bisher haben Sie gelernt, wie man Variablen für Zahlen oder Strings einrichtet, wie man diesen Variablen Werte zuweist, wie man mit Zahlen rechnet oder Strings manipuliert. Ein ganz wichtiges Thema haben wir aber bisher ausgeklammert: Wie kann man Zahlen (oder Strings) vergleichen?

Dass wir dieses Thema bis jetzt gemieden haben, hatte seinen guten Grund: Vergleiche an sich sind relativ nutzlos, wenn man keine Möglichkeit hat, auf das Ergebnis des Vergleichs entsprechend zu reagieren. Die Mittel dazu fehlten uns aber bisher. Das wird sich im nächsten Abschnitt ändern, und als Vorbereitung dazu schauen wir uns jetzt an, wie man Zahlen und Strings vergleicht.

Nehmen wir an, Sie haben am Anfang eines Programms die folgenden Variablen definiert:

```
int i = 3;
int j = 50;
```

Weiter unten im Code wollen Sie testen, ob die Variable `i` immer noch den Wert `3` enthält. Dazu dient der == Operator:

```
i == 3
```

> **ACHTUNG**
>
> *Vergessen Sie nicht, dass = der Zuweisungsoperator und == der Gleichheitsoperator ist. Wenn Sie testen wollen, ob die Variable* `i` *gleich* `3` *ist, aber aus Versehen* `i = 3` *schreiben, wird der Compiler meckern.*

Der ==-Operator prüft, ob seine beiden Operanden (hier die Variable `i` und der konstante Wert `3`) den gleichen Wert haben.

Ergebniswerte von Vergleichen

Wenn Sie zwei Zahlen addieren, beispielsweise

```
i + j
```

ist klar, dass diese Operation als Ergebnis die Summe der addierten Werte zurückliefert:

```
int ergebnis;
ergebnis = i + j;       // ergebnis hat jetzt den Wert 53
```

Die Frage ist nun, welche Werte Vergleiche wie `i == 3` zurückliefern.

In Java werden Vergleiche immer wie Fragen interpretiert, die mit ja oder nein beantwortet werden können. Der Vergleich `i == 3` entspricht also der Frage: »Ist der Wert von i gleich 3 ?« Die Antwort lautet folglich ja oder nein. Java codiert diese Werte durch zwei spezielle Schlüsselwörter: `true` (für ja/wahr) und `false` (für nein/unwahr).

Java kennt auch einen eigenen Datentyp namens `boolean`, dessen Variablen nur die booleschen Wahrheitswerte `true` und `false` zugewiesen werden können. Wir können also schreiben:

```
int i = 3;
int j = 50;

boolean ergebnis;
ergebnis = false;          // ergebnis ist jetzt gleich false

ergebnis = i == 3;         // ergebnis ist nun true
```

Operatoren für Vergleiche

Wie man mit Hilfe des ==-Operators – den man auf keinen Fall mit dem =-Operator verwechseln sollte – prüft, ob die Werte zweier Operanden gleich sind, haben Sie nun gesehen. Java kennt aber noch eine Reihe weiterer Operatoren, mit denen man die verschiedensten Vergleiche durchführen kann (es sei i = 3 und j = 50 für die folgende Tabelle):

Operator	Bedeutung	Beispiel
==	gleich	`i == 4     // false`
!=	ungleich	`i != 4     // true`
<	kleiner	`i < j      // true`
>	größer	`i > j      // false`
<=	kleiner oder gleich	`i <= 5     // true`
>=	größer oder gleich	`i >= 3     // true`

Tabelle 8.1: Vergleichsoperatoren für Zahlen

Strings vergleichen

Wie schon bei den einfachen arithmetischen Operatoren nehmen die Strings wieder eine Ausnahmestellung ein. Leider kann man sich hier böse Fehler ins Programm einbauen, da der ==-Operator auch mit Strings zulässig ist und unter bestimmten Umständen auch richtige Vergleichsergebnisse liefert! Aber eben nicht immer.

> **ACHTUNG**
>
> *Strings nie mit Hilfe von == miteinander vergleichen! Verwenden Sie die* `String`*-Methode* `equals()`.

Test auf Gleichheit

Für den Test auf Gleichheit von zwei Strings wird die Methode `equals()` verwendet, die jede Variable vom Typ `String` besitzt. `equals()` liefert als Ergebnis einen booleschen Wahrheitswert, also `true` oder `false`, zurück:

Nehmen wir einmal folgende `String`-Variablen:

```
String name1 = "Dirk";
String name2 = "Peter";
```

Der Vergleich sieht dann folgendermaßen aus:

```
boolean ergebnis;
ergebnis = name1.equals(name2);
```

Lexikographische Vergleiche

Neben diesem direkten Vergleich lassen sich Zeichenketten auch relativ zueinander vergleichen, d.h. man vergleicht sie lexikographisch. Was heißt das? »Dirk«ist lexikographisch kleiner als »Peter«, weil D im Alphabet vor P kommt. Analog kann man sagen, dass »Peter« lexikographisch größer als »Dirk« ist. Falls die Anfangsbuchstaben identisch wären, würde das Ergebnis von den zweiten Buchstaben abhängen usw. Dies wird Ihnen bestimmt vertraut vorkommen. Telefonbücher sind z.B. lexikographisch geordnet (nur nennt das natürlich niemand so kompliziert!).

> **HINWEIS**
>
> *Tatsächlich vergleicht ein Computer keine Buchstaben. Er will Zahlen haben und wandelt daher intern alle Buchstaben (von Strings) in den so genannten ASCII-Code um. Dieser Code ordnet jedem Buchstaben eine bestimmte Zahl zu. Da die Buchstaben im ASCII-Code aber in der gleichen Reihenfolge wie im Alphabet stehen, entspricht dies für normale Wörter (ohne Sonderzeichen wie ! oder #) einem üblichen alphabetischen Vergleich.*

Weiterhin ist zu beachten, dass

- Großbuchstaben bei Stringvergleichen immer kleiner sind als Kleinbuchstaben (Z ist also kleiner als a), weil die Großbuchstaben im ASCII-Code vor den Kleinbuchstaben stehen und dadurch kleinere Nummern haben,
- als letztes Kriterium auch noch die Stringlänge hinzugezogen wird (»Spiel« ist also kleiner als »Spiele« oder »Spielkalb«).

Für lexikographische Vergleiche besitzt jede `String`-Variable die Methode `compareTo()`. Sie liefert für zwei Strings, `a` und `b`, folgende Werte zurück:

- einen negativen Wert, falls `a` lexikographisch kleiner als `b`,
- null, falls `a` = `b`,
- einen positiven Wert, falls `a` > `b`.

Hier einige Beispiele:

```
String name = "Vincent";
int ergebnis;

ergebnis = name.compareTo("Wolfgang"); // ergebnis < 0
ergebnis = name.compareTo("Dirk");     // ergebnis > 0
ergebnis = name.compareTo("Vincente"); // ergebnis < 0

ergebnis = name.compareTo("Vincent");  // ergebnis = 0
```

> **ACHTUNG**
>
> *Häufig werden Sie bei Einsatz von* `compareTo()` *feststellen, dass nur bestimmte Zahlenwerte als Ergebnis zurückgeliefert werden, z.B.* `-1`. *Darauf dürfen Sie sich aber niemals verlassen! Also keine Programme schreiben, die davon ausgehen, dass genau dann »kleiner« vorliegt, wenn* `compareTo()` *den Wert* `-1` *liefert.*

Ja oder nein? – Die if-Verzweigung

Gelegentlich steht man vor dem Problem, dass man eine Anweisung (oder einen Anweisungsblock) nur dann ausführen lassen möchte, wenn bestimmte Voraussetzungen erfüllt sind. So sollte beispielsweise ein Programm, das zu einer eingegebenen Zahl die Wurzel berechnet, sicherstellen, dass die eingegebene Zahl positiv ist, da die Wurzel für negative Zahlen nicht definiert ist. Mit der `if`-Bedingung ist dies möglich.

Allgemeine Syntax

Die allgemeine Syntax der `if`-Bedingung sieht wie folgt aus:

```
if (Bedingung)
   {
   Anweisung(en);
   }
```

Diese Konstruktion kann man wie einen Konditionalsatz lesen:

»Wenn die Bedingung erfüllt ist, dann (und nur dann) führe die Anweisungen aus.«

Bei Ausführung des Programms wird zuerst die Bedingung ausgewertet. Die Bedingung ist dabei nichts anderes als ein Vergleich. Liefert der Vergleich als Ergebnis `true` (wahr), ist die Bedingung erfüllt und der zur `if`-Bedingung gehörende Anweisungsblock wird ausgeführt; andernfalls wird das Programm mit der nächsten Anweisung hinter dem Anweisungsblock fortgesetzt.

Auf die `if`-Bedingung kann eine einzelne Anweisung oder ein Anweisungsblock folgen. Eine einzelne Anweisung muss immer mit einem Semikolon beendet werden. Wenn ein Anweisungsblock (also mehrere Anweisungen) ausgeführt werden soll, muss er in geschweifte Klammern eingeschlossen werden.

Bedingte Ausführung von Anweisungen

Im Abschnitt *Mathematische Funktionen* in Kapitel 6 haben Sie bereits die mathematische Methode `Math.sqrt()` kennen gelernt, mit der man die Quadratwurzel einer Zahl berechnen kann. Wie Sie wissen, ist die Wurzelfunktion nur für positive Zahlen definiert. Wir wollen nun ein Programm schreiben, das den Benutzer auffordert, eine Zahl einzugeben, und von dieser die Wurzel berechnet. Da wir nicht sicher sein können, dass der Benutzer nicht aus Unwissen (oder reiner Bosheit) einen Wert kleiner null eingibt, prüfen wir seine Eingabe im Programm mit Hilfe einer `if`-Bedingung.

HINWEIS

Die Korrektheitsprüfung von Benutzereingaben ist ein typisches Einsatzgebiet für `if`-Bedingungen.

1 Beginnen Sie ein neues Programm, *Wurzel.java,* und legen Sie das folgende Grundgerüst an.

```
// Wurzel-Berechnung
import java.lang.*;

public class Wurzel
   {
   public static void main(String[] args)
                                          throws IOException
      {
      String eingabe;
      double wert, wurzel;

      }
   }
```

2 Lesen Sie über die Tastatur eine Zahl ein.

```
// Wurzel-Berechnung
import java.lang.*;
import java.io.*;

public class Wurzel
   {
   public static void main(String[] args)
                                              throws IOException
      {
      String eingabe;
      double wert, wurzel;
      BufferedReader tastatur;

      System.out.println();
      System.out.println("Programm zur Wurzelberechnung");
      System.out.print("Bitte eine Zahl eingeben: ");

      // Tastatureingabe
      tastatur = new BufferedReader(
                  new InputStreamReader(System.in));
      eingabe = tastatur.readLine();
      wert = Double.parseDouble(eingabe);
      }
   }
```

Das Einlesen von der Tastatur ist Ihnen mittlerweile ja vertraut. Wir legen eine Variable vom Klassentyp `BufferedReader` an, die wie gezeigt an den Eingabestrom von der Tastatur angebunden wird. Über die Methode `readLine()` wird die Eingabe des Users eingelesen und dann durch `Double.parseDouble()` in eine Variable vom Typ `double` gespeichert. Nicht vergessen darf man die notwendige `import`-Anweisung für das Package `java.io` sowie den Zusatz `throws IOException` hinter `main()`. Lesen Sie gegebenenfalls noch mal in Kapitel 7 nach, falls Ihnen die Schritte nicht mehr klar sind!

3 Prüfen Sie mit der `if`-Bedingung, ob der Anwender eine nichtnegative Zahl eingegeben hat. Falls ja, wird die Wurzel berechnet.

```
// Wurzel-Berechnung
import java.lang.*;
import java.io.*;

public class Wurzel
   {
   public static void main(String[] args)
                              throws IOException
      {
      String eingabe;
      double wert, wurzel;
      BufferedReader tastatur;

      System.out.println();
      System.out.println("Programm zur Wurzelberechnung");
      System.out.print("Bitte eine Zahl eingeben: ");

      // Tastatureingabe
      tastatur = new BufferedReader(new
                         InputStreamReader(System.in));
      eingabe = tastatur.readLine();
      wert = Double.parseDouble(eingabe);

      if (wert >= 0)
       {
       wurzel = Math.sqrt(wert);
       System.out.println("Wurzel aus " + wert +
                         " ist " + wurzel);
       }

     System.out.println("Programm ist beendet");
      }
   }
```

Die `if`-Bedingungen beginnen mit dem Schlüsselwort `if`. Darauf folgt in Klammern die Bedingung, die geprüft werden soll. In unserem Beispiel ist die Bedingung, dass der Wert in der Variablen `wert` größer oder gleich 0 sein soll.

```
if (wert >= 0)
```

Direkt unter der `if`-Bedingung folgt der Anweisungsblock, der von der `if`-Bedingung kontrolliert wird. Für unser Beispiel bedeutet dies, dass der Aufruf der `sqrt`-Funktion und die Ausgabe des Ergebnisses nur dann ausgeführt werden, wenn die `if`-Bedingung erfüllt ist (der Wert in `wert` also größer oder gleich 0 ist).

```
if (wert >= 0)
    {
    wurzel = Math.sqrt(wert);
    System.out.println("Wurzel aus " + wert +
                               " ist " + wurzel);
    }
```

TIPP

Indem man den Anweisungsblock ein wenig einrückt, kann man mit einem Blick auf den Quelltext erkennen, dass der Block zur `if`*-Bedingung gehört.*

Unter dem Anweisungsblock der `if`-Bedingung geben wir noch einen kurzen Hinweis aus, dass das Programm jetzt beendet wird. Da diese Anweisung nicht mehr von der `if`-Bedingung kontrolliert wird, wird sie stets ausgeführt (überzeugen Sie sich davon, indem Sie beim Testen auch einmal negative Zahlen eingeben).

ACHTUNG

Setzen Sie nie ein Semikolon hinter die Bedingung. Dies würde der Compiler als eine leere Anweisung interpretieren. Eine als `true` *erfüllte* `if`*-Bedingung bezöge sich dann nur auf diese leere Anweisung, d.h. es würde nichts weiter gemacht und der nachfolgende Anweisungsblock würde immer abgearbeitet.*

4 Speichern Sie das Programm als *Wurzel.java,* kompilieren und führen Sie es aus.

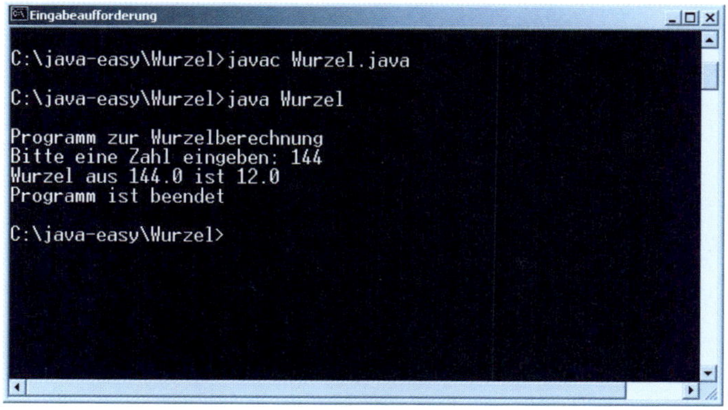

Abbildung 8.1: Ausgabe des Wurzel*-Programms*

Die else-Alternative

Mit einer `if-else`-Konstruktion kann man in Abhängigkeit von einer Bedingung den einen oder den anderen Block ausführen lassen. Wir wollen uns dies in unserem Wurzel-Programm zunutze machen, indem wir den Anwender im Falle negativer Eingaben gezielt auf seinen Fehler hinweisen.

1 Ausgangspunkt ist das Programm aus dem letzten Abschnitt.

2 Hängen Sie an den Anweisungsblock der `if`-Bedingung einen else-Block an.

```
// Wurzel-Berechnung
import java.lang.*;
import java.io.*;

public class Wurzel
   {
   public static void main(String[] args)
                              throws IOException
      {
      String eingabe;
      double wert, wurzel;
      BufferedReader tastatur;

      System.out.println();
      System.out.println("Programm zur Wurzelberechnung");
      System.out.print("Bitte eine Zahl eingeben: ");

      // Tastatureingabe
      tastatur = new BufferedReader(new
                       InputStreamReader(System.in));
      eingabe = tastatur.readLine();
      wert = Double.parseDouble(eingabe);

      if (wert >= 0)
         {
         wurzel = Math.sqrt(wert);
         System.out.println("Wurzel aus " + wert +
                           " ist " + wurzel);
         }
      else
         {
         System.out.println(
            "Wurzel aus negativer Zahl nicht erlaubt");
         }

     System.out.println("Programm ist beendet");
      }
   }
```

Dieses Programm liest von der Tastatur eine Zahl ein und gibt deren Wurzel aus, wenn eine Zahl größer oder gleich null eingegeben wurde. Wenn eine negative Zahl eingegeben wird, wird der Anweisungsblock unter der `if`-Bedingung übergangen und stattdessen der `else`-Block ausgeführt.

3 Kompilieren Sie das Programm und führen Sie es aus.

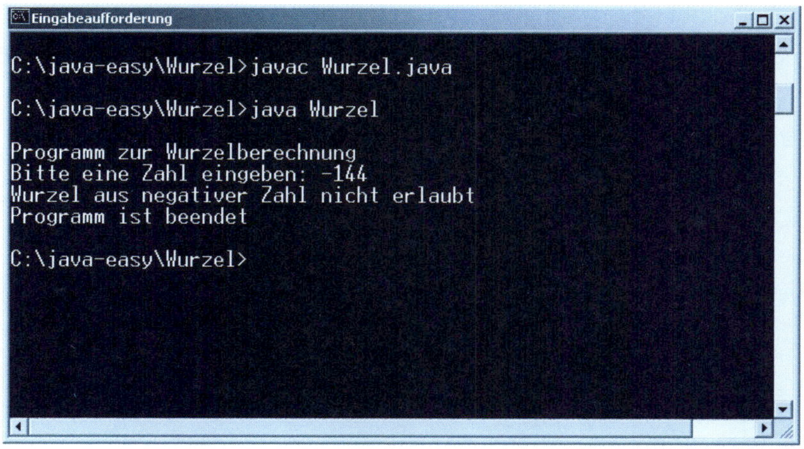

Abbildung 8.2: Ausgabe des Programms für negative Eingaben.

if-else-Verzweigungen verschachteln

Manchmal möchte man mehr als zwei Fälle unterscheiden. Dann kann es ratsam sein, mehrere `if-else`-Bedingungen zu verschachteln.

Nehmen wir an, Sie wollten ein Quizprogramm schreiben, das sich bei der Auswahl der Fragen nach dem Alter des Quizteilnehmers richtet. Zuerst lesen Sie das Alter des Benutzers in eine `int`-Variable `alter` ein. Dann verzweigen Sie wie folgt:

```
if (alter < 20) {
   System.out.println("Wer ist Stefan Raab?");
   }
   else if (alter < 50) {
      System.out.println("Wer ist Thomas Gottschalk?");
      }
      else {
         System.out.println("Wer ist Robert Lembke?");
         }
```

Diese Konstruktion wird wie folgt ausgewertet:

- Ist der Teilnehmer unter 20, wird ihm die Frage: »Wer ist Stefan Raab?« gestellt.
- Ist der Teilnehmer zwischen 20 und 50, wird ihm die Frage: »Wer ist Thomas Gottschalk?« gestellt.
- Ist der Teilnehmer 50 oder älter, wird ihm die Frage: »Wer ist Robert Lembke?« gestellt.

Die switch-Verzweigung

Will man die Programmausführung in Abhängigkeit vom Wert einer Variablen mehrfach aufspalten, bietet sich dazu eine `switch`-Konstruktion an.

Allgemeine Syntax

```
switch(Ausdruck)
{
   case Konstante1:Anweisungen;
                   break;
   case Konstante2:Anweisungen;
                   break;
   case Konstante3:Anweisungen;
                   break;
   case Konstante4:Anweisungen;
                   break;
   default: Anweisung;
}
```

Als Ausdruck kann man beispielsweise eine Integer-Variable oder ein Zeichen (Typ `char`) angeben. Bei der Programmausführung wird der Wert dieser Variablen dann mit den innerhalb der `switch`-Anweisung stehenden `case`-Konstanten verglichen. Stimmt der Wert der Variablen mit einer `case`-Konstanten überein, werden die zugehörigen Anweisungen ausgeführt. Die abschließende `break`-Anweisung sorgt dafür, dass das Programm danach mit der nächsten Anweisung unter der `switch`-Verzweigung fortgesetzt wird.

Drei Punkte sind zu beachten:

- Integer-Konstanten geben Sie als einfache Zahlen an (`3`, `423`), Zeichen-Konstanten stehen in einfachen Anführungszeichen (`'a'`, `'D'`).

- Wenn Sie die Anweisungen zu einem `case`-Block nicht mit `break` abschließen, werden auch die Anweisungen des darunter liegenden `case`-Blocks ausgeführt. Man kann dies bewusst einsetzen, man kann auf diese Weise aber auch schnell unangenehme Fehler erzeugen.
- Zu dem zu `default` gehörenden Anweisungsblock wird verzweigt, wenn die Überprüfung des `switch`-Ausdrucks mit den `case`-Marken keine Übereinstimmung ergibt.

Den Einsatz der `switch`-Verzweigung wollen wir uns an einem etwas größeren Beispiel veranschaulichen: dem Aufbau eines Konsolenmenüs.

Wie statte ich meine Anwendungen mit einem Menü aus?

Wenn Sie später komplexere Programme schreiben, werden diese Programme höchstwahrscheinlich so angelegt sein, dass die Programme nicht nur eine einzelne Aufgabe (wie im Falle unseres Wurzelprogramms), sondern mehrere zusammenhängende Aufgaben erledigen können. Ein Programm zur Vektorrechnung könnte beispielsweise so aufgebaut sein, dass man mit dem Programm einen Vektor einlesen und dann verschiedene Operationen mit diesem Vektor ausführen kann (Addition oder Subtraktion eines zweiten Vektors, Berechnung der Länge, des Skalar- oder Vektorprodukts etc.).

In einem solchen Fall muss man eine Möglichkeit schaffen, wie der Anwender wählen kann, was das Programm als Nächstes machen soll. Eine Möglichkeit wäre zum Beispiel die Ausgabe eines Menüs.

1 Legen Sie ein neues Programm, *Vektor.java,* an und beginnen Sie mit dem üblichen Grundgerüst.

```
// Vektor-Berechnungen
import java.lang.*;
import java.io.*;

public class Vektor
   {
   public static void main(String[] args)
                                    throws IOException
      {
      }
   }
```

2 Geben Sie das Menü als eine Folge von Optionen aus und lesen Sie die Eingabe des Anwenders ein.

```
// Vektor-Berechnungen
import java.lang.*;
import java.io.*;

public class Vektor
   {
   public static void main(String[] args)
                                    throws  IOException

      {

      System.out.println();
      System.out.println("Vektoren eingeben <1>");
      System.out.println("Vektoren addieren <2>");
      System.out.println("Vektoren addieren <3>");
      System.out.println("Vektoren addieren <4>");
      System.out.println("Vektoren addieren <5>");
      System.out.println("Vektoren addieren <6>");
      System.out.println("Programm beende   <0>");

      System.out.println("Ihre Wahl: ");

      BufferedReader t = new BufferedReader(
                      new InputStream(System.in));

      String eingabe = t.readLine();
      int auswahl = Integer.parseInt(eingabe);
      }
   }
```

Da der Anwender die einzelnen Befehle des Menüs nicht wie in der Menüleiste einer Windows-Anwendung per Mausklick auswählen kann, geben wir für jeden Menübefehl eine Kennziffer an, die der Anwender über die Tastatur eingeben muss, um den betreffenden Menübefehl ausführen zu lassen.

Nach der Ausgabe des Menüs fordern wir den Anwender auf, die Kennziffer einer der angebotenen Menüoptionen einzugeben, lesen die Eingabe mit `readLine()` ein und erzeugen daraus durch `Integer.parseInt()` einen ganzzahligen Wert.

3 Leiten Sie die `switch`-Verzweigung ein.

> **ACHTUNG**
>
> *In der* `switch`*-Anweisung dürfen nur* `int-`, `long-` *und* `char`*-Variablen verwendet werden.*

```
// Vektor-Berechnungen
import java.lang.*;
import java.io.*;

public class Vektor
   {
   public static void main(String[] args)
                                    throws IOException
      {
      System.out.println();
      System.out.println("Vektoren eingeben      <1>");
      System.out.println("Vektoren addieren      <2>");
      System.out.println("Vektoren subtrahieren  <3>");
      System.out.println("Skalarprodukt          <4>");
      System.out.println("Vektorprodukt          <5>");
      System.out.println("Vektorlänge            <6>");
      System.out.println("Programm beenden       <0>");

      System.out.print("Ihre Wahl: ");

      BufferedReader t = new BufferedReader(
                         new InputStreamReader(System.in));

      String eingabe = t.readLine();
      int auswahl = Integer.parseInt(eingabe);

     // Auf Auswahl reagieren
     switch(auswahl)
      {
      }

     }
   }
```

4 Setzen Sie die verschiedenen Alternativen in der `switch`-Anweisung auf.

```
// Vektor-Berechnungen
import java.lang.*;
import java.io.*;

public class Vektor
   {
   public static void main(String[] args)
                                 throws IOException
      {
      System.out.println();
      System.out.println("Vektoren eingeben     <1>");
      System.out.println("Vektoren addieren     <2>");
      System.out.println("Vektoren subtrahieren <3>");
      System.out.println("Skalarprodukt         <4>");
      System.out.println("Vektorprodukt         <5>");
      System.out.println("Vektorlänge           <6>");
      System.out.println("Programm beenden      <0>");

      System.out.print("Ihre Wahl: ");

      BufferedReader t = new BufferedReader(
                        new InputStreamReader(System.in));

      String eingabe = t.readLine();
      int auswahl = Integer.parseInt(eingabe);

     // Auf Auswahl reagieren
     switch(auswahl)
      {
      case 0: System.out.println("Programm beenden");
              break;
      case 1: System.out.println("Vektor eingeben");
              break;
      case 2: System.out.println("Vektoren addieren");
              break;
      case 3: System.out.println("Vektoren subtrahieren");
              break;
      case 4: System.out.println("Skalarprodukt");
              break;
      case 5: System.out.println("Vektorprodukt");
              break;
      case 6: System.out.println("Laenge des Vektors");
              break;
      default:System.out.println("Falsche Eingabe!");
              break;
      }
     }
   }
```

Die einzelnen Zweige der `switch`-Anweisung beginnen stets mit dem Schlüsselwort `case`, auf das dann eine Konstante (z.B. `1`, `6` oder `'a'`, `'b'` für `char`-Variablen) folgt. Bei Ausführung des Programms wird geprüft, ob eine der `case`-Konstanten mit dem aktuellen Wert der `switch`-Variablen (im Beispiel `auswahl`) übereinstimmt. Wenn ja, springt die Programmausführung in den Code neben der `case`-Marke.

Jeder `case`-Block wird mit einer `break`-Anweisung abgeschlossen. Die `break`-Anweisung sorgt dafür, dass die gesamte `switch`-Anweisung verlassen und das Programm mit der nächsten Anweisung unter der `switch`-Anweisung fortgesetzt wird.

Wenn es einen `default`-Block gibt (man kann ihn auch weglassen), springt die Programmausführung zu diesem Block, wenn der aktuelle Wert der `switch`-Variablen (im Beispiel `auswahl`) mit keiner der `case`-Konstanten übereinstimmt. Wenn Sie den `default`-Block an das Ende der `switch`-Anweisung setzen, brauchen Sie ihn nicht mit einer `break`-Anweisung abzuschließen, aber es schadet auch nicht.

5 Speichern Sie das Programm als *Vektor.java*, kompilieren Sie es und führen Sie es aus.

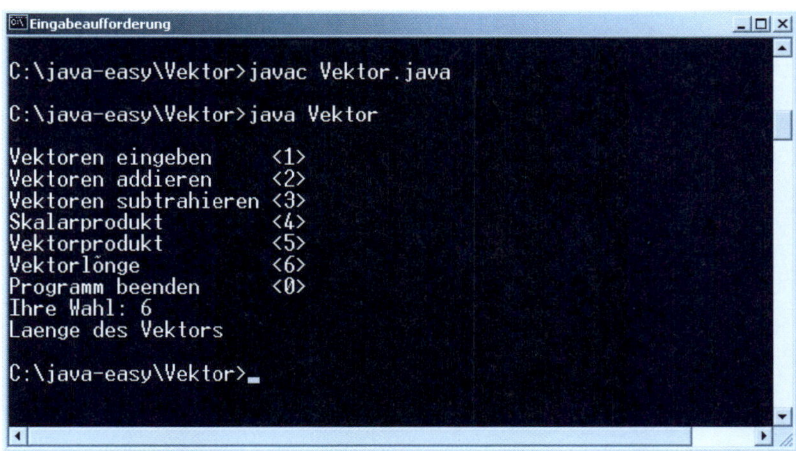

Abbildung 8.3: Ausgabe des Menüs

HINWEIS

Wir werden das Vektorprogramm und das Menü später noch weiter ausbauen und perfektionieren. In Kapitel 12 stellen wir Ihnen eine Version des Programms vor, die mit Hilfe von Klassen und Methoden implementiert ist.

Kapitel 9

Anweisungen mehrfach ausführen lassen

Im vorangehenden Kapitel haben Sie gesehen, wie man alternativ den einen oder anderen Anweisungsblock ausführen lassen kann. Mindestens ebenso interessant ist es, einen Anweisungsblock mehrere Male hintereinander ausführen zu lassen. Dies erreicht man durch Aufsetzen von so genannten Schleifen.

Wozu braucht man Schleifen

Schleifen dienen dazu, einen Anweisungsblock mehrfach hintereinander auszuführen.

Jetzt werden Sie sich fragen, welchen Sinn es haben könnte, eine bestimmte Folge von Anweisungen mehrmals hintereinander ausführen zu lassen. Schließlich dürfte es nur wenige Programme geben, in denen Bedarf besteht, ein und dieselbe Aktion mehrfach hintereinander ausführen zu lassen.

Nun, sicherlich ergibt es keinen Sinn, einer Variablen x-mal hintereinander den gleichen Wert zuzuweisen oder x-mal nacheinander die gleiche Ausgabe auf den Bildschirm zu schreiben:

```
int quadrat = 9;
System.out.println(quadrat);
System.out.println(quadrat);
```

Bedenken Sie aber, dass sich der Inhalt von Variablen auch in aufeinander folgenden, identischen Anweisungen ändern kann:

```
int loop = 0;
++loop;  // loop = 1
++loop;  // loop = 2
++loop;  // loop = 3
...
```

Sie sehen schon, wenn man die richtigen Anweisungen kombiniert, kann die Mehrfachausführung einer Anweisungsfolge recht interessant sein. So gibt folgende Anweisungsfolge das Quadrat der Zahl 1 aus:

```
int loop = 0;
++loop;
System.out.println(loop * loop);
```

Hängt man an diese Zeilen weitere Kopien der letzten beiden Anweisungen an, gibt man nacheinander die Quadrate der ersten natürlichen Zahlen aus:

```
int loop = 0;
++loop;
System.out.println(loop * loop); // Ausgabe: 1

 ++loop;
System.out.println(loop * loop); // Ausgabe: 4

++loop;
System.out.println(loop * loop); // Ausgabe: 9

++loop;
System.out.println(loop * loop); // Ausgabe: 16
```

Das direkte Wiederholen der Anweisungen ist allerdings unschön, aufwändig und fehleranfällig. Einfacher und eleganter wäre es, im Programm festzulegen, dass die Anweisungen n-mal hintereinander ausgeführt werden sollen. Dies kann man durch Aufsetzen einer Schleife erreichen.

Die for-Schleife

Eine von zwei wichtigen Schleifenvarianten ist die `for`-Schleife, die meist verwendet wird, wenn der Programmierer bereits von vornherein weiß, wie oft die Schleife durchlaufen werden soll.

Allgemeine Syntax

Die allgemeine Syntax der `for`-Schleife sieht wie folgt aus:

```
for (Initialisierung; Bedingung; Veränderung)
    {
    Anweisung(en);
    }
```

- `Initialisierung`: Code, der beim ersten Eintritt in die Schleife ausgeführt wird. Bei nachfolgenden Schleifendurchgängen wird die Anweisung nicht mehr ausgeführt.
- `Bedingung`: Solange die Bedingung erfüllt ist, wird der zur `for`-Schleife gehörende Anweisungsblock ausgeführt; andernfalls wird die Schleife verlassen.
- `Veränderung`: Die Anweisung dieses Teils wird nach jedem Schleifendurchgang und vor der neuerlichen Prüfung der Schleifenbedingung ausgeführt.

Wie werden Schleifen kontrolliert?

Die drei Teile `Initialisierung`, `Bedingung` und `Veränderung` bilden zusammen den so genannten *Schleifenkopf*. Sie enthalten Code, der festlegt, wie oft die Schleife (sprich der Anweisungsblock, der unter dem Schleifenkopf folgt) ausgeführt wird.

Wie aber kann man kontrollieren, wie oft eine Schleife ausgeführt wird?

Ganz einfach, mit Hilfe einer eigens hierfür deklarierten Variablen, die als eine Art Zähler für die Schleifendurchläufe dient.

WAS IST DAS

Man bezeichnet diese Variable üblicherweise als Schleifenvariable. Wir werden diese Variable in unseren Beispielen meist `loop` *(englisch für Schleife) nennen. Der Name spielt aber keine Rolle. Sie können die Variable ebenso gut* `n` *oder* `meineVar` *nennen.*

Am Anfang setzt man die Schleifenvariable auf einen Anfangswert (`Initialisierung`). Wenn dann der Anweisungsblock der Schleife eins ums andere Mal ausgeführt wird, setzt man die Schleifenvariable immer weiter herauf (`Veränderung`), bis ein bestimmter Wert überschritten ist, sodass die Schleifenbedingung nicht mehr erfüllt ist.

Betrachten wir zum Beispiel folgenden Code:

```
int loop;

for(loop = 1; loop <= 5; ++loop)
  {
  // Anweisungen
  }
```

Der Code beginnt mit der Deklaration der Schleifenvariablen, die hier `loop` genannt wurde. Bei Eintritt in die Schleife muss der Schleifenvariablen ein Anfangswert zugewiesen werden. Dies geschieht in der Anweisung: `loop = 1;`.

Dahinter ist die `Bedingung` formuliert, die festlegt, wie lange die Schleife ausgeführt wird: `loop <= 5;`. Solange die `Bedingung` erfüllt ist, das heißt, solange die Schleifenvariable `loop` kleiner oder gleich `5` ist, wird die Schleife ausgeführt.

Die dritte Anweisung wird nach jeder Abarbeitung des Anweisungsblocks der Schleife ausgeführt. Sie führt dazu, dass der Wert von `loop` nach 5 Schleifendurchgängen größer als 5 ist – mit der Konsequenz, dass die Schleifenbedingung nicht mehr erfüllt ist und die Schleife beendet wird.

Ausführung einer Schleife

Versuchen wir einmal Schritt für Schritt nachzuvollziehen, wie obige Schleife ausgeführt wird.

Zuerst versehen wir die Schleife mit einem echten Anweisungsblock, damit unsere Ausführungen nicht so abstrakt bleiben.

```
int loop;
int summe = 0;

for(loop = 1; loop <= 5; ++loop)
  {
  summe += loop;
  }

System.out.println("Die Summe der ersten " + (loop-1) +
                   " Zahlen betraegt : " + summe);
```

ACHTUNG

Beachten Sie, dass die letzte Anweisung im Schleifenkopf nicht mit einem Semikolon abgeschlossen wird.

Beim Eintritt in die Schleife wird der Schleifenvariablen `loop` der Wert `1` zugewiesen.

Als Nächstes wird die Schleifenbedingung überprüft. Da sie erfüllt ist (der Wert von `loop` ist kleiner gleich `5`), wird der Anweisungsblock der Schleife ausgeführt. Der Variablen `summe` wird jetzt zu ihrem alten Wert (`0`) der Wert von `loop` hinzuaddiert.

Nach Ausführung des Anweisungsblocks wird die dritte Anweisung des Schleifenkopfs, `++loop`, ausgeführt. Die Schleifenvariable `loop` enthält jetzt also den Wert `2`.

Die weitere Ausführung der Schleife folgt dem immer gleichen Schema:

1. Die Schleifenbedingung wird überprüft.
2. Ist die Bedingung erfüllt, wird der Anweisungsblock der Schleife ausgeführt.
3. Nach Abarbeitung des Anweisungsblocks wird die Schleifenvariable gemäß der dritten Anweisung im Schleifenkopf inkrementiert. Dann geht es wieder mit Schritt 1 weiter.

So nimmt `loop` nacheinander die Werte `1`, `2`, `3`, `4` und `5` an, und in `summe` werden nacheinander die Werte `1`, `3`, `6`, `10` und `15` abgespeichert.

Nach dem fünften Durchlauf der Schleife wird wieder die Inkrement-Anweisung für `loop` ausgeführt. Die Variable `loop` hat danach den Wert 6. Wenn jetzt vor dem Eintritt in den nächsten Schleifendurchgang die Bedingung `loop <= 5` überprüft wird, stellt sich heraus, dass die Schleifenbedingung nicht mehr erfüllt ist.

Folglich wird der Anweisungsblock der Schleife nicht mehr ausgeführt, die Schleife wird direkt verlassen und das Programm mit der unter der Schleife folgenden Anweisung fortgeführt.

Mit Schleifen Zahlenfolgen berechnen

Zur Übung werden wir jetzt eine eigene Schleife implementieren. Mit Hilfe dieser Schleife sollen die ersten zehn Quadratzahlen berechnet und ausgegeben werden.

1 Legen Sie ein neues Programm, *ForSchleife.java*, an und beginnen Sie mit dem folgenden Grundgerüst:

```
// Quadratzahlen durch for-Schleife
import java.lang.*;

public class ForSchleife
   {
   public static void main(String[] args)
      {
     }
   }
```

2 Deklarieren Sie die Schleifenvariable und setzen Sie den Schleifenkopf mit leerem Anweisungsblock auf.

```
// Quadratzahlen durch for-Schleife
import java.lang.*;

public class ForSchleife
   {
   public static void main(String[] args)
      {
      int loop;

      for(loop = 1; loop <= 10; ++loop)
        {
        }

      }
   }
```

> **ACHTUNG**
>
> *Die letzte Anweisung im Schleifenkopf wird nicht mit einem Semikolon abgeschlossen. Nach dem Schleifenkopf, d.h. nach der schließenden runden Klammer, darf auch kein Semikolon stehen!*

Da wir die ersten zehn Quadratzahlen berechnen wollen, initialisieren wir die Schleifenvariable mit 1 und lassen sie in Einerschritten bis einschließlich 10 hochzählen. Die Bedingung ist so gewählt, dass die Schleife beendet wird, wenn die Schleifenvariable größer 10 ist.

3 Setzen Sie den Anweisungsblock der Schleife auf.

```
// Quadratzahlen durch for-Schleife
import java.lang.*;

public class ForSchleife
   {
   public static void main(String[] args)
      {
      int loop;
      int quadrat;
      for(loop = 1; loop <= 10; ++loop)
        {
        quadrat = loop * loop;
        System.out.println("Quadrat von " + loop +
                           " ist " + quadrat);
        }
      }
   }
```

Zuerst deklarieren wir eine zusätzliche Variable namens `quadrat`, in der wir die jeweils aktuelle Quadratzahl abspeichern können.

Im Anweisungsblock nutzen wir die Schleifenvariable, um die aktuelle Quadratzahl zu berechnen. Denken Sie daran, dass wir die Quadratzahlen der Zahlen 1 bis 10 berechnen wollen. Die Schleifenvariable nimmt aber nacheinander genau die Werte 1 bis 10 an. Was liegt also näher, als die Quadratzahlen mit Hilfe der Schleifenvariablen zu berechnen?

Wir speichern die aktuelle Quadratzahl in der Variablen `quadrat` und geben Sie dann aus.

TIPP

Man hätte auf die Zwischenspeicherung in `quadrat` *auch verzichten können. Der Anweisungsblock hätte dann allein aus der folgenden* `println()`*-Anweisung bestanden:*

```
System.out.println("Quadrat von " + loop + " ist: "

     + (loop * loop));
```

Zur Eingewöhnung in die Programmierung mit Schleifen ist obiger Code aber sicherlich leichter verständlich.

> **ACHTUNG**
>
> *Während es üblich ist, den Wert der Schleifenvariablen im Anweisungsblock der Schleife abzufragen und in Ausdrücke einzubauen, sollte man es strikt vermeiden, den Wert der Schleifenvariablen im Anweisungsblock zu verändern. Die Änderung der Schleifenvariablen sollte nur im Schleifenkopf erfolgen.*

4 Speichern Sie das Programm als *ForSchleife.java* ab. Kompilieren Sie es und führen Sie es dann aus.

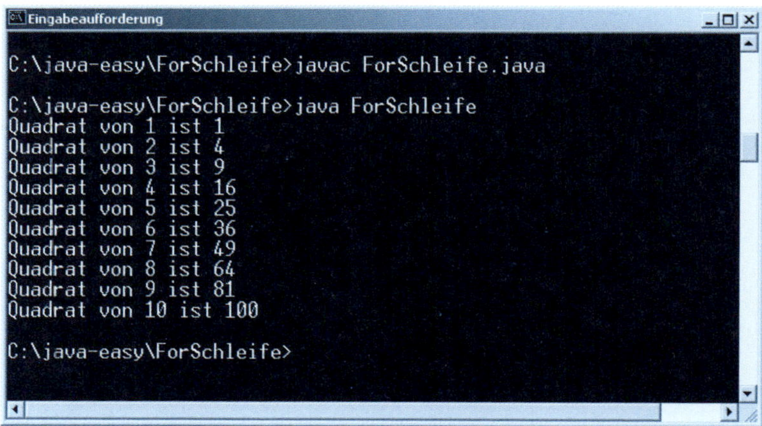

Abbildung 9.1: Ausgabe des Programms ForSchleife

Varianten und Fallstricke

Statt die Schleifenvariable zu inkrementieren, können Sie sie auch dekrementieren:

```
for(loop = 10; loop > 1; --loop)
```

oder in jeder anderer Weise verändern:

```
for(loop = 1; loop < 10; loop+=2)
```

Wie auch immer Sie Bedingung und Veränderung der Schleifenvariablen wählen, entscheidend ist, dass die Schleife auch wirklich wieder verlassen wird. Betrachten Sie folgende Schleife:

```
for(loop=1; loop <= 10; loop--)
  {
  ...
  }
```

Hier wird die Schleifenvariable `loop` nach jedem Schleifendurchgang dekrementiert, das heißt um 1 vermindert. Da der Startwert 1 aber schon kleiner als 10 ist und durch das Dekrementieren noch kleiner wird, kann das Abbruchkriterium nie erfüllt werden. Wir haben eine Endlosschleife!

Solche Endlosschleifen sind ein typisches Beispiel für logische Fehler innerhalb eines syntaktisch korrekten Programms.

Zu guter Letzt haben wir noch eine Tüftelaufgabe für Sie! Schreiben Sie ein Programm, das mit Hilfe einer `for`-Schleife die ersten hundert Quadratzahlen ausgibt. Nach jeder zehnten Quadratzahl soll das Programm anhalten und warten, bis der Anwender die [↵]-Taste drückt. Ein kleiner Tipp: Mit Hilfe des Modulo-Operators `%` kann man mit einer einzigen `if`-Bedingung elegant feststellen, ob es sich bei dem aktuellen Schleifendurchgang um ein Vielfaches von 10 handelt. Die Aufgabe ist vielleicht am Anfang nicht ganz einfach für Sie. Wer Probleme hat, kann uns per E-Mail unter *dirklouis@cs.com, jp_mueller@web.de* erreichen (über Lösungen und Erfolgsmeldungen freuen wir uns natürlich auch).

Die while-Schleife

Die zweite wichtige Schleifenvariante ist die `while`-Schleife.

Allgemeine Syntax

Bei der `while`-Schleife sind `Initialisierung`, `Bedingung` und `Veränderung` nicht im Schleifenkopf zusammengefasst, sondern werden über den Code verteilt. Sie wird meist verwendet, wenn der Programmierer vorab nicht genau weiß, wie oft die Schleife durchlaufen werden soll.

Die allgemeine Syntax der `while`-Schleife sieht wie folgt aus:

```
Initialisierung;
while (Bedingung)
    {
    Anweisung(en) inklusive Veränderung;
    }
```

Sehen wir uns gleich im nächsten Abschnitt ein Beispiel an.

Vom Anwender gesteuerte Schleifen

Das folgende Beispiel dient ebenfalls der Berechnung von Quadratzahlen. Es gibt aber nicht einfach eine bestimmte Anzahl von Quadratzahlen aus, sondern fragt vielmehr den Anwender, zu welcher Zahl das Quadrat berechnet werden soll.

Das Besondere an dem Programm ist, dass der Anwender das Programm nicht zur Berechnung jeder weiteren Quadratzahl neu aufrufen muss. Stattdessen fordert das Programm den Anwender auf, immer weitere Zahlen einzugeben. Dies werden wir mit einer `while`-Schleife realisieren.

Will der Anwender das Programm beenden, muss er den Wert `0` eingeben.

1 Legen Sie ein neues Programm, *WhileSchleife.java,* an und beginnen Sie mit dem folgenden Grundgerüst:

```
// Quadratzahlen durch while-Schleife
import java.lang.*;

public class WhileSchleife
   {
   public static void main(String[] args)
      {
      }
   }
```

2 Fügen Sie eine Schleifenvariable hinzu, die auf eins initialisiert wird. Legen Sie eine Variable vom Typ `BufferedReader` für die Verbindung zur Tastatur an.

```
// Quadratzahlen durch while-Schleife
import java.lang.*;
import java.io.*;

public class WhileSchleife
   {
   public static void main(String[] args)
                                 throws IOException
      {
      double eingabe = 1;
      BufferedReader t = new BufferedReader(
                new InputStreamReader(System.in));
      }
```

Die `double`-Variable `eingabe` werden wir sowohl zum Einlesen von Daten über die Tastatur als auch zur Kontrolle der Schleife verwenden. Aus diesem Grunde haben wir die Variable `eingabe` und nicht `loop` genannt. Die Vorbereitungen zum Einlesen von der Tastatur kennen Sie schon hinlänglich, weshalb sie hier nicht mehr erläutert zu werden brauchen.

3 Legen Sie die while-Schleife an.

```
// Quadratzahlen durch while-Schleife
import java.lang.*;
import java.io.*;

public class WhileSchleife
   {
```

```
    public static void main(String[] args)
                                  throws IOException
       {
       double eingabe = 1;
       BufferedReader t = new BufferedReader(
                          new InputStreamReader(System.in));

       while (eingabe != 0)
         {
         }
       }
    }
```

while-Schleifen beginnen mit dem Schlüsselwort while. Darauf folgt in runden Klammern die Schleifenbedingung. Wenn diese Bedingung erfüllt ist, wird der Anweisungsblock der Schleife ausgeführt. Im Beispiel wird die Schleife so lange ausgeführt, wie der Wert von eingabe ungleich 0 ist. Da wir eingabe mit dem Wert 1 in die Schleife eintreten lassen, wird die Bedingung am Anfang passiert und die Schleife somit mindestens einmal ausgeführt.

4 Setzen Sie den Anweisungsblock der Schleife auf.

```
// Quadratzahlen durch while-Schleife
import java.lang.*;
import java.io.*;

public class WhileSchleife
   {
   public static void main(String[] args)
                                   throws IOException
      {
      double eingabe = 1;
      BufferedReader t = new BufferedReader(
                         new InputStreamReader(System.in));
      String eingabeString;

      while (eingabe != 0)
      {
      System.out.print("Bitte Zahl eingeben (0 = Ende): ");

      eingabeString = t.readLine();
      eingabe = Integer.parseInt(eingabeString);

      System.out.println("Quadrat von " + eingabe +
                         " ist " + (eingabe*eingabe));
       }
      }
   }
```

Bei der `while`-Schleife muss der Wert der Schleifenvariablen (allgemeiner ausgedrückt, der Wert der Variablen, der in die Schleifenbedingung eingeht) im Anweisungsteil der Schleife verändert werden. In diesem Beispiel geschieht das, indem der Variablen `eingabe` die Tastatureingabe zugewiesen wird (genauer: der konvertierte Zahlenwert aus der eingelesenen Zeichenkette `eingabeString`).

5 Speichern Sie das Programm als *WhileSchleife.java*. Kompilieren und führen Sie das Programm aus.

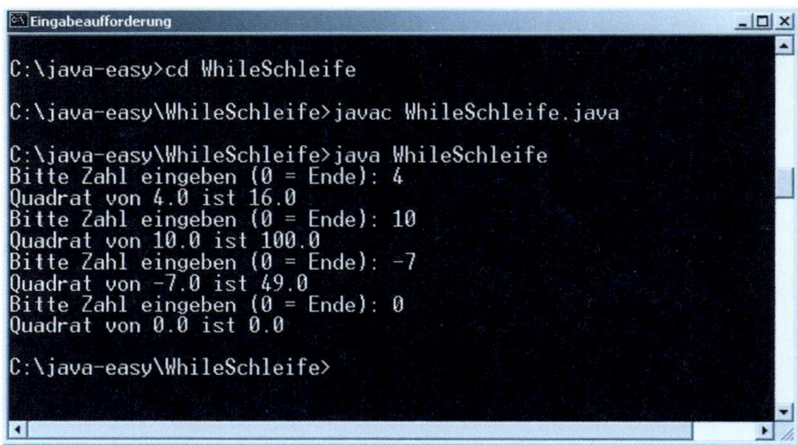

Abbildung 9.2: Ausgabe des Programms WhileSchleife

Schleifen vorzeitig abbrechen

Mit Hilfe spezieller Befehle ist es möglich,

- den aktuellen Schleifendurchgang sowie
- die gesamte Schleife abzubrechen.

Schleifendurchgang abbrechen

Warum sollte man einzelne Schleifendurchgänge vorzeitig abbrechen? Nun, in vielen Schleifen gibt es neben der Schleifenvariablen noch weitere Variablen. Vielleicht nimmt eine dieser Variablen in einem Schleifendurchgang einen Wert an, der es verbietet, den aktuellen Schleifendurchgang weiter auszuführen. Oder es gibt Werte der Schleifenvariablen, für die man von vornherein die Anweisungen der Schleife gar nicht ausführen möchte.

Nehmen wir zum Beispiel an, Sie wollten die ersten zehn Quadratzahlen ausgeben, aber nicht das Quadrat von 5. Nur mit Hilfe der Anweisungen im Schleifenkopf lässt sich dies nicht erreichen – außer Sie setzen hintereinander zwei Schleifen auf.

Mit Hilfe der `continue`-Anweisung, die den aktuellen Schleifendurchgang abbricht, ist die Realisierung einer solchen Schleife jedoch gar kein Problem.

1 Beginnen Sie ein neues Programm *ForSchleife2.java* und tippen Sie den Quelltext des Programms *ForSchleife.java* ein. Ändern Sie den Klassennamen in `ForSchleife2`.

```
// Quadratzahlen durch for-Schleife
import java.lang.*;

public class ForSchleife2
   {
   public static void main(String[] args)
      {
      int loop;
      int quadrat;

      for(loop = 1; loop <= 10; ++loop)
        {
        quadrat = loop * loop;
        System.out.println("Quadrat von " + loop +
                     " ist " + quadrat);
        }

      }
   }
```

2 Prüfen Sie am Anfang der Schleife mit Hilfe einer `if`-Bedingung, ob der Wert von `loop` gleich 5 ist.

```
// Quadratzahlen durch for-Schleife
import java.lang.*;

public class ForSchleife2
   {
   public static void main(String[] args)
      {
      int loop;
      int quadrat;

      for(loop = 1; loop <= 10; ++loop)
        {
        if (loop == 5)
          {
          }

        quadrat = loop * loop;
```

```
        System.out.println("Quadrat von " + loop +
                           " ist " + quadrat);

        }

      }
   }
```

3 Ist die `if`-Bedingung erfüllt, führen Sie die Anweisung `continue` aus.

```
// Quadratzahlen durch for-Schleife
import java.lang.*;

public class ForSchleife2
   {
   public static void main(String[] args)
      {
      int loop;
      int quadrat;

      for(loop = 1; loop <= 10; ++loop)
        {
        if (loop == 5)
          {
          continue;
           }

        quadrat = loop * loop;
        System.out.println("Quadrat von " + loop +
                           " ist " + quadrat);
        }
      }
   }
```

Das war's schon.

4 Speichern Sie das Programm als *ForSchleife2.java*. Kompilieren Sie es und führen Sie es aus.

Für die ersten vier Schleifendurchgänge wird der Anweisungsblock ganz normal durchgeführt. Zu Beginn des fünften Durchgangs ergibt die `if`-Bedingung aber `true`, und die `continue`-Anweisung unter der `if`-Bedingung wird ausgeführt. Die `continue`-Anweisung sorgt dafür, dass die nachfolgenden Anweisungen im Schleifenblock nicht mehr ausgeführt werden. Stattdessen wird die Schleife mit der letzten Anweisung im Schleifenkopf (`++loop`) und dem Eintritt in den nächsten Schleifendurchgang fortgesetzt.

HINWEIS

Die `if`*-Bedingung und die* `continue`*-Anweisung müssen nicht am Beginn des Anweisungsblocks der Schleife stehen. Sie können an beliebiger Stelle im Anweisungsblock stehen.*

ACHTUNG

Wichtig ist, dass die Schleifenvariable auch für Schleifendurchgänge, die mit `continue` *abgebrochen wurden, heraufgezählt wird (oder heruntergezählt – je nach Konstruktion der Schleife). In* `for`*-Schleifen ist dies immer gegeben, da die dritte Anweisung im Schleifenkopf, die für die Veränderung der Schleifenvariablen verantwortlich ist, immer am Ende jedes Schleifendurchgangs ausgeführt wird. In* `while`*-Schleifen erfolgt die Veränderung der Schleifenvariablen aber im Anweisungsblock der Schleife! Sie müssen in* `while`*-Schleifen daher unbedingt darauf achten, dass die Veränderung der Schleifenvariablen vor der* `continue`*-Anweisung steht. Ansonsten hängt sich die Schleife mit ziemlicher Sicherheit in einer Endlosschleife auf, wenn die* `continue`*-Anweisung einmal ausgeführt wird.*

Wenn Sie der obigen Warnung keinen Glauben schenken mögen, versuchen Sie einmal nachzuvollziehen, was bei Ausführung folgender `while`-Schleife passiert (aber programmieren Sie die Schleife nicht nach – das Programm stürzt unweigerlich ab):

```
int loop;        // Schleifenvariable
int quadrat;

loop = 1;


while (loop <= 10)
    {
    if (loop == 5)
       continue;

    quadrat = loop * loop;
    cout << "Das Quadrat von " << loop << " ist: "
         << quadr << endl;

    ++loop;
    }
```

Wenn `loop` einmal den Wert `5` erreicht hat, wird es immer auf fünf bleiben, denn die Erhöhung durch `++loop` wird dann immer übersprungen.

HINWEIS

Zum Schluss noch eine allgemeine Bemerkung zum Einsatz von `continue`*. Setzen Sie die* `continue`*-Anweisung sparsam ein. Wenn Sie in einer Schleife drei, vier oder mehr Bedingungen mit* `continue`*-Anweisungen haben, sollten Sie sich fragen, ob die Schleife überhaupt richtig konzipiert ist.*

Sinnvoll wäre es dagegen, die Schleife aus dem While*-Programm aus dem Abschnitt* Die while-Schleife *in Kapitel 9 um eine* `continue`*-Anweisung zu erweitern, die verhindert, dass nach Eingabe einer* `0` *(zum Beenden des Programms) noch das Quadrat berechnet wird.*

Schleife abbrechen

Die `break`-Anweisung wird grundsätzlich genauso eingesetzt wie die `continue`-Anweisung. Sie bricht aber nicht nur den aktuellen Schleifendurchgang, sondern gleich die ganze Schleife ab.

Die `break`-Anweisung wird meist dann verwendet, wenn Sie Aufgaben der folgenden Form zu lösen haben:

»Führe die folgenden Anweisungen immer wieder aus, bis ein bestimmtes Ereignis eintritt.«

Man kann diese Aufgabenstellung unschwer auf unser Programm zur Berechnung der Quadratzahlen aus dem Abschnitt *Die while-Schleife* in Kapitel 9 anwenden.

»Fordere den Anwender so lange immer wieder zur Eingabe einer Zahl, für die das Quadrat berechnet wird, auf, bis er eine 0 eingibt.«

Mit Hilfe einer Endlosschleife und einer `break`-Anweisung würde die Implementierung dieses Programms dann wie folgt aussehen:

1 Legen Sie ein neues Programm, *BreakDemo.java,* an und tippen Sie den Quelltext *WhileSchleife.java* ein. Vergessen Sie aber nicht, den Klassennamen in `BreakDemo` zu ändern!

```
// Quadratzahlen durch while-Schleife
import java.lang.*;
import java.io.*;
```

```
public class BreakDemo
   {
   public static void main(String[] args)
                                  throws IOException
      {
      double eingabe = 1;        // Schleifenvariable
      String eingabeString;

      BufferedReader t = new BufferedReader(
                          new InputStreamReader(System.in));

      while (eingabe != 0)
      {
      System.out.print("Bitte Zahl eingeben (0 = Ende): ");

      eingabeString = t.readLine();
      eingabe = Integer.parseInt(eingabeString);

      System.out.println("Quadrat von " + eingabe + " ist "
                             + (eingabe*eingabe));
      }
      }
   }
```

2 Verwandeln Sie die `while`-Schleife in eine Endlosschleife.

```
// Quadratzahlen durch while-Schleife
import java.lang.*;
import java.io.*;

public class BreakDemo
   {
   public static void main(String[] args)
                                  throws IOException
      {
      double eingabe = 1;        // Schleifenvariable
      String eingabeString;

      BufferedReader t = new BufferedReader(
                          new InputStreamReader(System.in));

     while (true)
      {
      System.out.print("Bitte Zahl eingeben (0 = Ende): ");

      eingabeString = t.readLine();
      eingabe = Integer.parseInt(eingabeString);

      System.out.println("Quadrat von " + eingabe + " ist "
                             + (eingabe*eingabe));
      }
      }
   }
```

Statt einer echten Schleifenbedingung geben wir in den runden Klammern hinter `while` einfach `true` ein. Der Compiler sieht sich immer nur das Ergebnis einer Bedingung an, und das kann nur einer der beiden booleschen Wahrheitswerte `true/false` sein. Durch die Angabe von `true` bewirken wir also, dass die Schleifenbedingung immer als erfüllt anerkannt wird. Die Schleife wird weiter ausgeführt.

3 Fügen Sie die `break`-Anweisung zum Beenden der Schleife ein.

```
// Quadratzahlen durch while-Schleife
import java.lang.*;
import java.io.*;

public class BreakDemo
   {
   public static void main(String[] args)
                                    throws IOException
      {
      double eingabe = 1;        // Schleifenvariable
      String eingabeString;

      BufferedReader t = new BufferedReader(
                           new InputStreamReader(System.in));

      while (true)
      {
      System.out.print("Bitte Zahl eingeben (0 = Ende): ");

      eingabeString = t.readLine();
      eingabe = Integer.parseInt(eingabeString);

      if(eingabe == 0)
          break;

      System.out.println("Quadrat von " + eingabe + " ist "
                           + (eingabe*eingabe));
      }
      }
   }
```

Nach dem Einlesen der Benutzereingabe prüfen wir in einer `if`-Bedingung, ob der Anwender eine `0` eingegeben hat.

- Hat der Anwender einen Wert ungleich `0` eingeben, wird die Schleife ganz normal weiter ausgeführt.
- Hat der Anwender `0` eingegeben, wird die `break`-Anweisung ausgeführt und die Schleife sofort verlassen.

4 Speichern Sie das Programm als *BreakDemo.java*. Kompilieren Sie das Programm und führen Sie es aus.

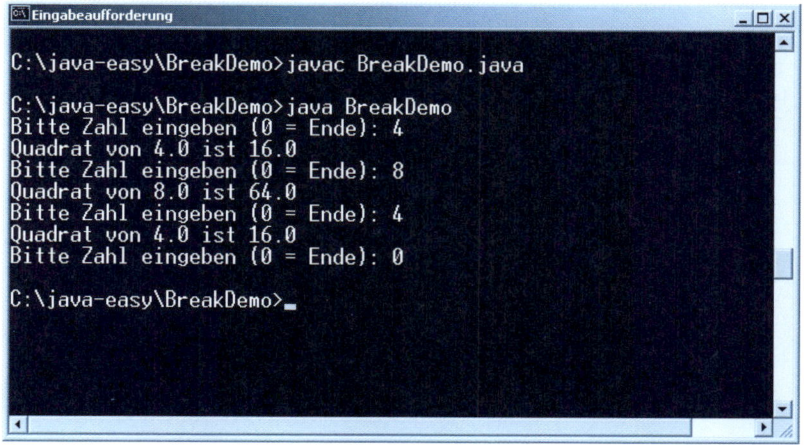

Abbildung 9.3: Ausgabe des Programms BreakDemo

Kapitel 10

Methoden – Aktivitäten bündeln

Das Konzept der Methoden ist nicht mehr ganz neu für Sie. Von verschiedenen vordefinierten Methoden wie println(), sqrt(), tan() oder auch main() haben wir bereits gehört und Gebrauch gemacht. In diesem Kapitel wollen wir unser praktisches Wissen auf eine fundierte theoretische Basis stellen. Vor allem wollen wir aber lernen, wie man eigene Methoden zur Lösung bestimmter Programmierprobleme definiert.

Methoden definieren und aufrufen

Wie Sie hoffentlich noch wissen, ist Java eine objektorientierte Programmiersprache. Die Idee dabei hatten wir schon kurz angedeutet: Es wird grundsätzlich von Daten und den damit verbundenen Aktivitäten gesprochen. Der wesentliche Mechanismus zur Umsetzung sind Klassen, auf die wir in den folgenden Kapiteln noch genauer eingehen werden. In diesem Kapitel werden wir uns auf einen wesentlichen Bestandteil – die Methoden – konzentrieren.

In einer Methode werden logisch zusammengehörende Aktivitäten (d.h. letztlich Java-Anweisungen) gebündelt. Ein gutes Beispiel ist die `println()`-Methode aus der Klasse `System.out`. Sie enthält alle Anweisungen, die notwendig sind, um einen als Parameter übergebenen String auf der Konsole anzuzeigen.

Für die Definition und den Einsatz von Methoden lassen sich viele Vorteile anführen, unter anderem:

- Ein Programm wird übersichtlicher und klarer strukturiert und dadurch auch besser lesbar und wartbar.
- Aktivitäten, die mehrmals im Programm benötigt werden, brauchen nur einmal in der Methode codiert zu werden; man erspart sich also Arbeit.

Eine Methode zu definieren bedeutet im Prinzip nichts anderes, als einen Anweisungsblock, der eine bestimmte Aufgabe erfüllt (beispielsweise einen Text ausgibt, die Wurzel einer Zahl berechnet oder sonst irgendetwas tut), mit einem Namen – dem Methodennamen – zu verbinden.

Wir wollen dies gleich an einem Beispiel verdeutlichen.

Methoden definieren

Unsere erste Methode ist bewusst einfach gehalten. Sie soll nichts anderes machen, als uns freundlich zu grüßen. Der Code, den die Methode enthalten soll, besteht daher aus einer einzelnen `println()`-Anweisung:

```
System.out.println("Hallo Programmierer!");
```

Wie wird aus dieser Anweisung eine Methode?

1 Denken Sie sich einen Namen für die Methode aus und setzen Sie hinter den Namen runde Klammern, die den Namen als Methodennamen kennzeichnen:

```
gruss()
```

Dabei muss dies innerhalb der geschweiften Klammern einer Klasse eingegeben werden, nicht außerhalb. Methoden gehören immer zu einer bestimmten Klasse!

2 Geben Sie den Datentyp des Rückgabewerts an.

```
void gruss()
```

Methoden können Ergebniswerte zurückliefern. Den Datentyp des Ergebnisses (beispielsweise `int`, `double` oder `String`) muss man vor dem Funktionsnamen angeben. Soll die Funktion wie in unserem Beispiel keinen Ergebniswert zurückliefern, gibt man statt eines Datentyps das Schlüsselwort `void` an.

WAS IST DAS

Das Schlüsselwort `void` *kann man überall dort verwenden, wo der Compiler eine Typangabe erwartet, man aber keinen Typ angeben kann oder möchte. Sie kennen dieses Schlüsselwort schon von den vielen* `main()`*-Methoden, die wir bisher aufgesetzt haben:*

```
public static void main(String[] args)
```

Das `void` *besagt also hier, dass die Methode* `main()` *kein Ergebnis zurückliefert.*

3 Stellen Sie das Schlüsselwort `static` voran, falls die Methode ohne Instanz der zugehörigen Klasse aufrufbar sein soll.

```
static void gruss()
```

WAS IST DAS

Das Schlüsselwort `static` *kann man einer Methode voranstellen, um dem Compiler zu sagen, dass diese Methode existieren soll, auch wenn die Klasse, zu der die Methode gehört, während des Programmlaufs nicht als so genannte Instanz existiert, d.h. wenn es keine Variable vom Typ dieser Klasse gibt. Im Kapitel 13 über Objektorientierung werden Sie mehr darüber erfahren und auch sehen, wann man* `static` *weglassen kann.*

Sie kennen das Schlüsselwort ebenfalls schon von den vielen `main()`-Methoden: `public static void main(String[] args)`. Die Methode muss als `static` definiert sein, da sie ja als erste Methode überhaupt beim Programmstart aufgerufen wird. Zu diesem Zeitpunkt können noch gar keine Klassenvariablen angelegt worden sein!

4 Fügen Sie nach dem Methodennamen einen Anweisungsblock hinzu.

```
static void gruss()
   {
   }
```

5 Setzen Sie den Code auf, der bei Aufruf der Methode ausgeführt werden soll.

```
static void gruss()
   {
   System.out.println("Hallo Programmierer!");
   }
```

Methoden aufrufen

Um die Methode `gruss()` aufzurufen, muss man den vollständigen Methodennamen (inklusive der runden Klammern) nur an der Stelle im Code eintippen, an der die Methode ausgeführt werden soll. Vollständiger Methodenname bedeutet dabei den Namen der Klasse, zu der die Methode gehört, gefolgt von einem Punkt und dem eigentlichen Klassenname. Schauen Sie sich `System.out.println()` an. Die Klasse ist `System.out`, und die Methode an sich heißt `println()`. Bei der Definition vorangestellte Schlüsselwörter (wie `void` oder `static`) dürfen beim Aufruf nicht mehr angegeben werden.

Eine kleine Vereinfachung ergibt sich, wenn eine Methode innerhalb der Klasse aufgerufen wird, in der sie definiert worden ist. Wenn also beispielsweise die Klasse `System.out` in ihrem Code ihre eigene `println()`-Methode aufruft, dann braucht dort nur `println()` angegeben zu werden und nicht der volle Name `System.out.println()` (was aber auch möglich ist).

1 Legen Sie ein neues Programm, *Gruss.java,* an und beginnen Sie mit dem normalen Grundgerüst:

```
// Klasse mit Gruss-Methode
public class Gruss
   {
   public static void main(String[] args)
      {
      }
   }
```

2 Definieren Sie vor oder nach der `main()`-Methode, aber innerhalb der Klasse `Gruss` eine Methode `gruss()`.

```
// Klasse mit Gruss-Methode
public class Gruss
   {
   public static void main(String[] args)
      {
      }

   void gruss()
      {
      System.out.println("Hallo Programmierer!");
      }
   }
```

3 Rufen Sie als erste Anweisung in `main()` die Methode `gruss()` auf.

```
// Klasse mit Gruss-Methode
public class Gruss
   {
   public static void main(String[] args)
      {
      gruss();
      }

   static void gruss()
      {
      System.out.println("Hallo Programmierer!");
      }
   }
```

4 Fügen Sie in `main()` dann eine beliebige `println()`-Meldung gefolgt von einem erneuten Aufruf von `gruss()` hinzu:

```
// Klasse mit Gruss-Methode
public class Gruss
   {
   public static void main(String[] args)
      {
      gruss();
      System.out.println("Gruss von main()");
      gruss();
      }

   static void gruss()
      {
      System.out.println("Hallo Programmierer!");
      }

   }
```

5 Speichern Sie das Programm als *Gruss.java*, kompilieren Sie es und führen Sie es dann aus.

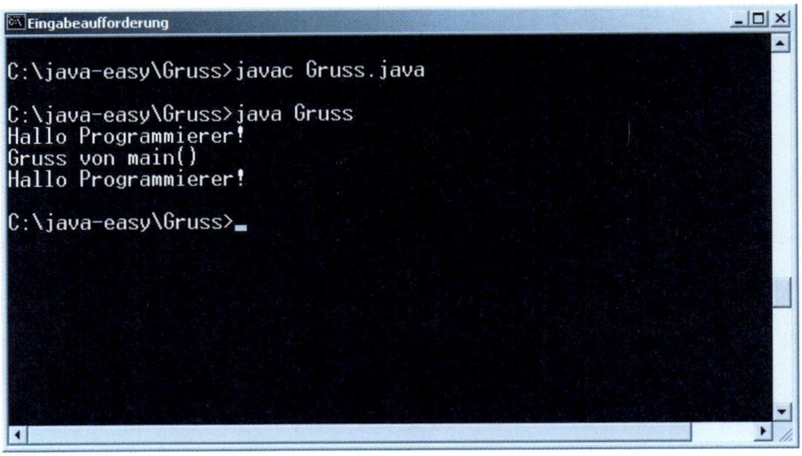

Abbildung 10.1: Ausgabe des Gruss*-Programms*

Vorteile von Methoden

Die Bündelung von logisch zusammengehörenden Anweisungen in Methoden hat mehrere Vorteile.

Ein Vorteil ist, dass der Code übersichtlicher und besser strukturiert wird. Stellen Sie sich vor, Sie müssten ein Programm schreiben, dass Messwerte aus einer Datei einliest und in Form einer Tabelle sowie eines Graphen ausgibt. Ein solches Programm kann es schnell auf einige hundert Zeilen Code bringen. Teilt man den Code in Methoden auf (eine Methode zum Einlesen der Daten, eine Methode zur Erzeugung der Tabelle und eine Methode zur Erzeugung des Graphen), bleibt das Programm übersichtlich:

```
static void daten_einlesen()
  {
  ...
  }

static void tabelle_erzeugen()
  {
  ...
  }

static void graph_erzeugen()
  {
  ...
  }
```

```
public static void main(String[] args)
  {
  daten_einlesen();
  tabelle_erzeugen();
  graph_erzeugen();
  }
```

Ein weiterer Vorteil ist, dass man Änderungen oder Fehlerkorrekturen leichter vornehmen kann. Stellen Sie sich vor, Sie wollten die Grußformel aus obigem Beispielprogramm so ändern, dass das Programm Sie mit Ihrem Namen begrüßt, beispielsweise `"Hallo Melanie!"`. Sie brauchen dazu nur den Code der Methode `gruss()` anzupassen:

```
static void gruss()
  {
  System.out.println("Hallo Melanie!");
  }
```

Hätten wir keine Methode definiert, müssten wir alle Stellen im Code durchgehen, an denen der Gruß ausgegeben wird, und jedes Mal die Grußformel ändern – ein mühseliges und fehleranfälliges Verfahren.

Schließlich kann man einmal definierte Methoden, die von allgemeinem Interesse sind, ohne große Mühe auch in anderen Programmen verwenden. Wir haben das ja schon intensiv mit der Methode `println()` der Klasse `System.out` gemacht!

Parameter an Methoden übergeben

Unsere in obigem Abschnitt definierte Methode `gruss()` ist extrem unkommunikativ, denn sie erlaubt keinen Datenaustausch zwischen sich und dem aufrufenden Code. Viele Methoden werden aber erst dadurch wirklich wertvoll, dass sie vom Aufrufer zu verarbeitende Daten übernehmen und unter Umständen sogar Ergebniswerte zurückliefern. Wir kennen dieses Verhalten bereits von den in den verschiedenen Packages definierten Methoden wie `println()`, `sqrt()`, `tan()` usw.

Parameter und Argumente

Soll eine Methode beim Aufruf einen Wert übernehmen, muss man in der Methodendefinition in den runden Klammern eine Variable für diesen Wert angeben.

WAS IST DAS

Die in den runden Klammern definierten Variablen nennt man Parameter der Methode. Sie sind nur innerhalb der Methode gültig. Die Werte, die beim konkreten Aufruf der Methode an diese Parameter übergeben werden, bezeichnet man als Argumente. (Es gibt aber auch viele Programmierer und Buchautoren, die in beiden Fällen von Parametern sprechen.)

Betrachten wir noch einmal unsere Gruß-Funktion.

```
static void gruss()
  {
  System.out.println("Hallo Programmierer!");
  }
```

Diese Methode wäre wesentlich vielseitiger, wenn man den Namen desjenigen, den man grüßen will, als Argument an die Funktion übergeben könnte. Das wollen wir gleich mal machen.

1 Definieren Sie für die Methode einen Parameter vom Typ `String`.

```
static void gruss(String name)
  {
  System.out.println("Hallo Programmierer!");
  }
```

2 Verwenden Sie den Parameter im Anweisungsblock der Methode.

```
static void gruss(String name)
  {
  System.out.println("Hallo " + name);
 }
```

3 Rufen Sie die Methode mit einem Argument auf.

```
public static void main(String[] args)
  {
  ...
  gruss("Dirk");
  ...
  gruss("Melanie");
  ...
```

Wichtig ist, dass der Typ des Arguments zum Typ des Parameters passt.

HINWEIS

Als Argumente kann man beim Aufruf einer Methode Konstanten oder Variablen übergeben. Wenn Sie Variablen übergeben, stellt sich die Frage, wie die Variable an die Methode übergeben wird.

- *Eine Möglichkeit wäre, dass die Variable selbst an die Methode weitergereicht wird. Parameter und Variable wären dann identisch und die Funktion könnte den Wert der Variablen über den Parameter ändern. Man bezeichnet dies als* call by reference.
- *Die andere Möglichkeit ist, dass der Parameter mit einer Kopie des Arguments initialisiert wird. Das heißt, beim Aufruf wird der Wert der übergebenen Variablen in den Parameter kopiert. Wenn dem Parameter später in der Methode ein neuer Wert zugewiesen wird, ändert sich nur der Wert des Parameters, nicht der Wert der Variablen, die im Aufruf angegeben wurde. Dieses Verfahren bezeichnet man als* call by value.

In Java werden alle Variablen stets als call by value *übergeben.*

Damit können wir den Methodenkopf der `main()`-Methode weiter entzaubern:

```
public static void main(String[] args)
```

`main()` erwartet anscheinend beim Aufruf auch einen Parameter, der mit `String` zu tun hat. Auf die `[]` gehen wir im weiteren Verlauf des Buchs noch ein. Sie besagen, dass ein so genanntes *Feld von Strings* übergeben wird.

Da `main()` aber nicht innerhalb unseres Java-Programms aufgerufen wird, sondern von der Java-Laufzeitumgebung, brauchen wir uns um diese Parameter nicht zu kümmern.

Mehrere Parameter

Eine Methode kann auch mehrere Parameter übernehmen. Die Parameter können verschiedene Datentypen haben und werden innerhalb der runden Klammern nacheinander aufgelistet (jeweils Datentyp und Name) und durch Kommata getrennt.

```
static void demo(String par1, int par2, int par3)
  {
  hier die Anweisung(en);
  }
```

Beim Aufruf der Methode werden den Parametern die passenden Argumente übergeben: ebenfalls durch Kommata getrennt und in der gleichen Reihenfolge.

```
demo("Text", 12, 4940);
```

Hierbei ist wichtig, dass die Reihenfolge der Argumente und ihre Datentypen der Methodendefinition entsprechen! Sie können also nicht

```
demo(12, 4940,"Text");
```

aufrufen. Dann wird sich der Compiler bitter beklagen!

Werte aus Methoden zurückliefern

So einfach die Übergabe von Werten an eine Methode ist, so einfach ist auch das Zurückliefern eines Werts aus der Methode.

Betrachten Sie zum Beispiel folgende Methode, die das Quadrat des ihr übergebenen Arguments berechnet und ausgibt.

```
static void quadrat (int zahl);
   {
   int ergebnis;
   ergebnis = zahl * zahl;

   System.out.println(ergebnis);
   }
```

Aufruf:

```
int wert = 12;
quadrat(wert);       // Ausgabe: 144
```

Statt das berechnete Ergebnis auf die Konsole auszugeben, soll die Methode nun so umgeschrieben werden, dass sie das Ergebnis an den Aufrufer zurückliefert.

1 Geben Sie in der Methodendefinition den Datentyp des Ergebniswerts an. Da wir einen `int`-Wert zurückliefern, ersetzen wir die Typangabe `void` durch `int`.

```
static int quadrat (int zahl);
   {
   int ergebnis;
   ergebnis = zahl * zahl;

   System.out.println(ergebnis);
   }
```

2 Liefern Sie den Ergebniswert am Ende des Anweisungsblocks der Methode mit Hilfe des `return`-Schlüsselworts an den Aufrufer zurück.

```
static int quadrat (int zahl);
  {
  int ergebnis;
  ergebnis = zahl * zahl;

  return ergebnis;
  }
```

Die Ausgabeanweisung haben wir aus der Methode entfernt. Die aufrufende Programmstelle (also z.B. die `main()`-Methode) muss sich um die Weiterverarbeitung kümmern.

3 Nehmen Sie beim Aufruf der Methode den Ergebniswert entgegen.

```
int wert = 12;
int resultat;

resultat = quadrat(wert);
```

4 Geben Sie das Ergebnis aus.

```
int wert = 12;
int resultat;

resultat = quadrat(wert);

System.out.println(ergebnis);
```

Mehrere return-Anweisungen

Eine Methode kann immer nur einen Wert als Ergebniswert zurückliefern. Dies bedeutet aber nicht, dass sie nur eine `return`-Anweisung enthalten kann. Es können durchaus mehrere sein – beispielsweise um in Abhängigkeit von einer `if`-Bedingung verschiedene Ergebniswerte zurückzuliefern.

```
boolean demo()
  {
  ...
  if(Bedingung)
    {
     ...
     return true;
    }
    else
    {
     ...
     return false;
    }
  }
```

ACHTUNG

Beachten Sie, dass die Ausführung einer `return`*-Anweisung nicht nur dazu führt, dass der Ergebniswert zurückgeliefert wird. Die* `return`*-Anweisung beendet auch die Methode. Wenn man mehrere* `return`*-Anweisungen in eine Methode einbaut, schafft man also auch verschiedene Wege, wie die Methode verlassen werden kann. (Ähnlich wie man mit Hilfe von* `break` *mehrere Austrittspunkte für Schleifen schaffen kann.)*

Modularisierung durch Methoden

Um ein wenig mehr Übung im Umgang mit Methoden zu bekommen, greifen wir noch einmal den Code aus *Fahrenheit3.java* aus Kapitel 7 auf und versuchen, das Programm so umzuprogrammieren, dass die Umrechnung von Fahrenheit in Celsius mit Hilfe einer eigenen Methode erfolgt.

1 Legen Sie ein neues Programm, *Fahrenheit4.java,* an und tippen Sie den Code aus *Fahrenheit3.java* ein. Ändern Sie den Klassennamen in `Fahrenheit4`.

```
// Fahrenheit-Umrechnung 4. Version
import java.lang.*;
import java.io.*;

public class Fahrenheit4
   {
   public static void main(String[] args)
                                 throws IOException
      {
      double fahrenheit;
      double celsius;

      System.out.print("Temperatur in Fahrenheit: ");

      // Verbindung zur Tastatur
      BufferedReader t = new BufferedReader(
                           new InputStreamReader(System.in));
      String eingabe = t.readLine();

      fahrenheit = Double.parseDouble(eingabe);

      celsius = (fahrenheit - 32) * 5.0 / 9.0;

      int temp = (int) (celsius * 100.0);

      celsius = temp / 100.0;
```

```
        System.out.println(fahrenheit +
                           " Grad Fahrenheit entsprechen ");
        System.out.println( celsius + " Grad Celsius");
        }
    }
```

2 Definieren Sie vor der `main()`-Methode eine neue Methode, `Celsius()`, die einen `double`-Parameter zur Übernahme des Fahrenheit-Werts übernimmt und den berechneten Celsius-Wert als `double`-Wert zurückliefert.

```
// Fahrenheit-Umrechnung 4. Version

import java.lang.*;
import java.io.*;

public class Fahrenheit4
    {
    static double Celsius(double fahrenheit)
        {
        }

  public static void main(String[] args)
                                         throws IOException
        {
        double fahrenheit;
        double celsius;

        System.out.print("Temperatur in Fahrenheit: ");

        // Verbindung zur Tastatur
        BufferedReader t = new BufferedReader(
                           new InputStreamReader(System.in));
        String eingabe = t.readLine();

        fahrenheit = Double.parseDouble(eingabe);

        celsius = (fahrenheit - 32) * 5.0 / 9.0;

        int temp = (int) (celsius * 100.0);

        celsius = temp / 100.0;

        System.out.println(fahrenheit +
                           " Grad Fahrenheit entsprechen ");
        System.out.println( celsius + " Grad Celsius");
        }
    }
```

3 Lagern Sie den Code zur Berechnung des Celsius-Werts von der `main()`-Funktion nach `Celsius()` aus und liefern Sie den berechneten Celsius-Wert zurück.

```
// Fahrenheit-Umrechnung 4. Version
import java.lang.*;
import java.io.*;

public class Fahrenheit4
   {
   static double Celsius(double fahrenheit)
      {

      double celsius = (fahrenheit - 32) * 5.0 / 9.0;

      int temp = (int) (celsius * 100.0);
      celsius = temp / 100.0;

      return celsius;

      }

 public static void main(String[] args)
                                   throws IOException

      {
      double fahrenheit;

      System.out.print("Temperatur in Fahrenheit: ");

      // Verbindung zur Tastatur
      BufferedReader t = new BufferedReader(
                         new InputStreamReader(System.in));

      String eingabe = t.readLine();

      fahrenheit = Double.parseDouble(eingabe);


      System.out.println(fahrenheit +
                         " Grad Fahrenheit entsprechen ");

      System.out.println( celsius + " Grad Celsius");
      }
   }
```

4 Rufen Sie die Methode `Celsius()` in `main()` auf.

```
// Fahrenheit-Umrechnung 4. Version
import java.lang.*;
import java.io.*;
public class Fahrenheit4
   {
   static double Celsius(double fahrenheit)
      {
      double celsius = (fahrenheit - 32) * 5.0 / 9.0;

      int temp = (int) (celsius * 100.0);
      celsius = temp / 100.0;

      return celsius;
      }

 public static void main(String[] args)
                                   throws IOException
      {
      double fahrenheit;
      double celsius;

      System.out.print("Temperatur in Fahrenheit: ");

      // Verbindung zur Tastatur
      BufferedReader t = new BufferedReader(
                         new InputStreamReader(System.in));
      String eingabe = t.readLine();

      fahrenheit = Double.parseDouble(eingabe);
      celsius = Celsius(fahrenheit);
      System.out.println(fahrenheit +
                         " Grad Fahrenheit entsprechen ");
      System.out.println( celsius + " Grad Celsius");
      }
   }
```

HINWEIS

Methoden, die einen Wert zurückliefern, kann man wie Variablen in Ausdrücke einbauen. Wir hätten uns oben also auch innerhalb von `main()` *die Variable* `celsius` *sparen und in* `println()` *den Methodenaufruf von* `Celsius()` *direkt einfügen können:*

```
System.out.println(fahrenheit +
                   " Grad Fahrenheit entsprechen ");

System.out.println( Celsius(fahrenheit) +
                   " Grad Celsius");
```

5 Speichern Sie das Programm als *Fahrenheit4.java* ab. Kompilieren Sie es und führen Sie es aus.

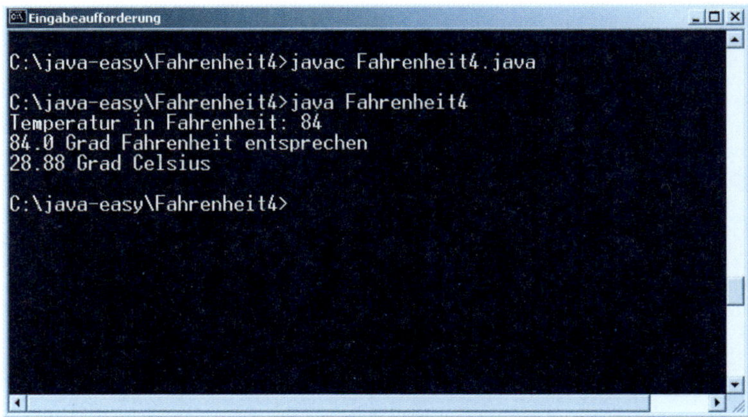

Abbildung 10.2: Ausgabe des Fahrenheit4*-Programms*

Geltungsbereich von Variablen

Vielleicht haben Sie sich im vorigen Beispiel gefragt, ob es denn keine Probleme gibt mit dem Umstand, dass die Variablen `fahrenheit` und `celsius` zweimal vorkommen: Einmal sind sie in `main()` definiert worden, zum anderen in der Methode `Celsius()` (wobei in `Celsius()` die Variable `celsius` eine normale Variable und die Variable `fahrenheit` eine Parametervariable ist).

Wenn Sie das Programm kompiliert und ausgeführt haben, wissen Sie ja schon, dass dies offensichtlich keine Probleme bereitet. Der Grund liegt darin, dass Variablen immer nur in der Methode gültig sind, in der sie definiert worden sind. Man nennt so etwas auch *lokale Variablen*. Außerhalb ihrer Methode ist eine lokale Variable nicht sichtbar und kann daher auch nicht verwendet werden. Umgekehrt bedeutet dies, dass etwaige Namensgleichheiten nicht stören nach dem Motto: »Was ich nicht weiß, macht mich nicht heiß.« Analoges gilt auch für die Parameter einer Methode (die man im Prinzip als lokale Variablen der jeweiligen Methode auffassen kann).

Daneben gibt es noch Variablen, die außerhalb einer Methode (also auch insbesondere außerhalb der `main()`-Methode) definiert werden. Solche Variablen heißen Klassen- oder Instanzvariablen[1]. Sie sind in der Regel klassen-

1. Zwischen den beiden Begriffen gibt es feine Unterschiede, die wir uns im Rahmen dieses Buchs aber ersparen.

weit gültig und sichtbar und können von jeder Methode der Klasse verwendet werden. Wir werden in Kapitel 13 noch näher darauf eingehen.

TIPP

Vielleicht sind Sie an dieser Stelle in Versuchung, in Zukunft einfach alle Variablen außerhalb der Methoden als Klassenvariablen zu vereinbaren. Ist doch recht praktisch: alle Variablen an einer Stelle, oder? Und man bräuchte auch nicht mehr Daten zwischen Methoden umständlich über Parameter auszutauschen, da alle mit den gleichen Variablen arbeiten könnten.

Aber bitte glauben Sie uns: Es macht Ihre Programme sehr fehleranfällig und schlecht lesbar und ist nur für ganz, ganz kleine und einfache Programme akzeptabel (wenn überhaupt). Aber Sie wollen hier doch guten Java-Stil erlernen und werden daher vorbildlich programmieren und dazu hoffentlich ausgiebig Gebrauch von Methoden, Parametern und lokalen Variablen machen.

Allgemeine Syntax von Methoden

Zum Abschluss noch einmal die allgemeine Syntax einer Methodendefinition:

```
static rückgabetyp funktionsname (parameterliste)
  {
  anweisung(en);
  }
```

Kapitel 11

Arrays – 1000 Daten gleichzeitig bearbeiten

Bisher haben wir stets nur einzelne Daten verarbeitet: einzelne Integer-Werte, Gleitkommazahlen oder Strings. Was aber soll man tun, wenn man in einem Programm hundert oder gar tausend Werte gleichzeitig bearbeiten muss. Muss man dann tatsächlich hundert oder tausend Variablen explizit deklarieren und bearbeiten? Zum Glück nicht, denn für die Bearbeitung größerer Sammlungen von Daten eines gemeinsamen Datentyps kann man auf das Konzept der Arrays zurückgreifen.

Arrays deklarieren

Arrays – auch Felder genannt – sind Datenstrukturen, die vom Programmierer selbst definiert werden und in denen man mehrere Variablen des gleichen Datentyps ablegen kann. Nehmen Sie beispielsweise an, Sie benötigten 100 Integer-Variablen, um 100 Messwerte abzuspeichern. Hundert Integer-Variablen explizit zu deklarieren, wäre eine ebenso mühselige wie stupide Aufgabe:

```
int i1;
int i2;
...
```

Arrays ermöglichen Ihnen, eine (nahezu) beliebige Zahl von Variablen gleichen Datentyps en bloc zu definieren. Schauen wir uns gleich an, wie das gemacht wird:

1 Legen Sie ein neues Programm, *Mittelwert.java,* an und beginnen Sie mit dem folgenden Grundgerüst:

```
// Mittelwertberechnung
import java.lang.*;
import java.io.*;

public class Mittelwert
   {
   public static void main(String[] args)
                                    throws IOException
      {

      }
   }
```

Als Nächstes deklarieren wir ein Array für `double`-Werte.

2 Geben Sie den Datentyp und Namen des Arrays an.

```
// Mittelwertberechnung
import java.lang.*;
import java.io.*;

public class Mittelwert
   {
   public static void main(String[] args)
                                    throws IOException
      {
      double[] messwerte;
      }
   }
```

Die Deklaration eines Arrays besteht aus dem Datentyp, gefolgt von [] und dem Namen des Arrays. Die eckigen Klammern sagen dem Compiler, dass es sich um ein Array handeln wird und nicht um eine einzelne double-Variable.

Mit diesem Schritt ist dem Array aber noch kein Speicher zugewiesen worden (im Gegensatz zur normalen Variablendeklaration), d.h. das Array ist noch nicht »betriebsbereit«.

3 Weisen Sie dem Array Speicher zu.

```
// Mittelwertberechnung
import java.lang.*;
import java.io.*;

public class Mittelwert
   {
   public static void main(String[] args)
                                  throws IOException
      {
      double[] messwerte;

      messwerte = new double[10];
      }
   }
```

Die Anzahl der Elemente im Array wird dem Compiler bekannt gemacht, indem der Array-Variablen ein Ausdruck der Form

```
new Datentyp [Anzahl]
```

zugewiesen wird. Im Beispiel haben wir den Datentyp double, und die Anzahl ist 10.

Beim Schlüsselwort new handelt es sich um einen speziellen Operator , den wir noch einmal beim Kreieren von Klasseninstanzen in Kapitel 12 treffen werden.

Auf Array-Elemente zugreifen

Die Elemente eines Arrays werden im Speicher hintereinander als Block abgelegt. Dies ermöglicht es dem Programmierer, die einzelnen Elemente im Array über ihre Position im Array zu identifizieren. Die Position wird dabei als Index in eckigen Klammern an den Array-Namen angehängt. Beachten Sie aber, dass die Nummerierung der Elemente im Array mit 0 beginnt, das erste Element im Array also den Index 0 hat.

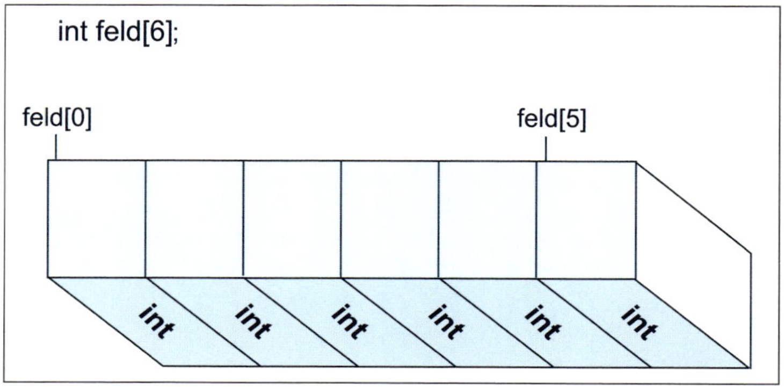

Abbildung 11.1: Ein `int`*-Array im Speicher*

Zur Verdeutlichung werden wir nun dem ersten Element im Array `messwerte` einen Wert zuweisen.

4 Lesen Sie über die Tastatur einen Wert ein.

```
// Mittelwertberechnung

import java.lang.*;
import java.io.*;

public class Mittelwert
   {
   public static void main(String[] args)
                                 throws IOException
      {
      double[] messwerte;
      messwerte = new double[10];

      BufferedReader t = new BufferedReader(
                 new InputStreamReader(System.in));

      String eingabe;
      int temp;

      System.out.print("Messwert: ");

      eingabe = t.readLine();
      temp = Integer.parseInt(eingabe);

      }
   }
```

Die hierzu notwendigen Schritte sind Ihnen ja mittlerweile bestens vertraut.

5 Weisen Sie den eingelesenen Wert dem ersten Element im Array zu.

```
// Mittelwertberechnung

import java.lang.*;
import java.io.*;

public class Mittelwert
   {
   public static void main(String[] args)
                                 throws IOException
      {
      double[] messwerte;
      messwerte = new double[10];
      BufferedReader t = new BufferedReader(
                 new InputStreamReader(System.in));

      String eingabe;
      int temp;

      System.out.print("Messwert: ");
      eingabe = t.readLine();
      temp = Integer.parseInt(eingabe);

      messwerte[0] = temp;

      }
   }
```

Der Zugriff auf ein Element im Array sieht ähnlich aus wie die Deklaration des Arrays, nur dass man die eckigen Klammern nicht leer lässt, sondern den Index des anzusprechenden Elements angibt.

> **ACHTUNG**
>
> *Das erste Element im Array hat den Index 0! Der letzte Index ist die Anzahl der Elemente im Array minus 1.*

Arrays in Schleifen durchlaufen

Mit Hilfe von Schleifen kann man bequem beliebig große Arrays Element für Element durchlaufen und bearbeiten. Die Schleifenvariable wird dabei meist als Index für den Zugriff auf die Elemente verwendet.

Wir nutzen dies nun zum Initialisieren unseres Arrays.

6 Erstellen Sie eine `for`-Schleife, die von 0 bis 9 läuft.

```
// Mittelwertberechnung
import java.lang.*;
import java.io.*;

public class Mittelwert
   {
   public static void main(String[] args)
                                  throws IOException
      {
      double[] messwerte;
      messwerte = new double[10];
      BufferedReader t = new BufferedReader(
                 new InputStreamReader(System.in));
      String eingabe;
      int temp,loop;

      System.out.print("Messwert: ");
      eingabe = t.readLine();
      temp = Integer.parseInt(eingabe);

      for(loop = 0; loop <= 9; ++loop)
       {
       }
      }
   }
```

Bitte merken: Bei einem Array mit zehn Elementen läuft der Index von 0 bis 9!

ACHTUNG

Das letzte Element eines Arrays mit n Elementen hat den Index n-1! Zugriffe über n-1 hinaus führen zum Programmabbruch durch die Java-Laufzeitumgebung.

HINWEIS

Wenn die Anzahl der Elemente eines Arrays nicht bekannt ist, hilft Ihnen `length` *weiter; jedes Array besitzt diese Variable, welche die Anzahl der Einträge gespeichert hat. Der Zugriff erfolgt über den Punktoperator, z.B.* `int anzahl = messwerte.length;`

7 Verschieben Sie die Anweisungen zum Einlesen eines Wertes von der Tastatur in das Schleifeninnere.

```
// Mittelwertberechnung
import java.lang.*;
import java.io.*;

public class Mittelwert
   {
   public static void main(String[] args)
                                 throws IOException
      {
      double[] messwerte;

      messwerte = new double[10];
      BufferedReader t = new BufferedReader(
                 new InputStreamReader(System.in));
      String eingabe;
      int temp,loop;


      for(loop = 0; loop <= 9; ++loop)
       {
       System.out.print("Messwert: ");
       eingabe = t.readLine();
       temp = Integer.parseInt(eingabe);
       }
     }
   }
```

8 Weisen Sie die eingelesenen Werte nacheinander den Array-Elementen zu.

```
// Mittelwertberechnung
import java.lang.*;
import java.io.*;

public class Mittelwert
   {
   public static void main(String[] args)
                                 throws IOException
      {
      double[] messwerte;
      messwerte = new double[10];
      BufferedReader t = new BufferedReader(
                 new InputStreamReader(System.in));
      String eingabe;
      int temp,loop;

      for(loop = 0; loop <= 9; ++loop)
       {
       System.out.print("Messwert: ");
       eingabe = t.readLine();
       temp = Integer.parseInt(eingabe);
```

```
        messwerte[loop] = temp;
        }
      }
   }
```

Um automatisch mit jedem neuen Schleifendurchgang auf das nächste Element im Array zuzugreifen, verwendet man die Schleifenvariable `loop` einfach als Index.

9 Berechnen Sie in einer zweiten Schleife den Mittelwert der Werte im Array und geben Sie ihn aus.

```
// Mittelwertberechnung
import java.lang.*;
import java.io.*;

public class Mittelwert
   {
   public static void main(String[] args)
                                 throws IOException
      {
      double[] messwerte;
      messwerte = new double[10];
      BufferedReader t = new BufferedReader(
                 new InputStreamReader(System.in));
      String eingabe;
      int temp,loop;

      for(loop = 0; loop <= 9; ++loop)
       {
       System.out.print("Messwert: ");

       eingabe = t.readLine();
       temp = Integer.parseInt(eingabe);

       messwerte[loop] = temp;
       }

       double mittelwert = 0;

       for(loop = 0; loop <= 9; ++loop)
        {
        mittelwert += messwerte[loop];
        }

      mittelwert = mittelwert / 10.0;
      System.out.println("Mittelwert = " +
                                mittelwert);
      }
   }
```

Den Mittelwert berechnen wir mit Hilfe einer gleichnamigen `double`-Variablen, die wir vorab deklarieren und mit dem Wert `0` initialisieren.

In einer Schleife zum Einlesen addieren wir die Array-Werte nacheinander zu dem jeweils letzten Wert der Variablen `mittelwert`.

Zum Schluss wird der Mittelwert (Summe der Werte / Anzahl der Werte) ausgegeben.

10 Speichern Sie das Programm als *Mittelwert.java*. Kompilieren Sie und führen Sie es aus.

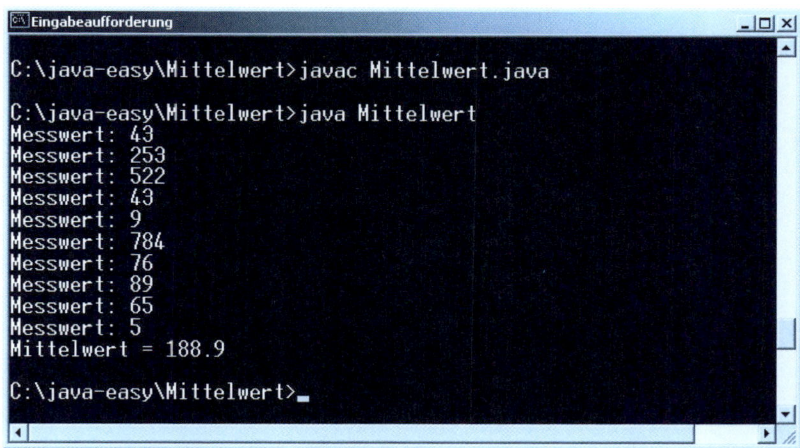

Abbildung 11.2: Ausgabe des Mittelwert-*Programms*

Kapitel 12

Die objektorientierte Revolution

»Objektorientierte Programmierung« ist eines der großen Schlagwörter, das die Programmierszene der letzten Jahre weltweit geprägt hat. Dabei geht es darum, die Welt als eine Sammlung von Objekten zu sehen und diese Sicht auch in einer Programmiersprache widerzuspiegeln. In diesem Kapitel werden wir die Grundidee erkunden.

Objektorientiert denken

Die Techniken der objektorientierten Programmierung zielen vor allem darauf ab, Quellcode übersichtlicher, modularer und dadurch auch sicherer und besser wiederverwertbar zu machen. Der Trick, den die objektorientierte Programmierung dazu anwendet, besteht darin, zusammengehörende Daten und Aktivitäten (also Methoden), die auf diesen Daten operieren, in Objekten zu kapseln.

Nehmen wir an, Sie schreiben ein Programm zur Verwaltung eines Bankkontos. Zu dem Bankkonto gehören verschiedene Daten:

- Name des Inhabers
- Kontonummer
- Kontostand
- Kreditvolumen

Des Weiteren gibt es verschiedene Operationen, die auf dem Bankkonto ausgeführt werden:

- Abfragen des Kontostandes
- Einzahlen
- Abheben

Ohne objektorientierte Konzepte wird das Bankkonto in Ihrem Programm durch eine Sammlung von einzelnen Variablen (für die Daten) und Methoden (für die Operationen auf den Daten) repräsentiert. Die Beziehung zwischen diesen Daten und Methoden wird vor allem in Ihrem Kopf hergestellt. Es bleibt aber das Problem, dass Sie die Übersicht darüber behalten müssen, welche Methoden auf welche Daten in welcher Reihenfolge angewendet werden dürfen. In einem Programm, das lediglich zur Verwaltung eines Bankkontos geschrieben wurde, mag das dem Programmierer keine großen Schwierigkeiten bereiten. Nehmen wir aber einmal an, es handle sich um ein größeres Programm, das für eine Bank erstellt wurde und das nicht nur ein einzelnes Konto verwaltet, sondern alle Konten der Kunden plus Kundendaten, vorgenommene Buchungen, vergebene Kredite etc. Zum Schluss enden Sie mit einem Wust an Daten und Methoden, und Ihre Aufgabe ist es, im Kopf zu behalten, wann Sie welche Methoden für welche Daten aufrufen können.

Hier setzt die objektorientierte Programmierung an. Kunden, Konten, Buchungen und Kredite betrachtet sie als Objekte. Jedes dieser Objekte verfügt über eigene Variablen und Methoden. Objekte, die die gleichen Variablen und Methoden beinhalten (beispielsweise alle Konten), gehören einer gemeinsamen Klasse an (nämlich der Klasse der Konten).

Für den Programmierer hat dies den Vorteil, dass er in Objekten statt in einzelnen Daten und Funktionen denken kann. Wenn er den Kontostand eines bestimmten Kontos erhöhen will, muss er nicht überlegen, wie die Variable heißt, in der der Kontostand zu dem betreffenden Konto abgelegt ist, oder welche Methode die richtige zum Einzahlen ist. Er ruft einfach die Einzahlen-Methode des Konto-Objekts auf.

Die Kapselung von Daten und Methoden in Klassen ist die Grundlage der objektorientierten Programmierung, auf der weitere Konzepte (Schutzmechanismen für Klassen, Vererbung, Polymorphismus etc.) aufbauen. Alle diese Konzepte zielen darauf ab, den Quellcode besser zu organisieren, um die Erstellung des Codes sowie seine Wartung und eventuelle Wiederverwertung zu erleichtern. Es liegt auf der Hand, und das obige Beispiel dürfte dies auch deutlich gemacht haben, dass diese Konzepte sich als umso segensreicher erweisen, je umfangreicher der Code ist und je mehr verschiedenartige Daten in dem Code verarbeitet werden.

Die Klasse als Grundlage

Die gesamte objektorientierte Programmierung fußt auf dem Konzept der Klasse – einem Konzept, dem man sich auf zwei verschiedenen Wegen nähern kann:

- über die »Philosophie« der objektorientierten Programmierung
- über die Betrachtung der Klasse als neuen Datentyp

Bei der Programmierung müssen Sie stets beide Aspekte im Hinterkopf haben. In der Planungsphase, in der Sie Ihre Programme konzipieren und Ideen ausarbeiten, wenden Sie vor allem die objektorientierte Sichtweise an. Später, beim Aufsetzen des Quelltextes, betrachten Sie Ihre Klassen eher als reine Datentypen.

Ein kleines Beispiel soll dies verdeutlichen.

Planung und Umsetzung eines Programms zur Vektorrechnung

Nehmen wir an, Sie sollen ein Programm schreiben, mit dem man zweidimensionale Vektoren addieren kann. Wie gehen Sie dazu vor?

1 Identifizieren Sie die Klassen und Objekte, die das Programm bearbeiten soll.

Klassen und Objekte

Die Beziehung zwischen Klasse und Objekt sollte ganz klar sein.

Im objektorientierten Denkmodell ist ein Objekt ein reales Ding, beispielsweise Sie selbst, Ihr Nachbar, der Bleistift, der neben Ihnen liegt, oder die Bäume, die Sie sehen, wenn Sie aus dem Fenster schauen. Einerseits ist jedes dieser Objekte für sich genommen einzigartig, andererseits gibt es zu jedem dieser Objekte auch gleichartige Objekte. Wenn Sie beispielsweise in ein Schreibwarengeschäft gehen, um einen Buntstift zu kaufen, finden Sie dort rote, blaue, grüne und gelbe, dicke und dünne, billige und teure Buntstifte.

Zur Bezeichnung gleichartiger Objekte verwenden wir in der Sprache Oberbegriffe; »Buntstift« ist beispielsweise ein solcher Oberbegriff. Er weckt in uns die Vorstellung von einem langen, dünnen Schreibgerät aus Holz, das eine bestimmte Farbe und eine bestimmte Dicke hat, das man anspitzen und mit dem man malen kann. Beachten Sie, dass der Oberbegriff »Buntstift« nichts über die genaue Farbe oder Dicke aussagt, er legt nur fest, dass die Objekte, die wir als Buntstifte ansehen, eine Farbe und eine Dicke haben. Welche Farbe und welche Dicke ein Buntstift-Objekt hat, ist seine Sache.

Was in der Sprache die Oberbegriffe sind, sind in der objektorientierten Programmierung die Klassen. Auch Klassen sind allgemeine Beschreibungen für eine Gruppe gleichartiger Objekte. Während wir in der Sprache Oberbegriffe jedoch meist nur dazu verwenden, die Objekte, denen wir täglich begegnen, zu beschreiben und zu klassifizieren, erfüllen die Klassen in der objektorientierten Programmierung zwei Aufgaben:

- Sie beschreiben die Dinge, die wir in dem Programm verwenden wollen.
- Sie dienen als Vorlage oder Gussform, aus der wir die Objekte, mit denen wir arbeiten wollen, erst erzeugen.

In dem geforderten Programm zur Vektoraddition haben wir es nur mit einer einzigen Klasse von Objekten zu tun: den zweidimensionalen Vektoren.

2 Legen Sie die Eigenschaften und Verhaltensweisen der Objekte fest.

Im zweidimensionalen Raum sind Vektoren durch einen x- und einen y-Wert definiert. Man könnte einen Vektor also auch als einen Pfeil sehen, der vom Ursprung des Koordinatensystems zu einem Punkt (x, y) zeigt.

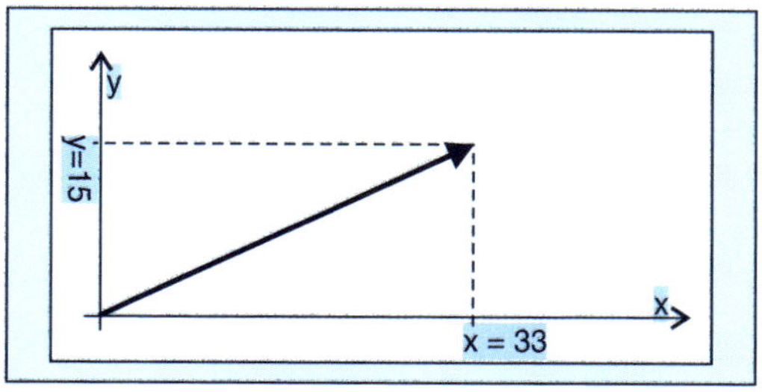

Abbildung 12.1: Vektor als zweidimensionale Koordinate

Jeder Vektor verfügt demnach zumindest über zwei Eigenschaften: einer x- und einer y-Koordinate. Wir könnten noch weitere Eigenschaften aufnehmen, beispielsweise die Länge des Vektors, doch im Moment reichen uns die x- und die y-Koordinate.

Die Verhaltensweisen der Vektoren sind die Operationen, die wir darauf ausführen wollen. Für unser Programm benötigen wir lediglich eine Operation zum Addieren der Vektoren.

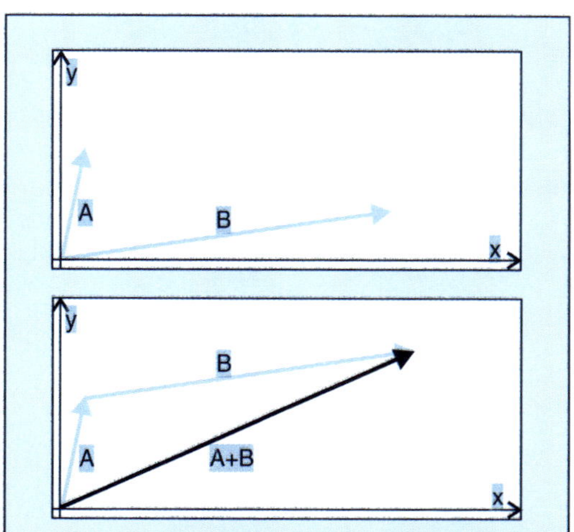

Abbildung 12.2: Vektoraddition

Weitere Verhaltensweisen, die uns hier aber nicht interessieren, wären: Subtraktion, Berechnung des Skalarprodukts, Berechnung des Vektorprodukts, Berechnung der Länge.

WAS IST DAS

Klassen *beschreiben ihre Objekte mit Hilfe von* Eigenschaften *und* Verhaltensweisen.

Die Eigenschaften *einer Klasse* `Buntstifte` *wären beispielsweise die Farbe und die Dicke. Die* Verhaltensweisen *sind die Tätigkeiten, die die Objekte der Klasse ausführen können, beziehungsweise die Operationen, die wir beim Programmieren auf die Objekte der Klasse anwenden wollen.*

Natürlich verfügen reale Objekte meist über so viele Eigenschaften und Verhaltensweisen, dass wir diese unmöglich alle in einer Klassendefinition nachbilden können. Es gilt also, die Eigenschaften und Verhaltensweisen auszuwählen, die für die Programmierung mit den Objekten der Klasse interessant sind.

3 Verwandeln Sie die allgemeine Beschreibung der Klasse `Vektor` in eine Java-Klassendefinition.

Für einen Anfänger, der noch nie eine eigene Klasse definiert hat, ist dies natürlich nicht ganz einfach. Aus den bisherigen Kapiteln wissen Sie zwar schon, dass es dafür das Schlüsselwort `class` gibt, aber wie es genau eingesetzt werden muss, hatten wir noch nicht besprochen. Schließlich gab es genügend andere Dinge zu lernen! Wir begnügen uns daher an dieser Stelle mit einer *Skizze* der Klasse `Vektor`. Die genaue Syntax dieser Klassendefinition soll uns hier (noch) nicht interessieren; es geht uns im Moment nur um das grundlegende Prinzip und um die Frage, wie Eigenschaften und Verhaltensweisen in die Klassendefinition einfließen.

```
class Vektor
  {
  // Die Eigenschaften
  int x;
  int y;

  // Die Verhaltensweisen
  void addieren(vektor v);
    {
    x += v.x;
    y += v.y;
    }
  }
```

Wie Sie sehen, werden die Eigenschaften als Variablen und die Verhaltensweisen als Methoden in der Klasse definiert.

WAS IST DAS

Für Variablen, die in Klassen definiert werden, gibt es spezielle Bezeichnungen.

Variablen, die in Klassen definiert sind (und nicht innerhalb einer Methode einer Klasse), bezeichnet man als Instanzvariablen. *Der Name rührt daher, dass es auch für Variablen, die vom Typ einer Klasse deklariert werden, eine eigene Bezeichnung gibt: Man nennt sie* Instanzen. *Instanzvariablen sind demnach die untergeordneten Variablen (Eigenschaften) der Instanzen.*

4 Klassen werden in einem Programm verwendet, indem eine Variable ihres Typs angelegt wird (eine so genannte *Instanz*).

```
// KlassenDemo
import java.lang.*;

class Vektor
  {
  // Die Eigenschaften
  int x;
  int y;

  // Die Verhaltensweisen
  void addieren(Vektor v)
     {
     x += v.x;
     y += v.y;
     }

  }

public class KlassenDemo
   {
   public static void main(String[] args)
      {
      Vektor v1 = new Vektor();
      Vektor v2 = new Vektor();
      }
   }
```

In der `main()`-Methode der Rahmenklasse `KlassenDemo` werden zwei Instanzen unserer Klasse `Vektor` erzeugt. Dies erfolgt mit dem `new`-Operator, den Sie schon beim Anlegen von Arrays kennen gelernt haben.

WAS IST DAS

Für die Variablen von Klassentypen gibt es einen eigenen Namen: Man nennt sie Instanzen. *Die Deklaration einer Variablen vom Typ einer Klasse wird deshalb auch als* Instanzbildung *oder* Instanziierung *bezeichnet. Für die Instanziierung von Klassen wird der* `new`*-Operator folgendermaßen verwendet:*

```
Klasse name = new Klasse();
```

Bei der Instanzbildung geschieht Folgendes:

- Es wird ein Objekt der Klasse erzeugt. Dieses Objekt existiert als Speicherbereich im Arbeitsspeicher des Computers. Es enthält Platz für die in der Klasse definierten Instanzvariablen.
- Der Compiler ruft eine besondere Klassenmethode auf: den *Konstruktor*. Der Konstruktur hat als Namen immer den gleichen Namen wie die zugehörige Klasse. In unserem Beispiel heißt er demnach `Vektor()` (die `()` gehören dazu, da es eine Methode ist).
- Die Aufgabe des Konstruktors besteht darin, dafür zu sorgen, dass das erzeugte Objekt korrekt initialisiert wird. Wenn Sie (wie im Beispiel) in der Klassendefinition keinen Konstruktor aufsetzen, erzeugt der Compiler intern einen Standardkonstruktor für die Klasse. Dieser macht aber kaum mehr, als den geforderten Formalismen Genüge zu tun. Wenn Sie den Konstruktor zur Initialisierung der Instanzvariablen nutzen wollen, müssen Sie einen eigenen Konstruktor aufsetzen (siehe Kapitel 13).
- Das erzeugte Objekt wird mit der zugewiesenen Variablen (im Beispiel `v1` bzw. `v2`) verbunden. Von nun an kann das Java-Programm über die Variablennamen auf die Objekte zugreifen.

5 Programmieren Sie mit den Objekten der Klasse.

```
// KlassenDemo
import java.lang.*;

class Vektor
  {
  // Die Eigenschaften
  int x;
  int y;

  // Die Verhaltensweisen
  void addieren(Vektor v)
```

```
        {
        x += v.x;
        y += v.y;
        }
    }

public class KlassenDemo
    {
  public static void main(String[] args)
        {
        Vektor v1 = new Vektor();
        Vektor v2 = new Vektor();

        v1.x = 10;
        v1.y = 25;

        v2.x = 10;
        v2.y = -20;

        v1.addieren(v2);

        System.out.println("v1.x = " + v1.x);
        System.out.println("v1.y = " + v1.y);

       }
    }
```

Im Programm werden die Objekte durch die zugehörigen Instanzen repräsentiert. Jede dieser Instanzen verfügt über einen eigenen Satz von Instanzvariablen (wie sie in der Klasse definiert sind), und für jede dieser Instanzen können wir die in der Klasse definierten Methoden aufrufen. Der Zugriff auf die Eigenschaften und Methoden erfolgt stets über den Instanznamen und den Punkt-Operator.

ACHTUNG

Es ist nicht ganz richtig zu sagen, dass man über den Instanznamen auf alle Eigenschaften und Methoden zugreifen kann, die in der Klasse definiert sind. Man kann den Zugriff durch die so genannten Modifier `public`, `private` *oder* `protected` *einstellen. Das werden wir in Kapitel 13 noch näher kennen lernen.*

6 Speichern Sie das Programm als *KlassenDemo.java*. Kompilieren Sie es und führen Sie es aus.

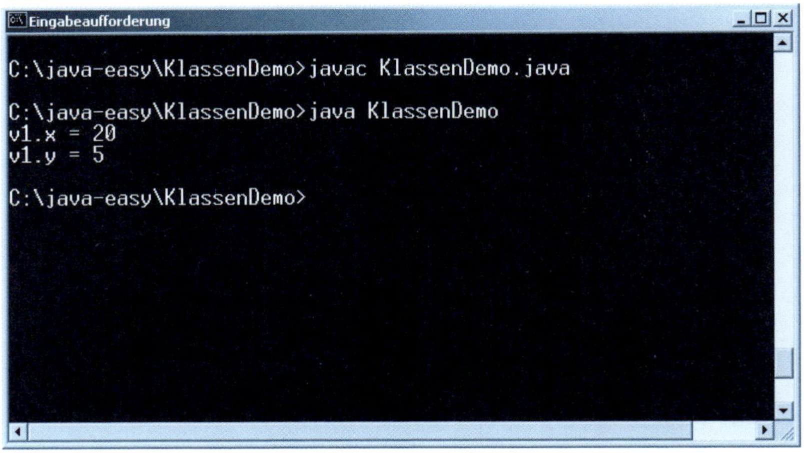

Abbildung 12.3: Ausgabe des Programms KlassenDemo

Grundkurs Klassen

Nachdem Sie nun schon einen groben Überblick über die fundamentalen Begriffe »Objekt« und »Klasse« haben, wollen wir uns nun alles Wissenswerte über die Definition und den Einsatz von Klassen anschauen.

Die Definition einer Klasse besteht aus folgenden Bestandteilen:

- dem Klassennamen
- den Eigenschaften (= Instanzvariablen)
- den Verhaltensweisen (= Methoden)
- dem Konstruktor
- den Zugriffsspezifizierern

Um die Bedeutung dieser einzelnen Bestandteile einer Klassendefinition richtig erfassen zu können, muss man die Klasse stets aus zwei Perspektiven betrachten:

- aus der Sicht des Programmierers, der die Klasse definiert und
- aus der Sicht des Programmierers, der die Klasse nutzt, indem er in seinen Programmen Objekte dieser Klasse erzeugt und verwendet.

Dass wir in den meisten Fällen beide Rollen verkörpern, spielt dabei keine Rolle. Wichtig ist, dass wir beim Definieren der Klasse immer daran denken, dass irgendjemand später mit unserer Klasse programmieren muss. Und dieser Jemand erwartet zu Recht, dass man mit den Objekten der Klasse *sinnvoll, einfach* und *sicher* programmieren kann.

In diesem Sinne wollen wir nun schrittweise verfolgen, wie eine Klasse für zweidimensionale Vektoren aufzusetzen ist, d.h. wir führen das Eingangsbeispiel, das Sie weiter oben schon kennen gelernt haben, weiter. Teilweise wird dies daher eine Wiederholung darstellen, aber Sie kennen bestimmt den Spruch »Getretener Quark wird breit und stark!«. In diesem Kapitel werden Sie zudem mehr Details über die einzelnen Elemente einer Klassendefinition lernen und sehen, wie daraus eine gültige und funktionierende Klasse wird. Im nächsten Kapitel werden Sie dann weitere Informationen zu fortgeschrittenen Aspekten erfahren.

1 Legen Sie ein neues Programm, *VektorRechnung.java,* an und beginnen Sie mit dem folgenden Grundgerüst:

```
// Vektorrechnung
import java.lang.*;

public class VektorRechnung
   {
   public static void main(String[] args)
      {
      }
   }
```

Der nächste Schritt besteht darin, das Grundgerüst für die Klasse `Vektor` aufzusetzen.

Das Klassengerüst

Die allgemeine Syntax einer Klassendefinition sieht wie folgt aus:

```
class klassenname
  {
  // Elemente
  }
```

Eingeleitet wird die Definition mit dem Schlüsselwort `class`, das dem Compiler anzeigt, dass jetzt eine Klassendefinition folgt.

Auf das Schlüsselwort `class` folgt der Name der Klasse, den Sie frei wählen können (unter Beachtung der allgemeinen Regeln zur Namensgebung wie bei Variablen; außerdem ist es üblich, Klassennamen mit einem Großbuchstaben zu beginnen).

In geschweiften Klammern werden dann die Elemente der Klasse aufgeführt.

HINWEIS

Wenn Sie sich den Code größerer Programme ansehen, werden Sie gelegentlich auf Klassendefinitionen stoßen, bei denen auf den Klassennamen das Schlüsselwort `extends` *und ein weiterer Klassenname folgen. Dabei handelt es sich um die Angabe einer Basisklasse. In so einem Fall erhält die neu definierte Klasse automatisch alle Elemente der angegebenen Basisklasse. Man nennt dies Vererbung – ein Konzept, das in der objektorientierten Programmierung eine wichtige Rolle spielt, das wir aber getrost den fortgeschritteneren Programmierern überlassen können.*

Wenn Sie diese Erläuterungen zum Aufbau einer Klasse mit dem obigen Grundgerüst der Klasse `VektorRechnung` vergleichen, wird Ihnen auffallen, dass dort noch das Schlüsselwort `public` vor `class` auftaucht. Dabei handelt es sich um einen so genannten *Modifier* oder *Zugriffsspezifizierer*, der festlegt, wer (im Sinne von welche andere Klasse) auf diese Klasse und ihre Bestandteile zugreifen darf. Wir werden dies später noch eingehend betrachten.

2 Legen Sie eine Klassendefinition für die Klasse `Vektor` an.

```
// Vektorrechnung
import java.lang.*;

public class VektorRechnung
   {
  public static void main(String[] args)
        {
        }
   }

class Vektor
   {
   }
```

Beachten Sie, dass wir die neue Klasse `Vektor` außerhalb der Klasse `VektorRechnung` definieren (man könnte sie auch innerhalb definieren, aber dann erhält man eine spezielle *innere Klasse*, was den Rahmen dieser Einführung sprengt) und dass sie ohne irgendeinen Zugriffsspezifizierer wie `public` definiert ist. Dies hat zwei gute Gründe. Erstens haben Sie bisher ja noch gar nichts über diese Zugriffsspezifizierer gelernt und zweitens ist die Rahmenklasse `VektorRechnung` bereits als `public` definiert. Und das können Sie sich schon mal merken:

HINWEIS

In einer Java-Datei darf immer nur eine Klasse als `public` *definiert sein. Der Name dieser Klasse bestimmt dann auch den Namen der Quelltextdatei (daher heißt es in Schritt 1 auch »Erstellen Sie ein neues Programm,* VektorRechnung.java*«).*

Die Eigenschaften

Die Eigenschaften, also die Daten der Klasse, werden in der Klasse wie ganz normale Variablen definiert. Wichtig ist nur, dass sie außerhalb der Methoden definiert werden, aber innerhalb der Klammern `{}`. Wo dort genau, ist eigentlich egal, aber es ist üblich, sie an den Anfang zu stellen.

WAS IST DAS

Zur Erinnerung: Variablen, die als Klassenelemente definiert sind, bezeichnet man als Instanzvariablen, *da jede Instanz der Klasse einen eigenen Satz von Kopien dieser Variablen erhält.*

3 Definieren Sie die Instanzvariablen für die `Vektor`-Klasse.

```
// Vektorrechnung
import java.lang.*;

public class VektorRechnung
   {
  public static void main(String[] args)
       {
       }
   }

class Vektor
   {
   // Instanzvariablen
   double x;
   double y;
   }
```

Nicht immer sind die Eigenschaften, die in eine Klassendefinition aufgenommen werden sollten, so leicht zu bestimmen wie in unserem Vektor-Beispiel. Dann gilt es abzuwägen, welche Eigenschaften wichtig sind, welche Eigenschaften nützlich sein könnten und welche Eigenschaften unwichtig oder gar unsinnig sind.

Schauen wir uns weitere mögliche Eigenschaften für unsere `Vektor`-Klasse an:

- Eine Eigenschaft `farbe` ist für einen Vektor sicherlich keine charakteristische Eigenschaft. Es ist auch keine Eigenschaft, die wir für die Implementierung der Vektoren benötigen – also verzichten wir darauf.
- Anders sieht es mit den Eigenschaften `laenge` und `winkel` aus. Man kann Vektoren nämlich nicht nur durch Angabe von x- und y-Koordinaten definieren, sondern auch durch Angabe eines Winkels (gerechnet von der Horizontalen) und einer Länge. `laenge` und `winkel` sind also durchaus realistische und unter Umständen auch nützliche Eigenschaften. Trotzdem verzichten wir im Moment auf diese Eigenschaften, da wir uns in unserem Programm auf die Koordinatendarstellung der Vektoren konzentrieren wollen.

Nachdem die Instanzvariablen nun definiert sind, stellt sich unweigerlich die Frage, wie soll mit ihnen gearbeitet werden, .d.h. welche Aktivitäten (= Methoden) wollen wir bereitstellen?

Die Methoden

Die Methoden bestimmen, was man mit den Objekten der Klasse machen kann. Wenn Sie also einmal unsicher sind, welche Methoden Sie in eine Klassendefinition aufnehmen sollen, stellen Sie sich folgende Fragen:

- Was macht man in der realen Welt üblicherweise mit den Objekten, die meine Klasse repräsentiert?
- Was werden die Programmierer, die meine Klasse verwenden, mit den Objekten der Klasse machen wollen?
- Wozu will ich selbst meine Klasse verwenden, was will ich mit den Objekten der Klasse anstellen?

In unserem Beispiel soll das Programm mit Vektoren rechnen. Typische Aktivitäten sind also beispielsweise Addition, Subtraktion, Skalarprodukt usw. Da die Ergebnisse des Programms auch ausgegeben werden müssen, wäre eine Methode zum Ausgeben von Vektoren vielleicht ebenso praktisch.

4 Definieren Sie die gewünschten Methoden für die Vektor-Klasse.

```
// Vektorrechnung
import java.lang.*;

public class VektorRechnung
   {
  public static void main(String[] args)
       {
       }
   }

class Vektor
   {
   // Instanzvariablen
   double x;
   double y;

   // Methoden
   void addieren(Vektor v)
    {
    x += v.x;
    y += v.y;
    }
   void ausgeben()
    {
    System.out.println("(" + x + "," + y + ")");
    }
  }
```

Von den vielen denkbaren Methoden haben wir nun zwei Methoden hinzugefügt: addieren() und ausgeben(). Über Methoden an sich wissen Sie ja schon alles Wichtige. Dennoch fragen Sie sich vielleicht, warum die Methode addieren(), die doch zwei Vektoren addieren soll, nur einen Vektor als Argument erhält, und warum liefert sie das Ergebnis der Addition nicht als Rückgabewert zurück? Was bedeutet es, dass beide Methoden auf die Datenelemente x und y zugreifen? Um diese Fragen beantworten zu können, müssen wir ein wenig weiter ausholen.

Wenn Sie Methoden für Klassen aufsetzen, müssen Sie im Auge behalten, dass die Methoden später immer[1] über Instanzen der Klasse aufgerufen werden:

```
Vektor vekt1, vekt2;

vekt1.addieren(vekt2);
vekt1.ausgeben();
```

1. Immer ist etwas übertrieben. In den vorangegangenen Kapiteln haben Sie ja gesehen, dass wir Methoden direkt aufgerufen hatten, ohne eine Instanz der jeweiligen Klasse anzulegen. Das war aber nur möglich, weil wir die Methoden als static definiert hatten. Wir kommen später darauf zurück.

WAS IST DAS

Zur Erinnerung: Variablen vom Typ einer Klasse nennt man Instanzen. *Jede Instanz repräsentiert ein Objekt der Klasse (so wie eine* `int`*-Variable eine Ganzzahl repräsentiert oder eine* `String`*-Variable einen String).*

Wenn der Programmierer also für eine Instanz eine Methode der Klasse aufruft, erwartet er, dass die Methode die aktuelle Instanz bearbeitet. Ruft er beispielsweise `vekt1.ausgeben()` auf, erwartet er, dass die Koordinaten der Instanz `vekt1` ausgegeben werden. Ruft er `vekt1.addieren(vekt2)` auf, erwartet er, dass der übergebene Vektor `vekt2` zu der Instanz `vekt1` hinzuaddiert wird! Wenn wir umgekehrt `vekt1` zu `vekt2` addieren möchten, dann rufen wir `vekt2.addieren(vekt1)` auf.

Wie aber bearbeitet eine Methode die aktuelle Instanz, für die sie aufgerufen wird? Ganz einfach, indem sie in der Methodendefinition auf die Datenelemente der Klasse zugreift. Wenn wir also in der Klasse die Methode `ausgeben()` wie folgt definieren:

```
void ausgeben()
  {
  System.out.println("(" + x + "," + y + ")");
  }
```

heißt das nichts anderes, als dass wir die x- und y-Koordinaten der Instanz ausgeben, welche die Methode aufruft:

```
Vektor vekt1, vekt2;

vekt1.x = 10;
vekt1.y = 29;
vekt2.x = -1;
vekt2.y = 12;

vekt1.ausgeben();      // Ausgabe (10,29)
vekt2.ausgeben();      // Ausgabe (-1,12)
```

Auch die Implementierung der Methode `addieren()` ist jetzt leicht zu verstehen.

```
void addieren(Vektor v)
  {
  x += v.x;
  y += v.y;
  }
```

Hier werden die x- und y-Koordinaten des übergebenen Vektor-Objekts `v` zu den Koordinaten der aktuellen Instanz (repräsentiert durch `x` und `y`) hinzuaddiert und das Ergebnis wird in den Koordinaten der aktuellen Instanz abgespeichert. (Zur Erinnerung: Die kombinierte Zuweisung `x += v.x;` entspricht der Zuweisung `x = x + v.x;`.)

HINWEIS

In der Implementierung einer Methode kann man nicht nur direkt auf die Datenelemente der Klasse, sondern auch direkt auf die anderen Methoden der Klasse zugreifen:

```
void addieren_und_ausgeben(Vektor v)
  {
  x += v.x;
  y += v.y;
  ausgeben();
  }
```

Der Konstruktor

Zu Beginn dieses Kapitels haben Sie bereits erfahren, dass bei der Instanzbildung (einer Variablen vom Typ einer Klasse) stets eine besondere Methode, der so genannte *Konstruktor*, aufgerufen wird. Der Konstruktur hat immer den gleichen Namen wie die Klasse. Im Falle unserer Vektorklasse `Vektor` heißt der Konstruktor somit `Vektor()`.

Wir haben auch schon erfahren, dass der Compiler für alle Klassen, in denen kein eigener Konstruktor im Quelltext definiert ist, intern für sich einen Standardkonstruktor erzeugt. Das soll nun aber nicht heißen, dass man sich mit diesem vom Compiler generierten Standardkonstruktor zufrieden geben oder gar auf den Standpunkt stellen sollte, dass man die Erstellung des Konstruktors überhaupt am besten dem Compiler überlassen sollte. Umgekehrt wird ein Schuh daraus: Das Konzept der Klasse **verlangt**, dass jede Klasse über einen Konstruktor verfügt, und der Compiler stellt lediglich sicher, dass auch Klassen, in denen der Konstruktor vom Programmierer vergessen oder aus Faulheit weggelassen wurde, dieser Forderung genügen.

Warum ist der Konstruktor für die Klasse so wichtig?

Der Konstruktor wird für jede Instanz, die von einer Klasse erzeugt wird, genau einmal aufgerufen – nämlich bei der Instanzbildung. Dies lässt schon auf seinen Verwendungszweck schließen: Er soll sicherstellen, dass die Instanz korrekt initialisiert wird. Meist wird der Konstruktor daher dazu verwendet, den Datenelementen der Instanzen Anfangswerte zuzuweisen. Sie können aber auch jede beliebige andere Anweisung, die automatisch bei der Instanzbildung ausgeführt werden soll, in den Konstruktor schreiben.

Wenn Sie eigene Konstruktoren definieren, beachten Sie folgende Punkte:

- Konstruktoren tragen stets den gleichen Namen wie ihre Klassen.
- Konstruktoren haben keinen Rückgabewert und es wird bei der Definition auch kein Rückgabetyp (nicht einmal `void`) angegeben.
- Konstruktoren werden automatisch bei der Instanzbildung aufgerufen.
- Konstruktoren können nicht wie andere Methoden explizit für eine Instanz aufgerufen werden.

5 Setzen Sie einen Konstruktor für die `Vektor`-Klasse auf.

```
// Vektorrechnung
import java.lang.*;

public class VektorRechnung
   {
  public static void main(String[] args)
      {

      }
   }


class Vektor
   {
   // Instanzvariablen
   double x;
   double y;

  // Konstruktor
  Vektor()
    {
    x = 0;
    y = 0;
    }

   // Methoden
   void addieren(Vektor v)
    {
    x += v.x;
    y += v.y;
```

```
     }

    void ausgeben()
     {
     System.out.println("(" + x + "," + y + ")");
     }

    }
```

Wie gefordert, heißt unser Konstruktor genauso wie die Klasse und wurde ohne Rückgabetyp deklariert. Im Konstruktor weisen wir den Datenelementen x und y den Anfangswert 0 zu.

6 Erzeugen Sie zwei Instanzen der Vektor-Klasse und weisen Sie ihnen mit dem Punkt-Operator Werte zu. Addieren Sie dann den zweiten Vektor zum ersten und geben Sie den ersten Vektor erneut aus.

```
// Vektorrechnung
import java.lang.*;

public class VektorRechnung
   {
  public static void main(String[] args)
      {
      Vektor v_1 = new Vektor();
      Vektor v_2 = new Vektor();

      v_1.x = 10;
      v_1.y = 30;

      v_2.x = 12.5;
      v_2.y = -1.5;

      v_1.addieren(v_2);
      v_1.ausgeben();
      }
   }

class Vektor
   {
   // Instanzvariablen
   double x;
   double y;

  // Konstruktor
  Vektor()
    {
    x = 0;
    y = 0;
    }

   // Methoden
   void addieren(Vektor v)
```

```
    {
    x += v.x;
    y += v.y;
    }

  void ausgeben()
    {
    System.out.println("(" + x + "," + y + ")");
    }
}
```

7 Speichern Sie das Programm als *VektorRechnung.java*. Kompilieren Sie es und führen Sie es aus.

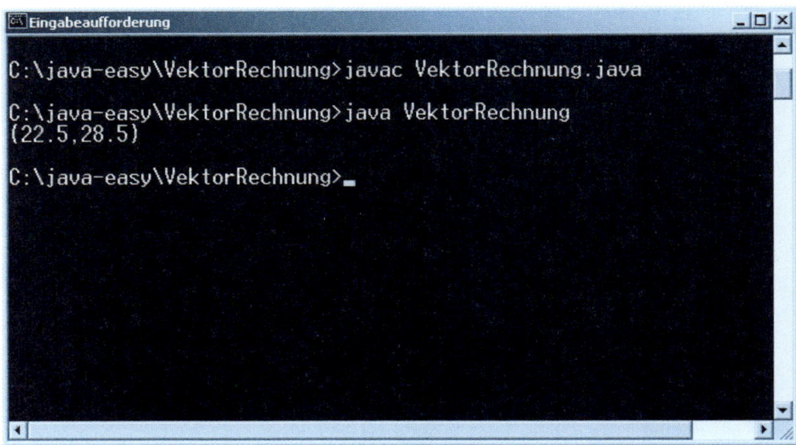

Abbildung 12.4: Ausgabe des Programms VektorRechnung

Arrays von Objekten

Wie ein Array von Variablen eines einfachen Datentyps angelegt wird, ist Ihnen vertraut:

```
// ein Array von 5 float-Variablen
float[] feld = new float[5];
```

Wenn Sie ein Array von Objekten anlegen, ist die Lage leider etwas komplizierter. Die analoge Definition reicht nicht aus:

```
Vektor[] feld = new Vektor[5];
```

Objektvariablen enthalten im Gegensatz zu einfachen Variablen nicht das Objekt selbst, sondern nur einen Verweis (eine Referenz) darauf. Die obige Definition hat dadurch nur ein Feld von Referenzen angelegt (die auf nichts zeigen und daher den Wert `null` haben), aber noch nicht die eigentlichen Objekte. Dies muss man selbst für jeden Array-Eintrag durch explizite Instanziierung mit `new` erledigen:

```
int i;
for(i = 0; i < 5; i++)
   {
   feld[i] = new Vektor();
   }
```

Der Zugriff erfolgt dann jedoch ganz normal über den Punkt-Operator, z.B.

```
System.out.println("feld[4]: x = "+ feld[4].x);
```

Mehr zum Thema Referenzen erfahren Sie im nächsten Kapitel, wenn es darum geht, Objekte als Parameter von Methoden einzusetzen.

Kapitel 13

Mehr über Klassen

In diesem Kapitel wollen wir unser Wissen über die Klassen weiter vertiefen.

Mehrere Konstruktoren

Wenn Sie das Vektorprogramm, das wir am Ende von Kapitel 12 entwickelt hatten, aufmerksam studiert haben, dann ist Ihnen eventuell aufgefallen, dass der vorgegebene Konstruktor ziemlich nutzlos ist. Er initialisiert die Koordinaten auf null. Richtige Koordinaten mussten wir dann doch über explizite Aufrufe mittels Punkt-Operator (z.B. `v_1.x = 10`) zuweisen. Eigentlich etwas unelegant, oder? Es wäre doch viel praktischer und auch übersichtlicher, wenn man diese Instanzvariablen direkt beim Anlegen der Instanzen initialisieren könnte, und Initialisieren sollte doch angeblich der Hauptnutzen eines Konstruktors sein?!

Und in der Tat ist dies möglich. Man kann nämlich mehrere Konstruktoren zusätzlich zum Standardkonstruktor definieren. Die einzige Bedingung: Sie müssen sich in Typ und Anzahl ihrer Parameter voneinander unterscheiden.

Wir brauchen dazu nicht einmal den alten Konstruktor `Vektor()` zu ersetzen, sondern können einen zweiten, zusätzlichen Konstruktor aufsetzen, der zwei Argumente, `x_start` und `y_start`, übernimmt und diese den Datenelementen `x` und `y` zuweist.

1 Beginnen Sie ein neues Programm, *VektorRechnung2.java,* und übernehmen Sie den Quelltext von *VektorRechnung.java*. Ersetzen Sie dabei den bisherigen Klassennamen `VektorRechnung` durch `VektorRechnung2`.

2 Setzen Sie für `Vektor` einen zweiten Konstruktor auf, der zwei `double`-Argumente zum Initialisieren der `x`- und `y`-Koordinaten übernimmt.

```
// Vektorrechnung2
import java.lang.*;

public class VektorRechnung2
   {
  public static void main(String[] args)
       {
       Vektor v_1 = new Vektor(10,30);
       Vektor v_2 = new Vektor(12.5, -1.5);

       v_1.addieren(v_2);
       v_1.ausgeben();
       }
   }

class Vektor
   {
   // Instanzvariablen
   double x;
   double y;
```

```
// Konstruktor
Vektor()
  {
  x = 0;
  y = 0;
  }

Vektor(double x_start, double y_start)
  {
  x = x_start;
  y = y_start;
  }


// Methoden
void addieren(Vektor v)
 {
 x += v.x;
 y += v.y;
 }

void ausgeben()
 {
 System.out.println("(" + x + "," + y + ")");
 }
}
```

Das ist bemerkenswert! Wir haben zwei Konstruktoren mit gleichem Namen. Okay, das muss so sein, denn Konstruktoren tragen ja immer den Namen ihrer Klasse. Wir haben aber auch gelernt, dass Bezeichner (Namen von definierten Programmelementen) eindeutig sein müssen, das heißt es darf keine zwei Elemente mit gleichem Namen geben, da der Compiler die Elemente sonst nicht auseinander halten kann. Das gilt auch für Konstruktoren! Allerdings bedient sich der Compiler hier eines Tricks. Er hängt intern die Parameterliste von Methoden (und dazu zählen auch die Konstruktoren) in codierter Form an den Methodennamen an. So kann er Methoden und Konstruktoren, die zwar den gleichen Namen, aber unterschiedliche Parameterlisten (verschiedene Anzahl oder verschiedene Datentypen der Parameter) haben, auseinander halten.

WAS IST DAS

Das Aufsetzen mehrerer Methoden gleichen Namens, die sich nur in den Parameterlisten unterscheiden, bezeichnet man als Überladung. Beim Aufruf erkennt der Compiler an den übergebenen Argumenten, welche der überladenen Methoden er genau aufrufen soll.

ACHTUNG

Wenn Sie eigene Konstruktoren definieren, erzeugt der Compiler keinen Standardkonstruktor mehr. In bestimmten Situationen ist es für eine Klasse aber recht vorteilhaft, wenn sie über einen Konstruktor verfügt, der – wie der vom Compiler erzeugte Standardkonstruktor – ohne Argumente aufgerufen werden kann. Wenn Sie eigene Konstruktoren definieren, achten Sie also darauf, dass auch ein Konstruktor darunter ist, der ohne Argumente aufgerufen werden kann.

Wenn unsere `Vektor`-Klasse einen Konstruktur zum Setzen von Anfangswerten hat, können wir in `main()` die Instanziierung nun viel eleganter ablaufen lassen. Direkt beim Anlegen mit `new` übergeben wir dem Konstruktor die gewünschten Werte, und das nachträgliche Setzen über die Punkt-Notation kann entfallen.

Zugriffsspezifizierer

Im Laufe des Buchs sind Ihnen schon mehrfach die so genannten Zugriffsspezifzierer (z.B. `public`) über den Weg gelaufen, und es wird nun Zeit, sich mit diesen Gesellen zu befassen.

Schauen wir uns dazu noch mal den Ausschnitt aus dem »alten« Vektorprogramm an, wo wir die Initialisierung der Koordinaten noch mittels Zugriff über den Punkt-Operator durchgeführt haben:

```
Vektor v_1 = new Vektor();
Vektor v_2 = new Vektor();

v_1.x = 10;
v_1.y = 30;
v_2.x = 12.5;
v_2.y = -1.5;
```

Was passiert hier eigentlich? An dieser Stelle fummeln wir doch von außen in den Instanzen `v_1` und `v_2` der Klasse `Vektor` herum und setzen deren Instanzvariablen `x` und `y` auf neue Werte. Aus der Sicht der objektorientierten Lehre ist so was höchst unanständig! Objekte sind selbstständige, abgegrenzte Einheiten, und es soll nicht jeder daherkommen und auf das Innenleben der Klasse zugreifen können.

Aus diesem Grund gibt es in jeder objektorientierten Programmiersprache die *Zugriffsspezifizierer*, d.h. bestimmte Schlüsselwörter, mit denen sich regeln lässt, wer auf Methoden und Variablen einer Klasse zugreifen darf.

Beim Begriff »Zugriff« kann man zwei Arten unterscheiden: den Zugriff von innen und den von außen:

- »Innen« bedeutet dabei »innerhalb der Klassendefinition«, und »Zugriff von innen« bedeutet, dass man aus einer Methodendefinition auf andere Elemente (Datenelemente oder andere Methoden) der gleichen Klasse zugreift.

  So greift zum Beispiel die Methode `addieren()` der Klasse `Vektor` von innen auf die Datenelemente `x` und `y` zu:

  ```
  void addieren(Vektor v)
      {
       x += v.x;
       y += v.y;
      }
  ```

- »Außen« bedeutet dabei »außerhalb der Klassendefinition«, und »Zugriff von außen« bedeutet, dass man über eine Instanz auf ein Element (Datenelement oder Methode) der Klasse zugreift.

  So greifen wir zum Beispiel in der `main()`-Methode unseres Programms wie oben gezeigt über den Punkt-Operator auf die Variablen für die Koordinaten zu.

Zugriffe von innen sind bei einer Klasse immer erlaubt. Anders liegt der Fall bei den Zugriffen von außen. Hier kann der Ersteller der Klasse bei der Definition festlegen, wie weit die Zugriffsrechte (auch *Sichtbarkeit* genannt) gehen sollen. Hierbei sind verschiedene Stufen erlaubt:

- `public`: Derart markierte Methoden und Instanzvariablen sind in den Methoden der Klasse selbst, in Methoden abgeleiteter[1] Klassen und von außen sichtbar, d.h. von allen Klassen zugreifbar.
- `protected` : Sichtbar in der Klasse selbst und in davon abgeleiteten Klassen sowie in Klassen desselben Pakets (Package). Aufrufende Klassen aus anderen Packages können aber nicht zugreifen.
- `private` sind lediglich in der Klasse selbst sichtbar. Für abgeleitete Klassen und für Aufrufer von Instanzen bleiben `private`-Variablen verdeckt.

1. Abgeleitete Klassen erben Eigenschaften und Methoden von ihrer Basisklasse. Dieses Konzept der Vererbung ist hochinteressant und wird in Kapitel 14 vorgestellt.

- Methoden/Variablen ohne Zugriffsspezifizierer haben Standard-Sichtbarkeit (*package scope*), d.h. sie sind nur von Klassen (genauer: in deren Methoden) aufrufbar, die zum gleichen Package gehören.

Der Programmierer, der eine Klasse in seinem Programm nutzt, interessiert sich nicht für die Details der Klassendefinition oder sagen wir besser: er hat sich dafür nicht zu interessieren. Er braucht lediglich die Funktionalität und somit geeignete Methoden, mit denen er auf die Klasse zugreifen kann. Wer eine neue Klasse kreiert, sorgt daher in der Regel dafür, dass sich die Klasse nach außen schüchtern gibt und den Zugriff stark einschränkt, indem ausgiebig Gebrauch von `private`/`protected` oder package scope gemacht wird und nur an ausgewählten Punkten der Zugriff durch `public` erlaubt wird.

Dadurch wird das Prinzip des *information hiding* realisiert. Ein fremder Nutzer einer Klasse kann nicht unkontrolliert auf den Daten einer Klasse operieren und Schaden anrichten! Er darf nur das anfassen, was harmlos bzw. durch geeignete Zugriffsmethoden abgesichert ist.

WAS IST DAS

Die Gesamtheit der `public`*-Elemente einer Klasse bezeichnet man auch als die öffentliche Schnittstelle der Klasse.*

Wenn Sie mit diesen Informationen noch mal in *VektorRechnung2.java* schauen, werden Sie sehen, dass alle Methoden (mit Ausnahme von `main()`) und Variablen ohne Zugriffsspezifizierer definiert worden sind, d.h. sie haben alle package scope: jede Klasse, die zum gleichen Package gehört, kann sie aufrufen. Alle anderen Klassen können sie aber nicht verwenden.

Woran erkennt man aber nun, dass zwei Klassen zum gleichen Package gehören? Das ist ganz einfach: daran, dass der Quellcode dieser Klassen (egal, ob in der gleichen Datei oder in verschiedenen Dateien) im gleichen Verzeichnis abgelegt ist[2]! Aus diesem Grund können wir in der Rahmenklasse `VektorRechnung2` auch ungestraft auf die Elemente von `Vektor` zugreifen, da beide Klassen zum gleichen Package gehören.

Wenden wir uns nun der legendären `main()`-Methode zu. Sie ist als `public` definiert worden. Das ist zwingende Vorschrift, denn Sie wissen ja, dass `main()` eine ganz besondere Methode ist. Und da `main()` von wirklich völ-

2. In der rauen Wirklichkeit sind die Regeln etwas umfangreicher und komplizierter, aber für unsere Zwecke hier genügt diese einfache Regel.

lig außerhalb aufgerufen werden muss (nämlich von der Java-Laufzeitumgebung), muss sie ganz klar für alle aufrufbar sein, also `public` sein.

Wenn Sie ein aufmerksamer Leser sind, wird Ihnen hoffentlich noch eine Frage auf der Zunge liegen: Wie passt denn nun die Definition von `VektorRechnung2` zu dem bisher Gesagten über Zugriffsspezifizierer?

```
public class VektorRechnung2
   {
   // ....
   }
```

Na ja, keine Regel ohne Ausnahme. `public` kann (als einziger Zugriffsspezifizierer) auch vor dem Schlüsselwort `class` stehen. Eine derart gekennzeichnete Klasse ist für Klassen aus anderen Packages sichtbar. Im Rahmen dieses Buchs ist das aber eigentlich nicht weiter wichtig. Dafür aber das Folgende:

HINWEIS

Jedes Java-Programm benötigt eine als `public` *definierte Klasse, die eine als* `public static void main(String[] args)` *definierte Methode bereitstellt. Die Quelltextdatei, in der sich diese Klasse befindet, muss den gleichen Namen wie diese Klasse haben (und den Zusatz* .java *natürlich).*

Diese Weisheiten sind für Sie natürlich schon seit etlichen Kapiteln bekannt, aber etwas Wiederholung kann nicht schaden. Falls Sie mal beim Kompilieren ominöse Fehlermeldungen erhalten, prüfen Sie doch mal nach, ob Ihr Programm der obigen Regel entspricht.

Nutzen wir nun das neue Wissen über Zugriffsspezifizierer und streuen einige davon in das Vektorprogramm ein! Was könnten wir verbessern?

Private Datenelemente – öffentliche Methoden

Eine Faustregel des guten Klassendesigns besagt, dass man

Datenelemente grundsätzlich als `private` *deklarieren sollte.*

Dies bedeutet, dass man die Variablen einer Klasse nach Möglichkeit von der bösen Außenwelt komplett abschottet. Keiner soll an ihnen unkontrolliert herummanipulieren. Wir haben das weiter oben schon kurz angesprochen. Damit ergibt sich natürlich ein kleines Problem: Was soll man jedoch machen, wenn man auf bestimmte Variablen zwar keinen schreibenden Zugriff, aber doch einen lesenden Zugriff von außen ermöglichen will?

Eine Deklaration als `private` verbietet beides! Der Trick ist daher, für den Zugriff auf private Variablen spezielle Methoden zu definieren, die man als `public` der Außenwelt zur Verfügung stellt. Über diese Methoden kann der Programmierer der Klasse dann nach Belieben steuern, was genau mit den »Innereien« der Klasse machbar sein soll. Bei diesen Methoden hat man in der Regel zwei Arten: solche, die den Wert einer privaten Variablen liefern, und solche, die den Wert setzen.

WAS IST DAS

Methoden, die dazu dienen, den Wert von Datenelementen abzufragen, bezeichnet man auch als GET-Methoden*; Methoden, die dazu dienen, Datenelementen einen neuen Wert zuzuweisen, bezeichnet man auch als* SET-Methoden.

Wir werden dies nun an unserem Vektorprogramm üben, indem wir die Koordinaten `private` machen und für den lesenden Zugriff entsprechende GET-Methoden bereitstellen.

3 Deklarieren Sie die Variablen der Klasse `Vektor` als `private`.

```
// Vektorrechnung2
import java.lang.*;

public class VektorRechnung2
   {

  public static void main(String[] args)
       {
       Vektor v_1 = new Vektor(10,30);
       Vektor v_2 = new Vektor(12.5,-1.5);

       v_1.addieren(v_2);
       v_1.ausgeben();
       }
   }

class Vektor
   {

   // Instanzvariablen

   private double x;
   private double y;
```

```
// Konstruktor
Vektor()
  {
  x = 0;
  y = 0;
  }

Vektor(double x_start, double y_start)
  {
  x = x_start;
  y = y_start;
  }


// Methoden
void addieren(Vektor v)
 {
 x += v.x;
 y += v.y;
 }

void ausgeben()
 {
 System.out.println("(" + x + "," + y + ")");
 }
double getX()
 {
 return x;
 }

double getY()
 {
 return y;
 }
}
```

Beachten Sie, dass die Methoden der Klasse `Vektor` weiterhin ungehindert auf `x` und `y` operieren können, denn hierbei handelt es sich ja um einen Zugriff von innen. Das gilt auch dann, wenn es sich um verschiedene Instanzen handelt! Im Fall der Methode `addieren()` greifen wir über die Punkt-Notation direkt auf `x` und `y` einer anderen Instanz von Vektor zu. Das ist erlaubt und funktioniert daher!

4 Speichern Sie das Programm als *VektorRechnung2.java*, kompilieren und führen Sie es aus.

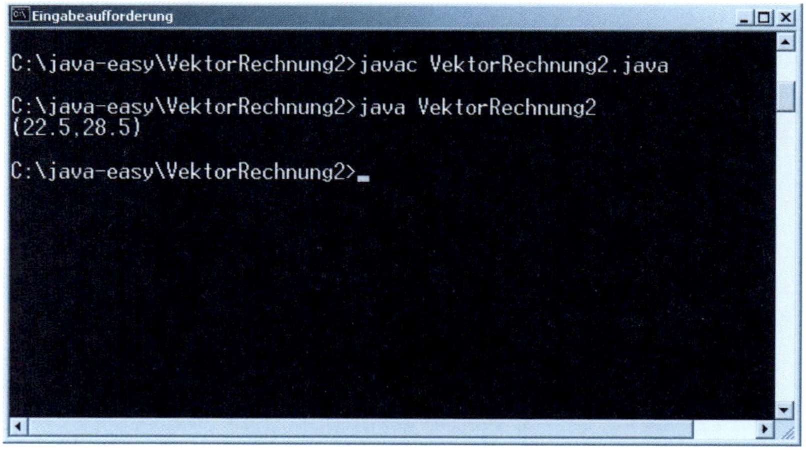

Abbildung 13.1: Ausgabe des Programms VektorRechnung2

Das Vektorprogramm

Zum Abschluss möchten wir Sie noch darauf hinweisen, dass es auf der Buch-CD im Unterverzeichnis *VektorProgramm* zu Kapitel 13 eine umfangreichere Implementierung des Vektorprogramms gibt, in der weitere Methoden (Subtraktion, Skalarmultiplikation usw.) implementiert sind. Aus Platzgründen wird es hier nicht abgedruckt.

Objekte als Parameter von Methoden

Call by reference

In Kapitel 10 haben wir über Parameter von Methoden gesprochen. Dort fiel ein wichtiger Begriff, nämlich *call by value*. Zur Erinnerung: Dies bedeutet, dass der Wert einer als Parameter übergebenen Variablen in die Parametervariable hineinkopiert wird. Die aufgerufene Methode operiert dadurch immer nur auf einer Kopie. Ein Beispiel:

```
class Beispiel
  {
  void dieMethode(int derParameter)
    {
    derParameter++;
```

```
        System.out.println("Wert hier:  " + derParameter);
      }
    }

// Auruf in der main()-Methode
int a = 10;
Beispiel bsp = new Beispiel();
bsp.dieMethode(a);
System.out.println("Wert in main ist" + a);
```

Können Sie sich vorstellen, welche Ausgabe auf dem Bildschirm zu erwarten ist? In `main()` rufen wir `dieMethode()` auf und übergeben die Variable `a` mit dem aktuellen Wert `10`. `dieMethode()` nimmt den Parameter und erhöht ihn um eins. Folglich liefert die `println()`-Anweisung in der Methode den Wert `11`. Soweit kein Problem. Nun springt das Programm zurück zum Aufruf in `main()` und macht mit der anderen `println()`-Ausgabe weiter. Und dort wird wieder der Wert `10` ausgegeben werden!

Der Grund ist der genannte Call-by-value-Mechanismus. Die Methode hat nur eine Kopie, und was immer sie mit ihrer Kopie macht, hat keine Auswirkungen auf die aufrufende Stelle.

Nun kann man natürlich auch nicht nur einfache Datentypen wie `int`, `double` usw. als Parameter an Methoden übergeben, sondern auch Objekte. Hier gibt es allerdings eine wichtige Besonderheit, die mit dem Wesen von Objektvariablen zusammenhängt. Schauen wir noch mal auf eine Variablendefinition:

```
int a = 234;
Vektor b = new Vektor();

Vektor b;
b = new Vektor(30,20);
```

Bei der Variablen `a` ist der Fall klar. Es wird eine Speicherzelle im Hauptspeicher reserviert und mit dem Namen `a` verknüpft. Wir können sofort loslegen und dort eine Zahl speichern. Beim Anlegen eines Objekts ist die Sache etwas komplizierter. Bisher haben wir Ihnen nur die Variante `Vektor b = new Vektor(30,20)` gezeigt. Das ist aber nur eine bequeme Schreibweise, die der Compiler erlaubt. Was eigentlich gemacht wird, sehen Sie darunter: Zuerst wird eine Variable `b` vom Typ `Vektor` angelegt und in einem zweiten Schritt wird durch den `new`-Operator ein geeigneter Speicherblock im Hauptspeicher besorgt und die Adresse dieses Speicherbereichs in der Variablen `b` abgelegt! Eine solche Variable, die keine richtigen Werte, sondern Speicheradressen enthält, nennt man *Referenz*.

Objektvariablen sind daher Referenzen auf die eigentlichen Objekte und enthalten sie nicht selbst!

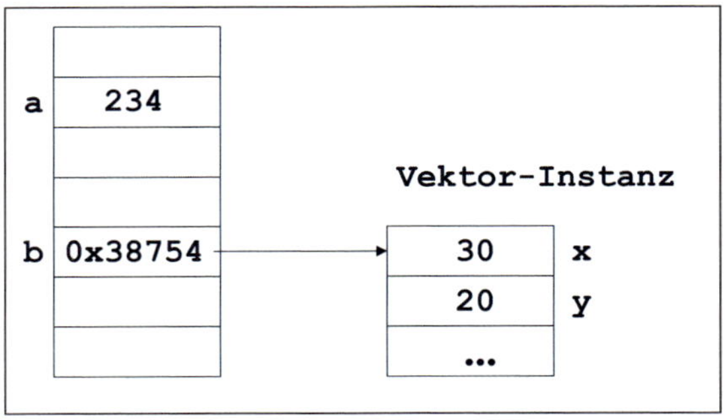

Abbildung 13.2: Objektvariablen verweisen auf die eigentlichen Objekte.

In unserem Beispiel enthält `b` also nur die Adresse (hier 0x38754) der Speicherzelle im Hauptspeicher, wo das zugehörige Objekt abgelegt ist.

Vielleicht fragen Sie sich nun, warum Sie so etwas wissen sollten. Es kann dem Programmierer egal sein, wo intern die Daten gespeichert werden. Recht haben Sie. Aber manchmal sind diese Kenntnisse notwendig. Ein Fall ist die Übergabe von Objekten als Parameter von Methoden.

Nehmen wir also an, dass ein Vektor nun an eine Methode als Argument übergeben wird:

```
void harmlos(Vektor v)
    {
    v.x = 0;
    }
```

Wie wirkt sich nun diese Zuweisung aus (wir nehmen für diese Überlegungen an, dass der Zugriff auf `x` nicht durch `private` etc. eingeschränkt ist)? Man wäre ja versucht zu sagen, dass dies kein Problem sei. Die Methode operiert auf einer Kopie des übergebenen `Vektor`-Objekts, da Argumente immer als call by value übergeben werden. Und hier muss man nun aufpassen! Es wird in der Tat eine Kopie übergeben, allerdings die Kopie der Objektvariablen, die ja nichts anderes als eine Speicheradresse enthält. Beim Zugriff über den Punkt-Operator folgt der Java-Compiler lediglich dieser Adresse zum tatsächlichen Speicherbereich des Objekts und würde dadurch auf dem Original arbeiten; Original ist dabei das falsche Wort, denn es wurde vom Objekt selbst keine Kopie angelegt, sondern nur von der Referenz!

> **ACHTUNG**
>
> *Objekte, die als Argument an Methoden übergeben werden, werden nicht als Kopie übergeben, sondern per Referenz, d.h. die aufgerufene Methode kann auf dem Originalobjekt operieren. Man nennt dies auch* call by reference.

Arrays als Parameter

Wundern Sie sich nicht, dass das Thema »Arrays als Parameter« in diesem Kapitel auftaucht. Das hat einen einfachen Grund, den Sie bisher noch nicht kennen: Arrays sind Objekte! Aus diesem Grund kommt bei der Definition von Arrays auch wie bei normalen Objekten der `new`-Operator zur Anwendung.

Aus Sicht des Programmierers merkt man vom Objektcharakter eines Arrays herzlich wenig. Nennenswert ist vor allem der Umstand, dass es die Instanzvariable `length` gibt (wir hatten sie kurz in Kapitel 11 für die Ermittlung der Größe eines Arrays erwähnt), sowie zwei Punkte bei der Verwendung als Methodenparameter:

- Die Definition als Parameter erfolgt analog zur Deklaration eines Arrays, z.B

  ```
  void dieMethode(int[] feld)
     { ... }
  ```

  Der wesentliche Unterschied ist also, dass bei der Definition die eckigen Klammern hinter den Datentyp gesetzt werden müssen. Daran erkennt der Compiler, dass ein Array übergeben werden soll. Beim Aufruf selbst wird dann allerdings nur der Arrayname übergeben, also ganz normal wie bei anderen Objekten oder einfachen Datentypen:

  ```
  int[] messwerte = new int[100];

  dieMethode(messwerte);
  ```

- Da ein Array ein getarntes Objekt ist, wird Sie es nicht weiter erstaunen, dass die Übergabe als Argument beim Methodenaufruf auch als call by reference erfolgt, d.h. Zuweisungen innerhalb einer Methode operieren auf dem Original, da keine Kopie angelegt wird:

```
void dieMethode(int[] feld)
   {
   feld[0] = 10;  // arbeitet auf dem
                  // Originalarray!
   }
```

Um den Umgang mit Arrays als Parameter etwas zu vertiefen, werden wir nun das Vektorprogramm etwas ausbauen; es soll auch eine Methode angeboten werden, welche einen Vektor zu einem übergebenen Array von Vektoren hinzuaddiert.

1 Beginnen Sie ein neues Programm, *VektorRechnung3.java,* und übernehmen Sie den Quelltext von *VektorRechnung2.java*. Ersetzen Sie dabei den bisherigen Klassennamen `VektorRechnung2` durch `VektorRechnung3`.

2 Fügen Sie zur `Vektor`-Klasse eine neue Methode, `addiereZuArray()`, hinzu, die als Parameter ein Array von `Vektor` erhält.

```
// Vektorrechnung3
import java.lang.*;

public class VektorRechnung3
   {
  public static void main(String[] args)
      {
      }
   }
class Vektor
   {
   // Instanzvariablen
   private double x;
   private double y;

   // Konstruktor
   Vektor()
     {
     x = 0;
     y = 0;
     }
   Vektor(double x_start, double y_start)
     {
     x = x_start;
     y = y_start;
     }

   // Methoden
   void addieren(Vektor v)
    {
    x += v.x;
    y += v.y;
    }
```

```
void ausgeben()
 {
 System.out.println("(" + x + "," + y + ")");
 }

double getX()
 {
 return x;
 }

double getY()
 {
 return y;
 }

void addiereZuArray(Vektor[] v)
  {
  }
}
```

3 In der neuen Methode werden die Koordinaten der aufrufenden `Vektor`-Instanz zu allen Vektoren im übergebenen Array addiert.

```
void addiereZuArray(Vektor[] v)
     {
     int i;
     for(i = 0; i < v.length; i++)
       {
       v[i].x += x;
       v[i].y += y;
       }
     }
```

4 Legen Sie in `main()` ein Array von fünf Vektoren mit (1,1) als Koordinaten an und setzen Sie die Methode `addiereZuArray()` ein.

```
public static void main(String[] args)
      {
      Vektor[] vektoren = new Vektor[5];
      for(int i = 0; i < vektoren.length; i++)
        {
        vektoren[i] = new Vektor(1,1);
        }
      }
```

Zunächst wird die Variable `vektoren` als Array vom Typ `Vektor` mit fünf Einträgen definiert. Im Unterschied zu einfachen Datentypen wie `int` sind damit aber noch nicht die eigentlichen Objekte angelegt, da aufgrund des Referenzcharakters von Objektvariablen nur der Platz für die Aufnahme der Referenzen (der Adressen also) reserviert worden ist. Man muss daher nun in einer Schleife für jeden Eintrag mit dem `new`-Operator eine Instanz erzeugen und dem Array zuweisen.

5 Legen Sie ein Instanz von `Vektor` an, die mittels der Methode `addiereZuVektor()` zu den Vektoren des Arrays hinzuaddiert wird.

```
public static void main(String[] args)
      {
      Vektor[] vektoren = new Vektor[5];

      for(int i = 0; i < vektoren.length; i++)
        {
        vektoren[i] = new Vektor(1,1);
        }

      Vektor vek = new Vektor(10,20);
      vek.addiereZuArray(vektoren);

      for(int i = 0; i < vektoren.length; i++)
        {
        System.out.println("Vektor " + i + " ("
                      + vektoren[i].getX() + ", "
                      + vektoren[i].getY() + ")");
        }
      }
```

Die Instanz `vek` ruft ihre Methode `addiereZuArray()` auf und addiert sich zu jedem Vektor des übergebenen Arrays hinzu.

6 Speichern Sie das Programm als *VektorRechnung3.java*. Kompilieren Sie das Programm und führen Sie es aus.

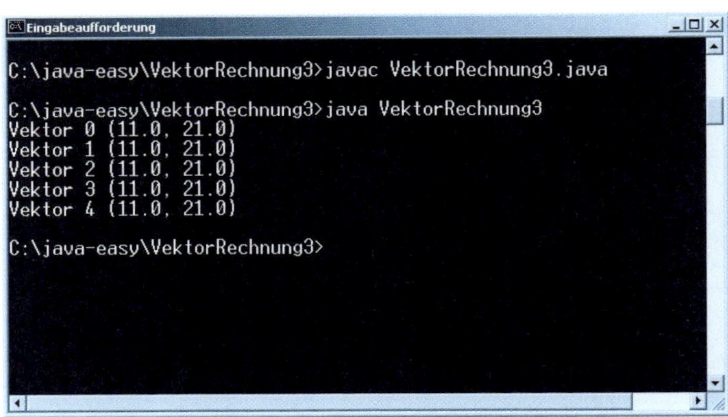

Abbildung 13.3: Ausgabe des Programms VektorRechnung3

Statische Methoden

Eine letzte Besonderheit im Zusammenhang mit Klassen wollen wir uns noch anschauen: *statische Methoden*. Wir haben sie schon in Kapitel 10 kennen gelernt. Dort hatten wir allen Methoden bei ihrer Definition das Schlüsselwort `static` vorangestellt. In den Kapiteln 12 und 13 hatten wir `static` aber überhaupt nicht mehr gebraucht (außer für die obligatorische `main()`-Methode). Damit nun nicht die Verwirrung bei Ihnen ausbricht, wollen wir dies noch mal kurz und bündig klären:

1. Klassenmethoden sind grundsätzlich nur dann aufrufbar, wenn von der zugehörigen Klasse eine Instanz erzeugt worden ist. Ein Aufruf über den Klassennamen geht nicht! Im Beispiel unserer `Vektor`-Klasse also:

   ```
   Vektor.ausgeben()          // nicht möglich!!
   Vektor v = new Vektor(10,20);
   v.ausgeben()               // so ist es ok!
   ```

2. Manchmal wäre es aber praktisch, eine Methode direkt aufzurufen, ohne erst eine Instanz der zugehörigen Klasse anzulegen. Für diesen Fall wurde `static` erfunden. Man kann es sowohl für Methoden als auch Variablen von Klassen einsetzen, indem bei der Definition `static` davor gesetzt wird:

   ```
   static void ausgeben()
      {
      }
   ```

   Der Aufruf einer statischen Methode erfolgt dann über den Klassennamen, z.B.

   ```
   Vektor.ausgeben();
   ```

Beim Einsatz von `static` ist zu beachten, dass eine statische Methode nur auf Variablen operieren darf, die ebenfalls als `static` definiert wurden. Wenn Sie also zum Beispiel in der Klasse `Vektor` die Methode `ausgeben()` als statisch definieren, wird sich der Compiler beschweren. Warum? Weil innerhalb von `ausgeben()` auf die Instanzvariablen `x` und `y` zugegriffen wird, die aber nur existieren, wenn auch eine Instanz von `Vektor` existiert! Abhilfe schafft in diesem Fall, die betreffenden Variablen auch als `static` zu definieren:

```
class Vektor
   {
   static double x;
   static double y;
   ....
   }
```

Ähnlich verhält es sich auch mit dem Aufruf von weiteren Methoden aus einer statischen Methode. Es dürfen dann ebenfalls nur statische Methoden aufgerufen werden. Dies war der Grund, warum in Kapitel 10 alle Methoden als `static` vereinbart wurden. Da die aufrufende `main()`-Methode immer `static` ist, mussten dadurch auch alle anderen Methoden statisch sein, da in jenem Kapitel Klassen und Instanziierung noch nicht bereitstanden! Mittlerweile sind Sie aber schon ein recht fortgeschrittener Java-Programmierer und können Klassen definieren und instanziieren. Statische Methoden sollten daher in der Regel überflüssig sein.

Ein markantes Beispiel für statische Methoden ist übrigens die Klasse `Math`. Sie bietet diverse mathematische Methoden an (wir hatten z.B. `Math.sqrt()` kennen gelernt), die alle als `static` definiert wurden und direkt über den Klassennamen aufgerufen werden können. Das Anlegen einer eigenen Instanz der Klasse `Math` ist daher unnötig.

Zusammenfassung

Bei der objektorientierten Programmierung strömt auf den Anfänger gleich eine ganze Flut von neuen, ungewohnten Denkweisen, Konzepten und Dogmen ein. Viele wichtige (wenn auch nicht alle) Konzepte und Regeln haben Sie nun schon kennen gelernt, einige müssen wir noch vertiefen. Damit Sie aber nicht die Übersicht verlieren, haben wir hier die wichtigsten Punkte für Sie noch einmal zusammengestellt:

- Klassen sind (selbst definierte) Datentypen.
- Variablen von Klassentypen bezeichnet man als Instanzen. Die »Werte« dieser Instanzen sind die Objekte der Klasse.
- In der Klassendefinition kann man festlegen, über welche Datenelemente die Objekte der Klasse verfügen und mit Hilfe welcher Methoden man die Objekte bearbeiten kann.
- Das Instanziieren einer Klasse besteht aus zwei Teilen: Zunächst wird eine entsprechende Instanzvariable angelegt (z.B. `Vektor instanzvariable;`). Dann wird durch den `new`-Operator ein Objekt angelegt und der Instanzvariablen zugewiesen. Solange kein Objekt zugewiesen wird, hat eine Instanzvariable den Wert null.
- Beim Instanziieren eines Objekts der Klasse (auch Instanzbildung genannt), wird automatisch eine spezielle Methode der Klasse, der so genannte Konstruktor, aufgerufen. Wir können in der Klasse eigene Konstruktoren definieren, um den Datenelementen der Objekte bei der Instanzbildung Anfangswerte zuzuweisen.

- Der Konstruktor trägt den gleichen Namen wie die Klasse und hat keinen Rückgabewert. Mehrere Konstruktoren mit unterschiedlichen Parameterlisten sind möglich.
- Grundsätzlich haben alle Elemente einer Klasse package scope, d.h. alle Klassen aus dem gleichen Package können auf die Methoden und Variablen der Klasse zugreifen.
- Der Zugriff auf Methoden und Elemente einer Klasse erfolgt durch den Punkt-Operator (`Klassename.Methode()`).
- Um mit den Instanzen einer Klasse kontrolliert programmieren zu können, sollte so wenig wie möglich für die Außenwelt sichtbar sein, indem alle Elemente `private` gesetzt werden. Für den kontrollierten Austausch mit der Außenwelt werden dann öffentliche (package scope oder `public`) GET-/SET-Methoden bereitgestellt.
- Objekte werden de facto nicht als Kopie, sondern als Referenz übergeben. Änderungen durch eine Methode sind auf dem Original wirksam. Das gilt auch für Arrays, die vom Wesen her ebenfalls Objekte sind.
- Durch Voransetzen des Schlüsselwortes `static` werden Methoden als statisch definiert und können dadurch ohne Instanz direkt über den Klassennamen aufgerufen werden.

Kapitel 14

Vererbung

Bisher haben Sie schon viel über Java gelernt. Sie wissen, dass es objektorientiert ist und deswegen die Welt in Objekten sieht, bei denen Eigenschaften und Aktivitäten in Form von Variablen und Methoden zusammengefasst sind. Das zweite Standbein bei der Idee der Objektorientierung ist die Vererbung, die wir in diesem Kapitel in seinen Grundzügen kennen lernen.

Grundgedanke

Stellen Sie sich mal vor, Sie möchten ein Java-Programm schreiben, das der Personalabteilung einer Firma helfen soll, die Angestellten zu verwalten. Als nunmehr objektorientiert denkender Mensch kommen Sie natürlich schnell auf die Idee, dafür Objekte bzw. Klassen zu definieren. Geradezu nahe liegend ist natürlich, eine Klasse Angestellter festzulegen und für diese Klasse dann geeignete Eigenschaften und Aktivitäten zu definieren. Typische Eigenschaften könnten beispielsweise sein:

- Name, Vorname
- Adresse
- Position
- Gehalt

An möglichen Aktivitäten (also Methoden) nehmen wir mal der Einfachheit halber nur eine an, nämlich `erhöheGehalt()`.

Eine entsprechende Klassendefinition ist schnell aufgesetzt:

```
class Angestellter
  {
  // Eigenschaften
  String Name;
  String Vorname;
  String Position;
  int    Gehalt;

  // Konstruktor
  Angestellter(String name, String vorname,
               String position, int gehalt)
    {
    Name     = name;
    Vorname  = vorname;
    Position = position;
    Gehalt   = gehalt;
    }
  }
```

Als Nächstes bräuchten wir nun noch die Methode zur Gehaltserhöhung, die einen Prozentsatz erhält und das aktuelle Gehalt anhebt. Und schließlich ist eine Methode zum Ausgeben der Daten nützlich:

```
class Angestellter
  {
  // Eigenschaften
  String Name;
  String Vorname;
  String Position;
  double Gehalt;
```

```
// Methoden
Angestellter(String name, String vorname,
             String position, double gehalt)
  {
  Name     = name;
  Vorname  = vorname;
  Position = position;
  Gehalt   = gehalt;
  }

void erhöheGehalt(double p)
  {
  Gehalt = Gehalt * (1 + p/100.0);
  }

void Ausgeben()
  {
  System.out.println("Name     : " + Vorname +
                     " " +Name);
  System.out.println("Position : " + Position);
  System.out.println("Gehalt   : " + gehalt+
                     " EUR");
  System.out.println();
  }
}
```

So weit so gut. Man könnte nun direkt daran gehen, ein Java-Programm zu erstellen, das diese Klasse konkret einsetzt und für jeden Angestellten eine Instanz von Angestellten anlegt und beispielsweise alle Instanzen in einem großen Array verwaltet:

```
Angestellter[] personal = new Angestellter[100];
personal[0] = new Angestellter("Louis","Dirk",
                  "Software-Entwickler",100000);
personal[1] = new Angestellter("Alm","Petra",
                              "Manager",100000);
personal[2] = new Angestellter("Hubert","Peter",
                              "Manager", 100000);
// usw.
```

Wenn nun am Ende des Jahres die Gehälter um 5 Prozent angehoben werden sollen (wir nehmen an, dass es der Firma gut geht!), könnte man ganz elegant in einer Schleife durch das Array laufen und für jeden Angestellten die Methode `erhöheGehalt()` aufrufen:

```
int i;
for(i = 0; i < 100; ++i)
   {
   personal[i].erhöheGehalt(5.0);
   }
```

Nehmen wir an, dass die Firmenleitung entschieden hat, bei Software-Entwicklern eine verbesserte Gehaltserhöhung durchzuführen. Angestellte, die diese Position haben, erhalten bei der Erhöhung das 1,5-fache der normalen Erhöhung, bei 5 Prozent also beispielsweise 7,5 Prozent. Wie lässt sich dies nun im obigen Java-Programm umsetzen? Wir sitzen etwas in der Patsche. Ein Ausweg wäre, in der Schleife zur Gehaltserhöhung eine `if`-Abfrage einzubauen:

```
int i;
for(i = 0; i < 100; ++i)
   {
   if((personal[i].Position).equals("Software-Entwickler")
      personal[i].erhöheGehalt(7.5);
   else
   personal[i].erhöheGehalt(5.0);
   }
```

Das ist aber unelegant und aufwendig. Außerdem wird der Quelltext schon deutlich schlechter lesbar. Vorher konnte man auf einen Blick erkennen, was gemacht wird, nun muss schon etwas genauer geschaut werden.

Eine andere Möglichkeit wäre, diese `if`-Abfrage in die Methode `erhöheGehalt()` zu verlagern. Das ist schon deutlich besser und die Lesbarkeit des Java-Programms bleibt gewährleistet. Stellen Sie sich aber vor, dass die Klasse `Angestellter` noch wesentlich mehr Methoden bereitstellen würde als in unserem Minibeispiel (z.B. für die Verwaltung von Urlaubskontigent, Reisekosten, Tagegelder usw.), die alle unterscheiden müssten, welche Position die jeweilige Instanz von `Angestellter` besitzt. Sie können sich bestimmt vorstellen, dass der Quelltext vor Fallunterscheidungen mit `if` oder `switch` nur so wimmeln würde. Und denken Sie mal an das Chaos, wenn nachträglich etwas geändert werden soll. Zahllose Stellen im Quelltext müssten gesucht und angepasst werden. Dass dabei manches schief gehen wird, dürfte klar sein.

Die beste Lösung ist daher der Einsatz von Vererbung. Die Idee ist dabei, dass man eine Hierarchie von Klassen aufbaut. Zuerst kommt eine allgemeine Basisklasse, von der spezielle Versionen *abgeleitet* werden. Die Basisklasse hat dabei die Eigenschaften und Methoden, die für alle Klassen aus dieser Hierarchie gelten sollen. Die abgeleiteten Klassen erweitern die Funktionalität der Basisklasse um ihre Bedürfnisse.

OK, so weit ganz nett. Aber was bringt das nun? Kehren wir zu unserem Beispiel zurück. Bei Einsatz von Vererbung würde man es folgendermaßen machen: Die Klasse `Angestellter` wird als Basisklasse definiert, ganz so wie bisher. Davon abgeleitet wird dann eine Spezialisierung, z.B. `SoftwareEntwickler`. In dieser abgeleiteten Klasse passen wir die Methode `erhöhe`

`Gehalt()` entsprechend an (fügen also den Faktor 1.5 hinzu), und das war es dann schon. Die Hauptschleife in `main()` kann unverändert bleiben! Schauen wir uns nun an, wie dies gemacht wird.

Abgeleitete Klassen erstellen

Fangen wir am besten von vorne an und gehen schrittweise in bewährter Manier vor.

1 Erstellen Sie ein neues Programm, *VererbungDemo.java,* und beginnen Sie mit dem Grundgerüst.

```
// Vererbung
public class VererbungDemo
  {
  public static void main(String[] args)
    {
    }
  }
```

2 Legen Sie die Basisklasse `Angestellter` wie oben gezeigt an.

```
// Vererbung
public class VererbungDemo
  {
  public static void main(String[] args)
    {
    }
  }

class Angestellter
  {
  // Eigenschaften
  String Name;
  String Vorname;
  String Position;
  double Gehalt;

  // Methoden
  Angestellter(String name, String vorname,
                String position, double gehalt)
    {
    Name     = name;
    Vorname  = vorname;
    Position = position;
    Gehalt   = gehalt;
    }
```

```
  void erhöheGehalt(double p)
    {
    Gehalt = Gehalt * (1 + p/100.0);
    }

  void Ausgeben()
    {
    System.out.println("Name      : " + Vorname +
                       " " +Name);
    System.out.println("Position : " + Position);
    System.out.println("Gehalt    : " + Gehalt +
                       " EUR");
    System.out.println();
    }
  }
```

3 Als Nächstes leiten Sie von `Angestellter` eine Klasse `SoftwareEntwickler` ab.

```
// Vererbung
public class VererbungDemo
  {
  public static void main(String[] args)
    {
    }
  }

class Angestellter
  {
  // Eigenschaften
  String Name;
  String Vorname;
  String Position;
  double Gehalt;

  // Methoden
  Angestellter()
    {
    }

  Angestellter(String name, String vorname,
               String position, double gehalt)
    {
    Name     = name;
    Vorname  = vorname;
    Position = position;
    Gehalt   = gehalt;
    }

  void erhöheGehalt(double p)
    {
    Gehalt = Gehalt * (1 + p/100.0);
    }
```

```
  void ausgeben()
    {
    System.out.println("Name     : " + Vorname + " "
                                    + Name);
    System.out.println("Position : " + Position);
    System.out.println("Gehalt   : " + Gehalt + " EUR");
    System.out.println();
    }
  }

class SoftwareEntwickler extends Angestellter
  {
  }
```

Das Definieren einer abgeleiteten Klasse erfolgt im Prinzip wie bei einer normalen Klassendefinition, jedoch wird nach dem Klassennamen noch das Schlüsselwort `extends` gefolgt vom Namen der Basisklasse hinzugefügt. Weiterhin benötigt eine Basisklasse auf jeden Fall einen Standardkonstruktor; aus diesem Grund müssen wir die Klasse `Angestellter` noch einmal anfassen und ihn hinzufügen (auch wenn er eigentlich nichts weiter macht).

Die neue Klasse `SoftwareEntwickler` hat nun automatisch alle Eigenschaften und Methoden von ihrer Basisklasse `Angestellter` geerbt (ausgenommen ist nur, was durch den Zugriffsspezifierer `private` geschützt wurde, siehe Kapitel 13).

Wir müssen uns allerdings um den Konstruktor für `SoftwareEntwickler` kümmern. Die Konstruktoren von `Angestellter` an sich werden nicht weitervererbt. Aber der Java-Compiler verlangt natürlich beim Instanziieren von `SoftwareEntwickler` nach einem Konstruktor namens `SoftwareEntwickler()`! Also:

4 Fügen Sie die notwendigen Konstruktoren zur abgeleiteten Klasse hinzu.

```
// Vererbung
public class VererbungDemo
  {
  public static void main(String[] args)
    {
    }
  }


class Angestellter
  {
  // Eigenschaften
  String Name;
  String Vorname;
  String Position;
```

```
  double Gehalt;

  // Methoden
  Angestellter()
    {
    }

  Angestellter(String name, String vornane,
                              String position, double gehalt)
    {
    Name     = name;
    Vorname  = vorname;
    Position = position;
    Gehalt   = gehalt;
    }

  void erhöheGehalt(double p)
    {
    Gehalt = Gehalt * (1 + p/100.0);
    }

  void ausgeben()
    {
    System.out.println("Name     : " + Vorname + " "
                                                 + Name);
    System.out.println("Position : " + Position);
    System.out.println("Gehalt   : " + Gehalt + " EUR");
    System.out.println();
    }
  }

class SoftwareEntwickler extends Angestellter
  {
  SoftwareEntwickler(String name, String vorname,
                        String position, double gehalt)
    {
    super(name,vorname,position,gehalt);
    }
}
```

Da die abgeleitete Klasse keine zusätzlichen Variablen hat, können wir einfach den Konstruktor der Basisklasse aufrufen. Dies geschieht durch `super()`. `super()` ruft den Konstruktor der Basisklasse auf, der die gleichen Parameter erwartet.

5 Fügen Sie die Spezialisierung für die abgeleitete Klasse hinzu.

```
// Vererbung
public class VererbungDemo
  {
  public static void main(String[] args)
    {
    }
```

```
  }


class Angestellter
  {
  // Eigenschaften
  String Name;
  String Vorname;
  String Position;
  double Gehalt;

  // Methoden
  Angestellter()
    {
    }

  Angestellter(String name, String vorname,
                String position, double gehalt)
    {
    Name     = name;
    Vorname  = vorname;
    Position = position;
    Gehalt   = gehalt;
    }

  void erhöheGehalt(double p)
    {
    Gehalt = Gehalt + Gehalt * (1 + p/100.0);
    }

  void ausgeben()
    {
    System.out.println("Name     :" + Vorname + " " +Name);
    System.out.println("Position : " + Position);
    System.out.println("Gehalt   : " + Gehalt + " EUR");
    System.out.println();
    }
  }

class SoftwareEntwickler extends Angestellter
  {
  SoftwareEntwickler(String name, String vorname,
                     String position, double gehalt)
    {
    super(name,vorname,position,gehalt);
    }

  void erhöheGehalt(double p)
    {
    p *= 1.5;
    Gehalt = Gehalt * (1 + p/100.0);
    }
  }
```

Wir legen eine identische Methode `erhöheGehalt()` an: gleicher Name, gleicher Parameter, gleicher Rückgabetyp. Nur den Methodenrumpf ändern wir, indem der übergebenene Prozentsatz um die Hälfte erhöht wird. Durch die Definition dieser Methode wird die Methode der Basisklasse überschrieben.

6 Legen Sie in der `main()`-Methode einige Angestellte in einem Array ab und führen Sie eine Gehaltserhöhung durch.

```
// Vererbung
public class VererbungDemo
  {
  public static void main(String[] args)
    {
    Angestellter[] personal = new Angestellter[3];

    personal[0] = new SoftwareEntwickler("Louis",
                   "Dirk",
                   "Software-Entwickler",100000);
    personal[1] = new Angestellter("Alm","Petra",
                   "Manager",100000);
    personal[2] = new Angestellter("Hubert",
                   "Peter",
                   "Manager", 100000);

    for(int i = 0; i < 3; ++i)
      {
      personal[i].erhöheGehalt(5.0);
      }

    for(int i = 0; i < 3; ++i)
      {
      personal[i].ausgeben();
      }

    }
  }

class Angestellter
  {
  // Eigenschaften
  String Name;
  String Vorname;
  String Position;
  double Gehalt;
```

```
  // Methoden
  Angestellter()
    {
    }

  Angestellter(String name, String vorname,
                            String position, double gehalt)
    {
    Name     = name;
    Vorname  = vorname;
    Position = position;
    Gehalt   = gehalt;
    }

  void erhöheGehalt(double p)
    {
    Gehalt = Gehalt * (1 + p/100.0);
    }

  void ausgeben()
    {
    System.out.println("Name     : " + Vorname + " "
                        +Name);
    System.out.println("Position : " + Position);
    System.out.println("Gehalt   : " + Gehalt + " EUR");
    System.out.println();
    }
  }


class SoftwareEntwickler extends Angestellter
  {
  SoftwareEntwickler(String name, String vorname,
                     String position, double gehalt)
    {
    super(name,vorname,position,gehalt);
    }

  void erhöheGehalt(double p)
    {
    p *= 1.5;
    Gehalt = Gehalt * (1 + p/100.0);
    }
  }
```

Zunächst legen wir ein kleines Array vom Typ `Angestellter` an, d.h. vom Typ der Basisklasse. Beim Instanziieren von Objekten und Zuweisen an die einzelnen Array-Einträge können wir dann aber sowohl Objekte von der Basisklasse `Angestellter` als auch von `SoftwareEntwickler` verwenden! Das ist ungemein praktisch. Beim Durchlaufen des Arrays zur Gehaltserhöhung rufen wir immer die Methode `erhöheGehalt()` auf, aber in Abhängigkeit vom aktuellen Klassentyp wird entweder die Methode der Basisklasse oder die Methode der abgeleiteten Klasse mit der veränderten Berechnung aufgerufen. Und zwar automatisch! Das macht die Java-Laufzeitumgebung von selbst.

7 Speichern Sie das Programm als *VererbungDemo.java*, kompilieren Sie es und führen Sie es aus.

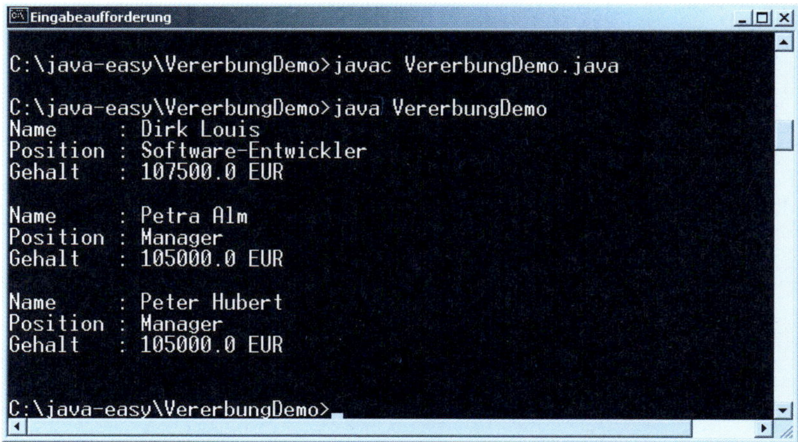

Abbildung 14.1: Ausgabe des Demo-Programms zur Vererbung

Kapitel 15

Programmieren mit Dateien

Nach den schwierigen Kapiteln zur objektorientierten Programmierung haben wir uns etwas Ruhe und Entspannung verdient. Nun ist die Programmierung mit Dateien sicherlich nicht gerade das einfachste aller denkbaren Themen, aber es ist auch nicht besonders schwer, jedenfalls nicht, wenn man – wie wir – bereits über fortgeschrittene Kenntnisse verfügt und sich an bestimmte Formalismen hält.

Streams

In Java basiert jegliche Ein- und Ausgabe, ob von der Tastatur, zum Bildschirm, in eine Datei oder von und zu einem anderen beliebigen Gerät, auf dem Konzept der Streams.

WAS IST DAS

Streams sind Datenströme, über die Daten von einer Quelle zu einem Ziel bewegt werden.

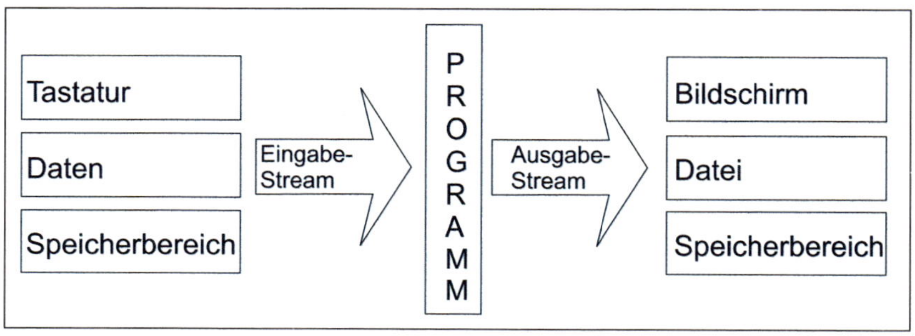

Abbildung 15.1: Das Stream-Modell

Wenn wir nun Daten von einer Datei auf der Festplatte einlesen möchten, dann bildet die Datei die Quelle für den Datenstrom. Umgekehrt ist die Datei beim Schreiben das Ziel des Datenstroms.

WAS IST DAS

Je nachdem in welcher Form Daten in einer Datei gespeichert werden, unterscheidet man zwischen Text- und Binärdateien. Textdateien enthalten normalen so genannten ASCII-Text, wie man ihn in jedem Editor betrachten und bearbeiten kann. Auch Zahlen werden in einer solchen Datei als Text (als Ziffernfolgen) abgespeichert. Binärdateien enthalten dagegen binär codierte Daten, wie sie auch im Arbeitsspeicher des Computers stehen. Der Inhalt einer solchen Datei kann nur mit Hilfe spezieller Editoren gelesen werden. Obwohl man mit Java sowohl Text- als auch Binärdateien lesen und schreiben kann, beschränken wir uns in diesem Buch auf den Zugriff auf Textdateien.

In Dateien schreiben

Das Schreiben in Dateien erfolgt in vier Schritten:

1. Einbinden des Java-Pakets `java.io`
2. Erzeugen des Stream-Objekts, das mit der Datei verknüpft wird
3. Schreiben in die Datei
4. Schließen des Ausgabestreams zur Datei

Das klingt sicherlich komplizierter, als es ist. Die meisten Punkte sind schnell und einfach implementiert – man muss nur wissen wie. Wohlan also, frisch ans Werk!

1 Legen Sie ein neues Programm, *DateiAusgabe.java,* an und beginnen Sie mit dem folgenden Grundgerüst:

```
// In Dateien schreiben
import java.io.*;

public class DateiAusgabe
  {
  public static void main(String[] args)
                                   throws IOException
    {
    }
  }
```

Beachten Sie, dass man bei der Definition einer Methode, die streambasierte Ein-/Ausgaben durchführt, dem Compiler melden muss, dass dabei ein nicht behebbarer Fehler auftreten könnte. Dies geschieht durch `throws IOException`.

2 Erzeugen Sie eine Instanz der Klasse `FileWriter`. Diese Instanz ist unser Ausgabestream und stellt die Verknüpfung mit der Datei her.

```
// In Dateien schreiben
import java.io.*;

public class DateiAusgabe
  {
  public static void main(String[] args)
                                   throws IOException
    {
    FileWriter dateiStream =
                       new FileWriter("test.txt");
    }
  }
```

Der Konstruktor von `FileWriter` erhält als Argument den gewünschten Dateinamen. Bei der Angabe von Dateinamen in einem Java-Programm müssen Sie allerdings noch etwas beachten:

ACHTUNG

Bei Pfadangaben auf Windows-Systemen gibt es ein kleines Problem bei der Angabe von Dateinamen mit Pfadinformationen. Windows verwendet zum Trennen der Verzeichnisse in Pfadangaben nämlich das \-Zeichen, das vom Compiler als spezielles Steuerungszeichen (Escape-Zeichen) interpretiert wird. Um Missverständnissen vorzubeugen, müssen daher in den Pfadangaben alle \-Zeichen verdoppelt werden (z.B. c:\\demo.txt *statt* c:\demo.txt*). Das gilt natürlich nur für Pfad- und Dateiangaben in String-Konstanten, die im Quelltext eingegeben werden. Falls Sie einen Dateinamen von der Konsole in einen String einlesen, braucht der Anwender keinen doppelten Backslash zu tippen.*

Außerdem sollten Sie beachten, dass bei der oben gezeigten Vorgehensweise eine schon vorhandene Datei mit dem gleichen Namen ohne weitere Warnung ersetzt und somit überschrieben wird!

3 Legen Sie eine Instanz der Klasse `PrintWriter` an, die als Argument den Ausgabestream erhält.

```
// In Dateien schreiben
import java.io.*;

public class DateiAusgabe
  {
  public static void main(String[] args)
                                 throws IOException
    {
    FileWriter dateiStream = new FileWriter("test.txt");

    PrintWriter ausgabe =
                     new PrintWriter(dateiStream);
    }
  }
```

Die `PrintWriter`-Klasse bietet Methoden zur bequemen Ausgabe von Text, insbesondere die schon vertrauten `print()`- und `println()`-Methoden, die genauso verwendet werden wie die gleichnamigen Methoden von `System.out`.

4 Schreiben Sie Daten in die Datei.

```
// In Dateien schreiben
import java.io.*;

public class DateiAusgabe
  {
  public static void main(String[] args)
                                   throws IOException
    {
    FileWriter dateiStream = new FileWriter("test.txt");
    PrintWriter ausgabe = new PrintWriter(dateiStream);
    // Verschiedene Daten zum Testen in die Datei
    // schreiben
    String text1 = "Dies ist ein Text";
    int    var1  =  1000;
    String text2 = "Dies ist ein weiterer Text";
    double var2  =  555.111;

    ausgabe.println(text1);
    ausgabe.println(var1);
    ausgabe.println(text2);
    ausgabe.println(var2);
    }
  }
```

5 Schließen Sie den Ausgabestrom.

```
// In Dateien schreiben
import java.io.*;

public class DateiAusgabe
  {
  public static void main(String[] args)
                                   throws IOException
    {
    FileWriter dateiStream = new FileWriter("test.txt");
    PrintWriter ausgabe = new PrintWriter(dateiStream);
    // Verschiedene Daten zum Testen in die Datei
    // schreiben
    String text1 = "Dies ist ein Text";
    int    var1  =  1000;
    String text2 = "Dies ist ein weiterer Text";
    double var2  =  555.111;

    ausgabe.println(text1);
    ausgabe.println(var1);
    ausgabe.println(text2);
    ausgabe.println(var2);

    ausgabe.close();

    }
  }
```

Wenn ein Ausgabestrom nicht mehr benötigt wird, muss durch Aufrufen der `close()`-Methode der Strom geschlossen werden. Dies bewirkt zum einen, dass die Datei freigegeben wird und auch andere Programme zugreifen können, zum anderen werden bei den vorangegangenen `println()`-Anweisungen die übergebenen Daten erst einmal im Hauptspeicher gepuffert. Erst bei Überschreitung einer gewissen Menge oder dem Aufruf von `close()` werden die Daten tatsächlich auf die Festplatte in die gewünschte Datei geschrieben. Anders gesagt: Falls der Computer oder das Programm abstürzt, bevor die `close()`-Methode ausgeführt worden ist, kann es sein, dass die Daten noch im Hauptspeicher waren und somit verloren sind.

6 Speichern Sie das Programm als *DateiAusgabe.java*. Kompilieren Sie es und führen Sie es aus.

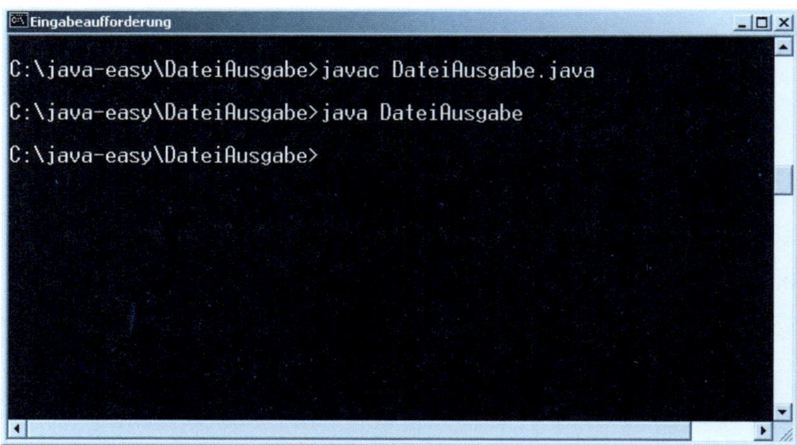

Abbildung 15.2: Ausführung des DateiAusgabe*-Programms*

7 Öffnen Sie die erzeugte Datei in einem Texteditor und kontrollieren Sie die erzeugte Datei.

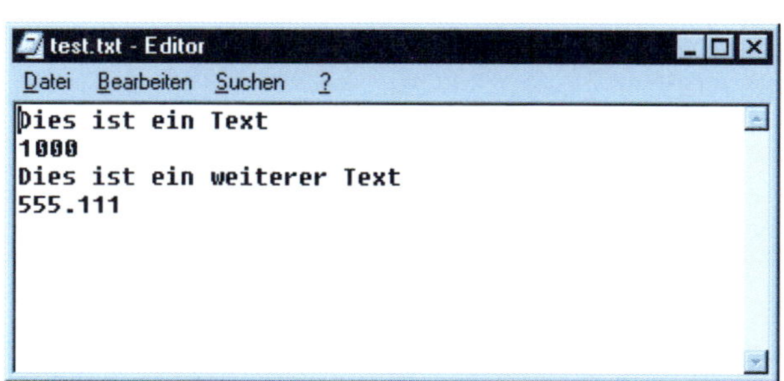

Abbildung 15.3: Die vom Programm angelegten Daten

Aus Dateien lesen

Das Lesen von Dateien erfolgt ganz analog zum Schreiben:

1. Einbinden des Java-Pakets `java.io`
2. Erzeugen des Stream-Objekts, das mit der Datei verknüpft wird
3. Lesen aus der Datei
4. Schließen des Eingabestreams zur Datei

Problematisch ist dabei höchstens das eigentliche Lesen der Daten aus der Datei.

1 Legen Sie ein neues Programm, *DateiEingabe.java,* an und beginnen Sie mit dem folgenden Grundgerüst:

```
// Aus Dateien lesen
import java.io.*;

public class DateiEingabe
  {
  public static void main(String[] args)
                                  throws IOException
    {
    }
  }
```

2 Erzeugen Sie eine Instanz der Klasse `FileReader`. Diese Instanz ist unser Eingabestream und stellt die Verknüpfung mit der Datei her.

```
// Aus Dateien lesen
import java.io.*;

public class DateiEingabe
  {
  public static void main(String[] args)
                                  throws IOException
    {
    FileReader dateiStream = new FileReader(
                            "DateiEingabe.java");
    }
  }
```

Die Klasse `FileReader` stellt das exakte Gegenstück zu `FileWriter` dar. Ihr Konstruktor erwartet einen String mit der einzulesenden Datei.

3 Erzeugen Sie eine Instanz von BufferedReader, die mit dem Eingabestream verbunden wird. Diese Klasse bietet die Methode readLine() zum bequemen zeilenweisen Einlesen von Text

```
// Aus Dateien lesen
import java.io.*;

public class DateiEingabe
  {
  public static void main(String[] args)
                                   throws IOException
    {
    FileReader dateiStream = new FileReader(
                                      "DateiEingabe.java");

    BufferedReader eingabe =
                  new BufferedReader(dateiStream);
    }
  }
```

4 Das eigentliche Lesen erfolgt in einer Schleife mittels readLine().

```
// Aus Dateien lesen
import java.io.*;

public class DateiEingabe
  {
  public static void main(String[] args)
                                   throws IOException
    {
    FileReader dateiStream = new FileReader(
                                      "DateiEingabe.java");

    BufferedReader eingabe =
                         new BufferedReader(dateiStream);

    String zeile;

    while(true)
     {
     zeile = eingabe.readLine();

     if(zeile == null)
       break;

     System.out.println("Eingelesen: " + zeile);
     }
    }
  }
```

Die Methode readLine() liest immer eine komplette Zeile ein und gibt sie als String zurück. Wenn der Rückgabewert null ist, ist das Dateiende erreicht und wir beenden die Endlosschleife mit break.

5 Schließen Sie den Eingabestrom.

```
// Aus Dateien lesen
import java.io.*;

public class DateiEingabe
  {
  public static void main(String[] args)
                                  throws IOException
    {
    FileReader dateiStream = new FileReader(
                                     "DateiEingabe.java");

    BufferedReader eingabe =
                            new BufferedReader(dateiStream);

    String zeile;

    while(true)
     {
     zeile = eingabe.readLine();

     if(zeile == null)
       break;

     System.out.println("Eingelesen: " + zeile);
     }

    eingabe.close();
    }
  }
```

6 Speichern Sie das Programm als *DateiEingabe.java*, kompilieren Sie es und führen Sie es aus.

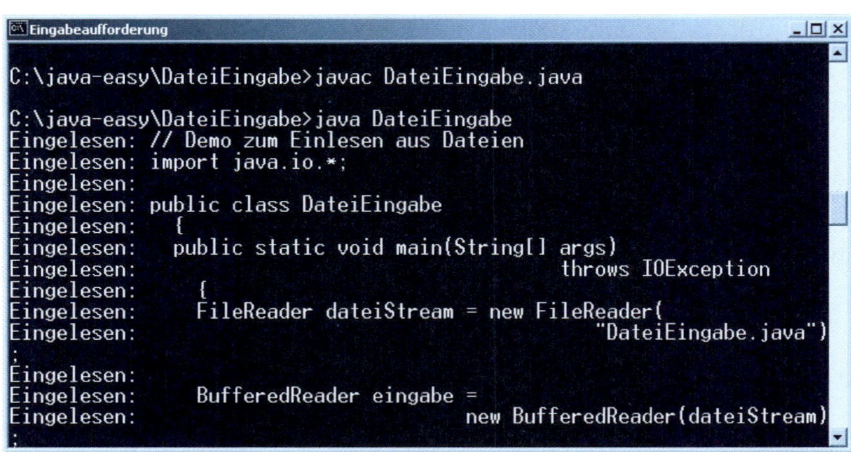

Abbildung 15.4: Inhalt einer Java-Quelltextdatei einlesen und auf die Konsole ausgeben

Das Hauptstädte-Quiz

So langsam nähern wir uns dem Ende des Buches. Im nächsten und letzten Kapitel werden wir uns noch einige abschließende Techniken ansehen, und dann haben Sie es geschafft – Sie sind ein Java-Programmierer. Doch bevor Sie das Buch aus der Hand legen, wollen wir – wie in Kapitel 2 versprochen – zusammen noch ein etwas umfangreicheres und kompliziertes Programm erstellen, quasi Ihr Gesellenstück.

Das Programm, um das es geht, ist ein Quizprogramm, das die Hauptstädte verschiedener Länder abfragt.

Das Konzept

Zur Unterstützung des Programms werden wir eine Datenbank in Form einer einfachen Textdatei anlegen. In dieser Datenbank speichern wir die Land-Hauptstadt-Kombinationen, die das Programm später abfragen wird.

Der grobe Ablauf des Programms soll wie folgt aussehen:

- Das Programm öffnet die Datenbank und ermittelt, wie viele Datensätze (jede Land-Hauptstadt-Kombination entspricht einem Datensatz) in der Datei gespeichert sind.
- Dann wählt das Programm einen der Datensätze aus der Datenbank aus (die Auswahl soll zufällig sein) und liest Land und Hauptstadt ein.
- Schließlich fragt das Programm den Anwender nach der Hauptstadt zu dem Land, liest die Eingabe des Anwenders ein, prüft, ob die richtige Stadt eingegeben wurde, und gibt eine Antwort aus.

Dabei werden Sie noch einige Neuigkeiten erfahren, insbesondere wie man Zufallszahlen erzeugt und wie von einer Datei eingelesene Daten verarbeitet werden können.

Die Implementierung

1 Legen Sie ein neues Programm, *Quiz.java,* an und beginnen Sie mit dem Grundgerüst:

```
// Hauptstadt-Quiz
import java.io.*;

public class Quiz
  {
  public static void main(String[] args)
                                 throws IOException
    {
    }
  }
```

2 Legen Sie die Datenbank zu dem Programm an.

Legen Sie dazu mit Hilfe eines Editors wie *notepad* eine einfache Textdatei an, die Sie unter dem Namen *Quiz.txt* im Verzeichnis des Programms speichern.

Tippen Sie zuerst die Anzahl der Datensätze und dann die Land-Hauptstadt-Kombinationen ein.

```
9
Angola Luanda
Kolumbien Bogota
USA Washington
Schweiz Bern
Schweden Stockholm
Senegal Dakar
Frankreich Paris
Deutschland Berlin
Japan Tokio
```

Wenn man Daten aus einer Datei in ein Programm einliest, muss man sich üblicherweise beim Aufsetzen der Einleseroutine nach dem Format der Daten in der Datei richten. Da wir die einzulesende Datei selbst anlegen, sind wir in der glücklichen Lage, die Daten so anzuordnen, wie es uns am besten gefällt.

Wir beginnen daher die Datenbank mit einer Zeile, die lediglich die Gesamtzahl an Datensätzen (die auch *Records* genannt werden) enthält. Danach kommen zeilenweise die Ländernamen gefolgt von der Hauptstadt. Durch diesen geordneten Aufbau machen wir uns im Folgenden das Einlesen einfacher.

3 Öffnen Sie die Datenbankdatei.

```
// Hauptstadt-Quiz
import java.io.*;

public class Quiz
  {
  public static void main(String[] args)
                                 throws IOException
    {
    FileReader dateiStream = new FileReader(
                                   "Quiz.txt");
    BufferedReader eingabe =
                 new BufferedReader(dateiStream);
    }
  }
```

Diese Anweisungen sind Ihnen mittlerweile schon vertraut. Die Instanz von `FileReader` stellt den Eingabestrom zur Datenbankdatei her. Die `BufferedReader`-Klasse wird angelegt, um die bequeme `readLine()`-Methode einsetzen zu können.

4 Lesen Sie die Anzahl der in der Datei gespeicherten Datensätze ein.

```
// Hauptstadt-Quiz
import java.io.*;

public class Quiz
  {
  public static void main(String[] args)
                                   throws IOException
    {
    FileReader dateiStream = new FileReader("Quiz.txt");


    BufferedReader eingabe =
                     new BufferedReader(dateiStream);

    // Anzahl der Einträge lesen
    String zeile;
    int anzahl;

    zeile = eingabe.readLine();
    anzahl = Integer.parseInt(zeile);
    }
  }
```

Die Anzahl der Datensätze ist die erste Angabe in der Datei. In bekannter Manier lesen wir also die erste Zeile ein und wandeln die darin enthaltene als Zeichenkette vorhandene Zahl in eine richtige Ganzzahl um, die wir der Variablen `anzahl` zuweisen.

5 Wählen Sie zufällig einen Datensatz aus.

```
// Hauptstadt-Quiz
import java.io.*;
import java.util.*;

public class Quiz
  {
  public static void main(String[] args)
                                   throws IOException
    {
    FileReader dateiStream = new FileReader(Quiz.txt");

    BufferedReader eingabe =
                           new BufferedReader(dateiStream);

    // Anzahl der Einträge lesen
    String zeile;
    int anzahl;

    zeile = eingabe.readLine();
    anzahl = Integer.parseInt(zeile);
```

```
        // Eine Zufallszahl zwischen 1 und anzahl
        Random zufall = new Random();
        int zufallszahl;

        while(true)
          {
          zufallszahl = zufall.nextInt(anzahl+1);
          if(zufallszahl != 0)
             break; // Zahl ist ok
          }
        }
      }
```

Es wäre recht langweilig, wenn das Programm bei jedem Aufruf nach der gleichen Hauptstadt fragen würde. Deswegen wollen wir das Programm so implementieren, dass es einen Datensatz zufällig auswählt.

Zu diesem Zweck ziehen wir eine Zufallszahl, die zwischen 1 und der Gesamtzahl der Datensätze liegt. Wenn das Programm dann beispielsweise eine 3 zieht, bedeutet dies, dass die Hauptstadt des Landes aus dem dritten Datensatz abgefragt werden soll.

Zur Erzeugung einer Zufallszahl existiert im Package `java.util` die Klasse `Random`, von der wir eine Instanz anlegen. Sie bietet dann die Methode `nextInt(n)` an, die eine zufällige Zahl zwischen 0 und n (exklusive) erzeugt. Aus diesem Grund übergeben wir `nextInt()` als Argument `anzahl+1`, damit auch der letzte Eintrag der Datenbank ausgewählt werden kann. Umgekehrt ist 0 kein gültiger Wert für uns, sodass 0 nicht akzeptiert und erneut gewürfelt wird. Zu diesem Zweck wurde die `while`-Schleife eingesetzt, die so lange durchlaufen wird, bis eine Zufallszahl ungleich 0 erzeugt worden ist.

Vielleicht fragen Sie sich an dieser Stelle, wie ein Computer zufällig Zahlen erzeugen soll? Ein Computer führt doch immer nur genaue Anweisungsfolgen (Programme) aus, ist also in höchstem Maße deterministisch. Tatsächlich kann ein Computer auch keine echten, wirklich zufälligen Zahlenfolgen kreieren. Er arbeitet nach einem bestimmten Algorithmus und generiert dadurch bei jedem Aufruf von `nextInt()` eine Zahl. Dadurch entsteht eine Zahlenfolge, die auf einen Menschen zufällig und unregelmäßig wirkt.

Der Algorithmus, der verwendet wird, legt aufgrund seiner Konstruktion schon die gesamte Folge an Zahlen fest, die jemals erzeugt werden kann. Nach einer gewissen Anzahl an Zahlen wiederholt sich dann die Folge. Beim Anlegen einer `Random`-Instanz wird aufgrund der aktuellen Uhrzeit zufällig festgelegt, an welcher Stelle in der Zahlenfolge der Algorithmus einsteigt. Dadurch wird sichergestellt, dass nicht bei jedem Programmlauf die genau gleiche Abfolge an Zufallszahlen erzeugt wird.

6 Lesen Sie aus der Datei das Land und die Hauptstadt des ausgewählten Datensatzes ein.

```
// Hauptstadt-Quiz
import java.io.*;
import java.util.*;

public class Quiz
  {
  public static void main(String[] args)
                                    throws IOException
    {
    FileReader dateiStream = new FileReader(Quiz.txt");

    BufferedReader eingabe =
                           new BufferedReader(dateiStream);

    // Anzahl der Einträge lesen
    String zeile;
    int anzahl;

    zeile = eingabe.readLine();
    anzahl = Integer.parseInt(zeile);

    // Eine Zufallszahl zwischen 1 und anzahl
    Random zufall = new Random();
    int zufallszahl;

    while(true)
      {
      zufallszahl = zufall.nextInt(anzahl+1);
      if(zufallszahl != 0)
         break; // Zahl ist ok
      }
    // die gewürfelte Zeile einlesen
    for(int i = 1; i <= zufallszahl; i++)
       zeile = eingabe.readLine();
    }
  }
```

Die gewürfelte Zahl gibt uns nun an, wie viele Zeilen übersprungen werden sollen. Wir lesen also die Zeilen der Reihe nach ein und überschreiben dabei gegebenenfalls die vorhergehende. Wenn die Schleife stoppt, steht die letzte gelesene Zeile aus der Datei in der Variablen `zeile`.

Als Nächstes müssen wir nun das Problem lösen, dass in `zeile` zwei Begriffe stehen, die wir auf zwei `String`-Variablen, `land` und `hauptstadt`, aufteilen müssen.

7 Als Nächstes müssen wir nun das Problem lösen, dass in `zeile` zwei Begriffe stehen, die wir auf zwei `String`-Variablen, `land` und `hauptstadt`, aufteilen müssen.

```
// Hauptstadt-Quiz
import java.io.*;
import java.util.*;

public class Quiz
  {
  public static void main(String[] args)
                                  throws IOException
    {
    FileReader dateiStream = new FileReader(Quiz.txt");

    BufferedReader eingabe =
                           new BufferedReader(dateiStream);

    // Anzahl der Einträge lesen
    String zeile;
    int anzahl;

    zeile = eingabe.readLine();
    anzahl = Integer.parseInt(zeile);

    // Eine Zufallszahl zwischen 1 und anzahl
    Random zufall = new Random();
    int zufallszahl;

    while(true)
      {
      zufallszahl = zufall.nextInt(anzahl+1);
      if(zufallszahl != 0)
         break; // Zahl ist ok
      }

    // die gewürfelte Zeile einlesen
    for(int i = 1; i <= zufallszahl; i++)
       zeile = eingabe.readLine();
    // Land und Hauptstadt extrahieren
    StringTokenizer st =
                       new StringTokenizer(zeile);
    String land = st.nextToken();
    String hauptstadt = st.nextToken();
    }
  }
```

Im Java-Package `java.util` findet sich glücklicherweise für diesen Zweck die ideale Klasse – `StringTokenizer`. Man legt davon eine Instanz an und übergibt dem Konstruktor die zu zerlegende Zeichenkette. Durch den Aufruf der Methode `nextToken()` erhält man dann der Reihe nach die einzelnen Wörter (= Tokens) aus der Zeichenkette. Also superpraktisch!

8 Fragen Sie den Anwender nach der Hauptstadt des ausgewählten Landes und werten Sie seine Antwort aus. Danach wird der Eingabestrom geschlossen.

```
// Hauptstadt-Quiz
import java.io.*;
import java.util.*;

public class Quiz
  {
  public static void main(String[] args)
                                 throws IOException
    {
    FileReader dateiStream = new FileReader(Quiz.txt");

    BufferedReader eingabeDatei =
                       new BufferedReader(dateiStream);

    // Anzahl der Einträge lesen
    String zeile;
    int anzahl;

    zeile = eingabeDatei.readLine();
    anzahl = Integer.parseInt(zeile);

    // Eine Zufallszahl zwischen 1 und anzahl
    Random zufall = new Random();
    int zufallszahl;

    while(true)
      {
      zufallszahl = zufall.nextInt(anzahl+1);
      if(zufallszahl != 0)
         break; // Zahl ist ok
      }

    // die gewürfelte Zeile einlesen
    for(int i = 1; i <= zufallszahl; i++)
       zeile = eingabeDatei.readLine();

    // Land und Hauptstadt extrahieren
    StringTokenizer st = new StringTokenizer(zeile);
    String land = st.nextToken();
    String hauptstadt = st.nextToken();

    System.out.print("Hauptstadt von " + land + ": ");

    BufferedReader tastatur =
        new BufferedReader(
                new InputStreamReader(System.in));
    String antwort = tastatur.readLine();
```

```
        if(antwort.equals(hauptstadt))
          System.out.println(
                         ¬"Die Antwort ist richtig!");
        else
          System.out.println("Falsch. Richtig ist "
                               + hauptstadt);

        eingabeDatei.close();
        }
    }
```

9 Speichern Sie das Programm als *Quiz.java*, kompilieren Sie es und führen Sie es aus.

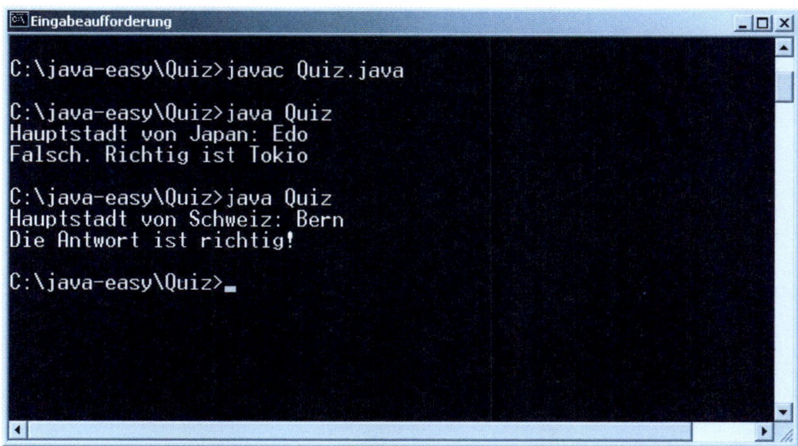

Abbildung 15.5: Das Quiz*-Programm*

Sie können das Programm noch verbessern, indem Sie die Datenbank erweitern (nicht vergessen, die Angabe der Gesamtsumme der Datensätze in der ersten Zeile der Datei anzupassen). Eine andere interessante Erweiterung wäre, die Abfrage der Hauptstädte innerhalb einer Schleife durchzuführen (und nicht jedes Mal das Programm neu zu starten).

Kapitel 16

Abschluss und Ausblick

Nachdem Sie mittlerweile mit Java, der Java-Syntax und der Erstellung von Konsolenanwendungen gut vertraut sind, wollen wir uns noch einige weiterführende Techniken rund um die Java-Programmierung anschauen. Dabei wird es sich mehr um einen flüchtigen Blick handeln als um eine detaillierte Behandlung. Dieses Kapitel soll Ihnen vor allem Lust auf mehr Java machen und kurz andeuten, was man noch so alles machen kann.

Zuerst werden wir Ihnen zeigen, wie man Applets zur Unterstützung von Webseiten erstellt und wie eine einfache, grafische Oberfläche erzeugt wird. Danach stellen wir Ihnen den Java-Debugger vor, mit dessen Hilfe man logische Fehler in Programmen aufspüren kann. Wir beenden das Kapitel mit Tipps und Literaturhinweisen zur Weiterbildung.

Applets

Applets sind eine echte Java-Spezialität. Mit Java kann man nämlich nicht nur Programme für Anwender, sondern auch Programme für Webseiten erstellen! Wie das geht und welche Möglichkeiten sich daraus ergeben, erfahren Sie in diesem Abschnitt.[1]

Stellen Sie sich vor, Sie wollen eine Webseite zum Thema »Diät und Gesundheit« ins Internet stellen. Dabei sollen die Besucher Ihrer Website auch die Gelegenheit erhalten, sich online ihren *Body-Mass-Index* berechnen zu lassen. Dies allein mit HTML-Code zu realisieren, ist allerdings schlichtweg unmöglich.

Sicherlich, Sie könnten einen Text aufsetzen, der beschreibt, wie man den Body-Mass-Index berechnet und wie die verschiedenen Index-Werte einzuschätzen sind. Doch ist dies natürlich bei weitem nicht so attraktiv wie eine Webseite mit Eingabefeldern, in die der Besucher seine Körpergröße und sein Gewicht direkt eingeben kann, und einem Schalter, den man nur zu drücken braucht, um danach seinen Body-Mass-Index mit einer kleinen Erläuterung angezeigt zu bekommen (siehe Abbildung 16.1).

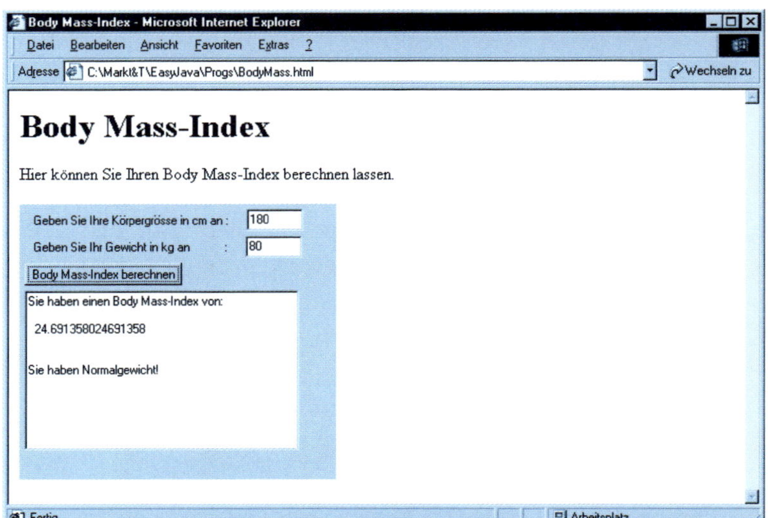

Abbildung 16.1: Webseite mit integriertem Applet (siehe den Abschnitt Eingabemasken für Applets*)*

Mit Hilfe von Java ist die Realisierung einer solchen interaktiven Webseite möglich.

1. Wir gehen dabei davon aus, dass Sie bereits über einen Internet Provider verfügen und mit der Erstellung und Veröffentlichung von Webseiten vertraut sind.

JavaScript und CGI

Java-Applets sind nicht die einzige Möglichkeit zur Erstellung interaktiver, programmgestützter Webseiten. Andere Optionen wären das Aufsetzen eines JavaScript- oder eines CGI-Programms.

JavaScript hat mit Java wenig zu tun; beide verbindet lediglich der Name und eine in den Grundzügen ähnliche Syntax. JavaScript wurde speziell für die Webseitenprogrammierung entwickelt: Es ist einfach zu erlernen, der Code kann direkt in den HTML-Code der Webseite geschrieben werden und man kann mit JavaScript auf Mausbewegungen und andere Ereignisse in der Webseite reagieren sowie die einzelnen HTML-Elemente der Webseite manipulieren (beispielsweise eine neue Hintergrundfarbe auswählen oder ein eingebettetes Bild verrücken). Letzteres ist mit Java nicht möglich. Dafür ist Java die weitaus mächtigere Programmiersprache, die vor allem dem fortgeschrittenen Web-Programmierer Techniken und Möglichkeiten eröffnet, die mit JavaScript nicht realisierbar sind. Zudem werden Java-Applets nicht wie JavaScript-Programme als Quelltext, sondern als binärer Bytecode (.class*-Datei) heruntergeladen, sodass die Programme vor ungewollter Nachahmung geschützt sind.[1] Schließlich sind Applets meist einfacher wieder verwertbar als JavaScript-Code.*

CGI-Programme sind Programme, die nicht zusammen mit der Webseite auf den Rechner des Webbesuchers heruntergeladen werden. Sie werden auf dem Webserver ausgeführt. Dies hat den Vorteil, dass man – bei entsprechend gesetzten Zugriffsrechten – von einem solchen Programm aus auf andere serverseitige abgespeicherte Dateien (beispielsweise eine Datenbank oder ein andere HTML-Datei) zugreifen kann. CGI-Programme werden meist zur serverseitigen Auswertung von Formulareingaben verwendet (Gästebücher, Online-Bestellungen etc.). Für Programmieraufgaben, die ganz auf Seiten des Webbesuchers ausgeführt werden können, sind sie nicht geeignet – in solchen Fällen sollte man JavaScript oder Java den Vorzug geben.

---

1. *Was im Falle eines so einfachen Programms wie der Berechnung des Body-Mass-Indexes an sich nicht nötig ist. Tatsächlich würde ein Webdesigner, der über JavaScript-Kenntnisse verfügt, die angesprochene Body-Mass-Berechnung wohl mit JavaScript implementieren. Es spricht aber auch nichts gegen das Aufsetzen eines Applets.*

Applets im Web

Begleiten wir doch einmal ein Applet von seiner Erstellung im Editor des Programmierers bis zur Ausführung im Browser eines Websurfers.

1. Alles beginnt damit, dass Sie den Quelltext des Applets aufsetzen und wie gewohnt als Textdatei mit der Extension *.java* abspeichern.
2. Dann rufen Sie den Java-Compiler auf und übergeben ihm die Quelltextdatei. Ist der Quelltext ohne Fehler, erzeugt der Compiler eine Bytecode-Datei mit der Extension *.class*.
3. Als Nächstes setzen Sie die Webseite auf. Mit Hilfe des HTML-Tags `<applet>` wird das Applet in die Webseite eingebettet.

   In den HTML-Tags gibt man Namen und Ort des Applets an. Im einfachsten Fall kopiert man die *.class*-Datei des Applets direkt in das Verzeichnis, in dem auch die Webseite steht, in der das Applet aufgerufen wird.

Jetzt machen wir einen Sprung und wechseln zu einem Websurfer, der gerade die Webseite mit dem Applet angesteuert hat.

4. Der Browser lädt die Webseite, das heißt, er schickt eine entsprechende Anforderung an den Webserver, auf dem die Webeseite gespeichert ist. Der Webserver schickt ihm neben dem HTML-Code der Webseite auch die *class*-Datei des Applets.
5. Der Browser nimmt Webseite und Applet entgegen.
6. Um das Applet auszuführen, ruft der Browser seinen integrierten Java-Interpreter auf. Dieser startet das Applet.

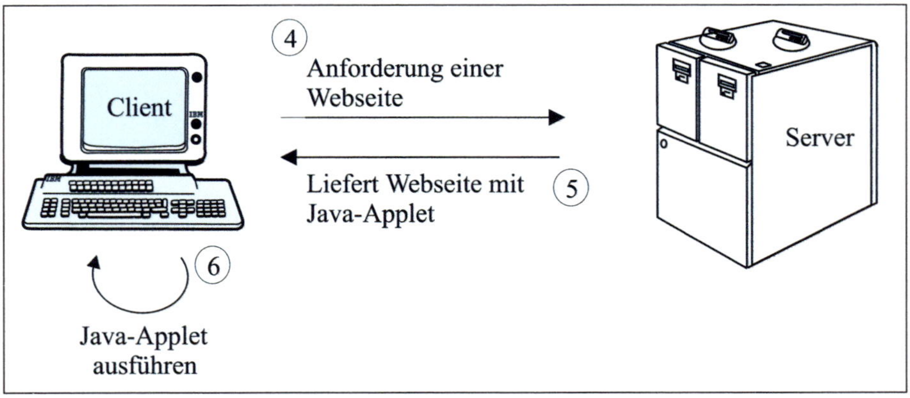

Abbildung 16.2: Ausführung von Applets

HINWEIS

Die Ausführung eines Applets in einem Browser bedeutet, dass fremder Code auf dem Rechner der Websurfer ausgeführt wird. Grundsätzlich stellt die Ausführung von fremden Programmen stets ein Sicherheitsrisiko dar, denn man weiß ja nicht, ob das Programm nicht in zerstörerischer Absicht erstellt wurde und vielleicht einen Virus transportiert oder direkt die Dateien auf der Festplatte löscht. Im Falle der Applets stellt allerdings der in den Browser integrierte Java-Interpreter sicher, dass der Code, in diesem Fall das Applet, auf dem Rechner des Websurfers keinen Schaden anrichten kann. Java-Programmierer sprechen in diesem Zusammenhang von der sandbox, *dem »Sandkasten«, in dem sich das Applet tummeln kann, ohne Bereiche außerhalb dieses Sandkastens (andere laufende Anwendungen, Daten auf der Festplatte etc.) gefährden zu können.*

Ein erstes Applet

Applets verfügen über ein eigenes Grundgerüst, dessen Aufbau wir uns am Beispiel eines einfachen Applets anschauen wollen, das den Gruß »Hallo World Wide Web« ausgibt.

1 Beginnen Sie eine neue Datei, *HalloWWW.java*.

2 Importieren Sie die erforderlichen Klassen. Für Applets brauchen wir zumindest die Klassen `java.awt.Graphics` und `java.applet.Applet`.

```
// Dies ist das erste Applet
import java.awt.Graphics;
import java.applet.Applet;
...
```

Sie können hier sehen, dass eine `import`-Anweisung auch nur für einzelne Klassen möglich ist. Alternativ kann man natürlich auch jeweils das komplette Package importieren (z.B. `import java.awt.*;`).

3 Legen Sie das Grundgerüst für die Hauptklasse des Applets an.

Wir nennen unser erstes Applet `HalloWWW`.

```
// Dies ist das erste Applet
import java.awt.Graphics;
import java.applet.Applet;
public class HalloWWW
  {
  }
```

4 Leiten Sie die Hauptklasse des Applets von der Klasse `Applet` ab.

```
// Dies ist das erste Applet
import java.awt.Graphics;
import java.applet.Applet;

public class HalloWWW extends Applet
  {
  }
```

Wie Sie bereits wissen, gibt es in den Java-Bibliotheken viele fertige Klassen, die von Java bereitgestellt werden. Eine solche Klasse ist die Klasse `Applet`, die eine Reihe von Methoden enthält, die für die Applet-Programmierung wichtig sind: `paint()`, `init()`, `start()`, `stop()` und `destroy()`. Damit wir diese Methoden auch für unsere Applet-Klasse `HalloWWW` nutzen können, geben wir `Applet` als Basisklasse unserer Applet-Klasse `HalloWWW` an.

```
public class HalloWWW extends Applet
```

Das Schlüsselwort `extends` kennen Sie bereits aus Kapitel 14. Es teilt dem Compiler mit, dass unsere Klasse `HalloWWW` alle Elemente der angegebenen Basisklasse (Applet) übernehmen soll (Vererbung).

Die Applet-Methoden

Auch wenn es vielleicht gar nicht so aussieht, aber unsere Klasse `HalloWWW` enthält jetzt – dank der Ableitung von der Klasse `Applet` – tatsächlich bereits fünf Methoden namens `paint()`, `init()`, `start()`, `stop()` und `destroy()`. Und das ist auch gut so, denn wenn der Browser das Applet ausführt, ruft er genau diese Methoden auf:

- `init()`wird aufgerufen, wenn der Browser das Applet lädt.
- `start()` wird aufgerufen, wenn der Browser das Applet startet.
- `paint()`wird aufgerufen, wenn der Browser möchte, dass sich das Applet selbst zeichnet.
- `stop()` wird aufgerufen, wenn der Browser das Applet anhält, (beispielsweise weil der Anwender die Webseite verlassen und zu einer anderen Webseite gewechselt hat).
- `destroy()` wird aufgerufen, bevor der Browser das Applet ganz aus dem Arbeitsspeicher entfernt.

Unser Applet ist jetzt zwar funktionsfähig, aber es macht noch nichts. Um es zum Leben zu erwecken, überschreiben wir die von der Basisklasse `Applet` geerbten Methoden (in diesem Abschnitt begnügen wir uns damit, die `paint()`-Methode zu überschreiben).

5 Überschreiben Sie die `paint()`-Methode.

```
// Dies ist das erste Applet
import java.awt.Graphics;
import java.applet.Applet;
public class HalloWWW extends Applet
  {
  public void paint(Graphics gc)
    {
    }
  }
```

Das Besondere an den Applets ist, dass ihre Ausgaben nicht auf der Konsole, sondern auf der Webseite erscheinen, in die das Applet eingebettet wurde. Wie wir im nächsten Abschnitt sehen werden, reserviert der Browser extra zu diesem Zweck einen speziellen Bereich auf der Webseite, in dem die Ausgaben des Applets eingeblendet werden. Dieser Bereich ist wie eine Leinwand. In diese Leinwand kann man allerdings nicht wie auf einer Konsole schreiben, sondern man muss in die Leinwand »zeichnen«. Die Zeichenoperationen setzt man in der von `Applet` geerbten `paint()`-Methode auf, die wir zu diesem Zweck überschreiben.

WAS IST DAS

Eine Methode zu überschreiben, bedeutet, die Signatur einer geerbten Methode (Name, Parameter, Rückgabewert) zu übernehmen und in einer abgeleiteten Klasse neu zu definieren.

Die `paint()`-Methode, die wir von der Basisklasse `Applet` geerbt haben, hat folgende Signatur:

```
void paint(java.awt.Graphics gc)
```

Um die Methode in der `HalloWWW`-Klasse zu überschreiben, definieren wir sie in der Klasse mit der gleichen Signatur neu:

```
public class HalloWWW extends Applet
  {
  public void paint(Graphics gc)
    {
    }
  }
```

HINWEIS

Dass wir beim Überschreiben `Graphics` *statt* `java.awt.Graphics` *schreiben können, liegt daran, dass wir weiter oben* `java.awt.Graphics` *importiert haben.*

6 Geben Sie in der `paint()`-Methode den Gruß »Hallo World Wide Web« aus.

```
// Dies ist das erste Applet
import java.awt.Graphics;
import java.applet.Applet;

public class HalloWWW extends Applet
  {
  public void paint(Graphics gc)
    {
    gc.drawString("Hallo World Wide Web!",100,50);
    }
  }
```

Die `paint()`-Methode erzeugt bei Ihrem Aufruf ein Objekt der Klasse `java.awt.Graphics` und speichert es im Parameter `gc`. Wer aber ruft die Methode `paint()` auf?

Wie Sie aus dem vorangehenden Abschnitt wissen, wird die Methode automatisch vom Browser aufgerufen, wenn dieser entscheidet, dass das Applet neu gezeichnet werden muss (was praktisch immer dann der Fall ist, wenn der Browser die Webseite mit dem Applet neu aufbauen muss – beispielsweise wenn der Anwender den Browser zeitweilig mit einem anderen Programm verdeckt und danach wieder in den Vordergrund geholt hat).

Bevor der Browser die `paint()`-Methode aufruft, erzeugt er ein Objekt vom Typ der Klasse `java.awt.Graphics`, das den Teil der Webseite repräsentiert, den das Applet einnimmt. Dieses Objekt übergibt er beim Aufruf dem Paramater `gc`.

Der Parameter `gc` repräsentiert jetzt für uns die Leinwand des Applets. Er ist aber auch ein Objekt der Klasse `Graphics`, die eine Vielzahl von Zeichenmethoden definiert.

Graphics-Methode	**Beschreibung**
`clearRect(int x, int y, int breite, int hohe)`	Füllt das Rechteck, das durch seine linke obere Ecke (`x`, `y`), seine Breite und seine Höhe gegeben ist, mit der Hintergrundfarbe.
`drawArc(int, int, int, int, int, int)`	Zeichnet einen Bogen ein.
`drawLine(int x1, int y1, int x2, int y2)`	Zeichnet eine Linie ein zwischen den Punkten (`x1`, `y1`) und (`x2`, `y2`).

Graphics-Methode	Beschreibung
`drawOval(int x, int y, int breite, int hohe)`	Zeichnet ein Oval ein. Die Parameter definieren ein Rechteck (gegeben durch die linke obere Ecke x,y sowie Breite und Höhe), in welches das Oval formatfüllend eingezeichnet wird. Sind Breite und Höhe gleich, entsteht ein Kreis.
`drawPolygon( int[] xPunkte, int[] yPunkte, int anzPunkte)`	Zeichnet ein Polygon aus `anzPunkte`-Linien. Die Punkte, zwischen denen die Linien eingezogen werden, sind durch die Arrays `xPunkte` und `yPunkte` definiert. Die letzte Linie geht vom letzten zum ersten Punkt.
`drawRect(int x, int y, int breite, int hohe)`	Zeichnet ein Rechteck ein. Die Parameter definieren die linke obere Ecke x,y sowie Breite und Höhe des Rechtecks. Sind Breite und Höhe gleich, entsteht ein Quadrat.
`drawRoundRect(int x, int y, int breite, int hohe, int bogenW, int bogenH)`	Zeichnet ein Rechteck mit abgerundeten Ecken. Die Parameter `bogenW` und `bogenH` geben den horizontalen und vertikalen Durchmesser der abgerundeten Ecken an.
`drawString(String str, int x, int y)`	Gibt einen String an der spezifizierten Koordinate aus.
`fillOval(), fillPolygon(), fillRect() ...`	Eine Reihe von Methoden zum Zeichnen ausgefüllter Formen (vgl. `draw...()`).
`Color getColor()`	Liefert die aktuelle Zeichenfarbe zurück.
`Font getFont()`	Liefert die aktuell verwendete Schriftart zurück.
`setColor(Color)`	Definiert die beim Zeichnen zu verwendende Farbe. Als Farbe können Sie eine der in der Java-Bibliothek vordefinierten Konstanten (`Color.black`, `Color.blue`, `Color.cyan`, `Color.darkGray`, `Color.gray`, `Color.green`, `Color.lightGray`, `Color.magenta`, `Color.orange`, `Color.pink`, `Color.red`, `Color.white`, `Color.yellow`) übergeben:

Graphics-Methode	Beschreibung
`setColor(Color)` *(Fortsetzung)*	`gc.setColor(Color.green);` Oder Sie erzeugen eine Farbe durch Angabe der Farbanteile für Rot, Grün und Blau. Jeder Farbanteil kann einen Wert zwischen 0 und 255 annehmen. `// Farbe auf Rot setzen` `gc.setColor( new Color(255, 0, 0) );`
`setFont(Font)`	Definiert die zu verwendende Schriftart. Die Schrift übergibt man als Font-Objekt: `gc.setFont( new Font("TimesRoman", Font.BOLD | Font.ITALIC, 24) );` Dem `Font`-Konstruktor übergibt man den Namen der Schrift (oder einen der vordefinierten logischen Schriftnamen: `Dialog`, `DialogInput`, `Monospaced`, `Serif`, `SansSerif` und `Symbol`), den Schriftstil (`Font.BOLD`, `Font.ITALIC` oder `Font.BOLD | Font.ITALIC`) und die Schriftgröße.

Tabelle 16.1: Auswahl einiger Methoden der Klasse `Graphics`

Indem wir diese Zeichenmethoden für das `gc`-Objekt aufrufen, zeichnen wir in die Leinwand des Applets.

In unserem Beispiel wollen wir einen Text in das Applet zeichnen. Dazu dient die Methode `gc.drawString()`, die als Parameter die einzuzeichnende Zeichenkette »Hallo World Wide Web!« erhält sowie die `x`- und `y`-Koordinaten der Stelle, an der der Text angezeigt werden soll.

```
gc.drawString("Hallo World Wide Web!",100,50);
```

7 Speichern Sie das Applet als *HalloWWW.java* und kompilieren Sie es wie gewohnt mit *javac*.

Als Ergebnis sollten Sie eine *class*-Datei namens *HalloWWW.class* erhalten.

Um das Applet ausführen und testen zu können, brauchen wir jetzt allerdings noch eine passende Webseite, die das Applet einbindet.

Applets in Webseiten einbinden

Zum Testen des Applets setzen wir eine einfache Webseite auf, die außer dem Applet und einem kurzen Text keinen weiteren Inhalt aufweist.

1 Legen Sie in Ihrem Texteditor eine neue Datei an.

2 Tippen Sie das Grundgerüst der HTML-Seite ein.

```
 <!DOCTYPE html PUBLIC "-//W3C//DTD HTML 4.01//EN"
   "http://www.w3.org/TR/html4/strict.dtd">

<html>

<head>
  <title> </title>

</head>

<body>

</body>

</html>
```

3 Geben Sie einen Titel für die Webseite an und setzen Sie einen kleinen Text auf, der im Webbrowser angezeigt werden soll.

```
 <!DOCTYPE html PUBLIC "-//W3C//DTD HTML 4.01//EN"
   "http://www.w3.org/TR/html4/strict.dtd">

<html>

<head>
  <title>Erstes Applet</title>

</head>

<body>

<p>Webseite ruft Applet. Bitte antworten.</p>

</body>

</html>
```

4 Binden Sie das Applet in die Webseite ein.

```
 <!DOCTYPE html PUBLIC "-//W3C//DTD HTML 4.01//EN"
   "http://www.w3.org/TR/html4/strict.dtd">

<html>

<head>
  <title>Erstes Applet</title>

</head>

<body>

<p>Webseite ruft Applet. Bitte antworten.</p>

<applet code="HalloWWW.class"
        width="300"
        height="100">
</applet>

</body>

</html>
```

Zur Einbettung des Applets wird das `<applet>`-Tag verwendet. Im `<applet>`-Tag werden drei Attribute gesetzt:

- `Code`: der Name der Appletdatei (optional mit *.class*-Extension)
- `Width`: die Breite (in Pixeln) des Bereichs, den das Applet auf der Webseite einnimmt.
- `Height`: die Höhe (in Pixeln) des Bereichs, den das Applet auf der Webseite einnimmt.

Wenn das Applet nicht im gleichen Verzeichnis wie das HTML-Dokument steht, müssen Sie zusätzlich das `codebase`-Attribut setzen und in diesem den absoluten oder relativen Pfad zur Applet-Datei angeben. Wenn die HTML-Datei beispielsweise im Verzeichnis *c:\java-easy\HalloWWW\html* steht und der Applet-Code im Verzeichnis *c:\java-easy\HalloWWW\applets*, dann wird `codebase` folgendermaßen gesetzt:

```
<applet code="HalloWWW.class"
        codebase="../applets"
        width="100"
        height="80">

</applet>
```

HINWEIS

Wir haben hier das `<applet>`*-Tag zur Einbettung des Applets verwendet. Das ist derzeit immer noch gängige Praxis, obwohl das* `<applet>`*-Tag seit HTML 4 als veraltet angesehen wird und eigentlich nicht mehr verwendet werden sollte. Stattdessen empfiehlt der Standard das* `<object>`*-Tag. Die Einbettung von Applets mit dem* `<object>`*-Tag (siehe unten) wird derzeit aber nur vom Netscape-6-Browser unterstützt. Man ist also gut beraten, im Augenblick noch dem* `<applet>`*-Tag den Vorzug zu geben.*

```
<p>
<object
       codetype="application/java"
       classid="java:HalloWWW.class"
       width="300" height="100">

Sorry, Ihr Browser unterstützt keine Java-Applets.</
object>
</p>
```

5 Speichern Sie die Webseite unter einem beliebigen Namen mit der Extension *.html* oder *.htm* in dem gleichen Verzeichnis wie das Java-Applet (wir haben die HTML-Datei nach dem Applet *HalloWWW.html* benannt).

6 Laden Sie die HTML-Datei in Ihren Browser.

Voraussetzung dafür, dass das Applet im Browser korrekt angezeigt wird, ist allerdings, dass der Browser Java-fähig ist (also einen adäquaten, nicht allzu alten Java-Interpreter integriert hat) und so konfiguriert ist, dass Applets gestartet und ausgeführt werden.

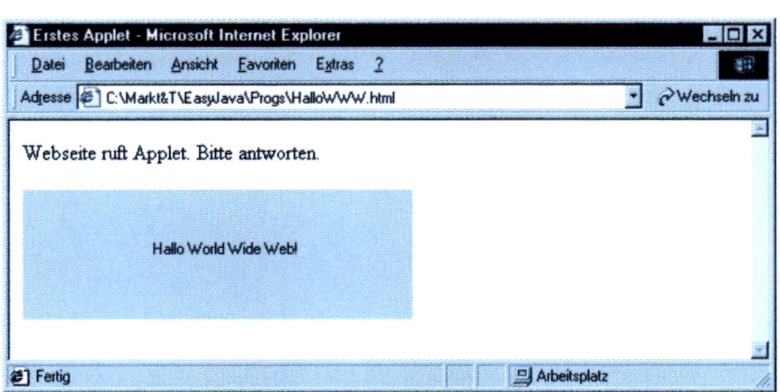

Abbildung 16.3: Webseite mit Applet in Browser

HINWEIS

Wenn Sie über keinen Browser verfügen, können Sie das Applet auch im AppletViewer des JDK testen. Rufen Sie dazu die Konsole auf (unter Windows die MSDOS-Eingabeaufforderung) und wechseln Sie in das Verzeichnis mit der HTML-Datei. Rufen Sie den AppletViewer auf und übergeben Sie ihm die HTML-Datei:

```
PROMPT> appletviewer HalloWWW.html
```

Java-Programme mit grafischen Benutzeroberflächen

Von einer grafischen Benutzeroberfläche sprechen wir, wenn ein Programm über ein Fenster verfügt, das beim Aufruf des Programms erscheint und das über Menüleiste, Werkzeugleisten, Steuerelemente (beispielsweise Schalter, Listen-, Eingabe- oder Optionsfelder), Dialoge, scrollbare Arbeitsbereiche und anderes mehr verfügt. Für viele Anwender ist das Fenster mit seinen verschiedenen Dekorationen identisch mit dem Programm – was nicht sonderlich verwundert, denn schließlich erscheint das Fenster automatisch bei Aufruf des Programms, und wenn man das Fenster schließt, ist auch das Programm beendet.[2] Für uns Programmierer stellen die Fenster und Dialoge eines Programms jedoch nicht das eigentliche Programm, sondern nur die Benutzeroberfläche (im Englischen *Graphical User Interface*, kurz GUI) des Programm dar. Über die Benutzeroberfläche kann der Anwender das Programm steuern, Eingaben an das Programm schicken und sich die Ausgaben des Programms ansehen.

Eine nur halbwegs vollständige Beschreibung sämtlicher Möglichkeiten zur Gestaltung grafischer Benutzeroberflächen mit Java würde den Rahmen dieses Buchs bei weitem sprengen. Wir werden uns daher auf einen kleinen Teilbereich beschränken: die Verwendung von Steuerelementen und den Aufbau einer einfachen Eingabemaske.

2. Außerdem sind heutzutage gerade unter den Windows-Anwendern nur noch wenige mit der Konsole und der Ausführung von Konsolenprogrammen vertraut.

Programmieren mit Steuerelementen

WAS IST DAS

Steuerelemente sind kleine, vordefinierte Oberflächenelemente, die eine bestimmte Funktionalität aufweisen. Die meisten Steuerelemente, wie Schaltflächen, Eingabefelder, Optionsfelder oder Bildlaufleisten, werden Ihnen von der Arbeit am Computer wohl bekannt sein.

Die Einbindung eines Steuerelements in die Benutzeroberfläche eines Programms erfolgt typischerweise in fünf Schritten:

1 Sie definieren eine Variable für das Steuerelement.

```
Button meinSchalter;
```

Als Typ der Variablen geben Sie eine der in Java vordefinierten Steuerelement-Klassen an – in unserem Fall `Button`. Außer `Button` ist in den Java-Bibliotheken noch eine ganze Reihe weiterer Klassen für Steuerelemente definiert. Tabelle 16.2 führt die wichtigsten auf.

Klasse	Steuerelement
`Button`	Schaltflächen
`Label`	Beschriftung (statisches Textfeld)
`TextField`	einzeiliges Text- und Eingabefeld
`TextArea`	mehrzeiliges Text- und Eingabefeld
`Checkbox`	Optionsfeld
`List`	Listenfeld

Tabelle 16.2: Die wichtigsten Java-AWT-Steuerelementklassen

Alle oben vorgestellten Steuerelementklassen sind im Package `java.awt` definiert, weswegen man auch von AWT-Steuerelementen spricht.

HINWEIS

Neben den AWT-Steuerelementklassen gibt es noch einen zweiten Satz an Steuerelementklassen – die Swing-Steuerelemente. Die Swing-Steuerelemente sind leistungsfähiger und moderner, sodass es eigentlich empfehlenswert wäre, die Swing-Steuerelemente zu verwenden. Die Swing-Steuerelemente gibt es allerdings erst seit der 1.2-Version von Java. Viele Websurfer verwenden aber noch Browser, die mit älteren Java-Interpretern arbeiten, die Swing noch nicht unterstützen. Aus diesem Grunde verwenden wir hier die AWT-Klassen.

2 Sie erzeugen das Steuerelement und richten es ein.

```
meinSchalter = new Button("Klick mich");
```

Zur Erzeugung des Steuerelements wird der Konstruktor der Steuerelementklasse aufgerufen. Je nach Steuerelement kann man dem Konstruktor dabei ein oder mehrere Argumente zur Konfiguration des Steuerelements übergeben.

So wird in obigem Beispiel mit Hilfe des Schlüsselworts `new` und des `Button`-Konstruktors ein neues `Button`-Objekt (sprich eine Schaltfläche) erzeugt. Das erzeugte `Button`-Objekt wird der Variablen `meinSchalter` zugewiesen, über die wir im weiteren Verlauf des Programms auf die Schaltfläche zugreifen können.

Den Titel des Schalters kann man als `String`-Argument an den `Button`-Konstruktor übergeben. Die Größe der Schaltfläche wird dann automatisch an die Breite des Titels angepasst.

3 Sie platzieren das Steuerelement auf der Benutzeroberfläche des Programms.

```
setLayout(new FlowLayout());
add(meinSchalter);
```

Um ein Steuerelement in ein Applet aufzunehmen, rufen Sie die `add()`-Methode des Applets auf und übergeben ihr das Steuerelement.

Zur Anordnung der eingefügten Steuerelemente verwendet Java so genannte Layout-Manager. Dabei handelt es sich um Instanzen vordefinierter Klassen, die für Sie die Anordnung der Elemente übernehmen.

In obigem Beispiel wird ein `FlowLayout`-Manager erzeugt und mit Hilfe der Methode `setLayout()` als Layout-Manager des Applets eingerichtet. Der `FlowLayout`-Manager fügt die Steuerelemente in der Reihenfolge, in der sie mit `add()` in das Applet eingefügt werden, in die Leinwand des Applets von links nach rechts ein. Passt ein Steuerelement nicht mehr in die aktuelle Zeile, beginnt der Layout-Manager eine neue Zeile.

Konstruktor	Anordnung	Hinzufügen von Komponenten durch:
`FlowLayout()`	der Reihe nach	`add(Komponente)`

`BorderLayout()`	nach fünf Gebieten: Central, North, East, South, West	`add("East",Komponente)`
		`add("Center",Komponente)`
		usw.

`GridLayout(n,m)`	gitterartig in n x m-Matrix	zeilenweise:
		`add(Komponente1-1)`
		`add(Komponente1-2)`
		`add(Komponente1-3)`
		usw.

Tabelle 16.3: Auswahl einfacher Layout-Manager

HINWEIS

Die Anordnung der Steuerelemente mit Hilfe von Layout-Managern ist nicht ganz einfach. Die Layout-Manager haben den Vorzug, dass man die Oberflächenelemente relativ einfach und ohne Angabe expliziter Koordinaten einfügen kann. Zudem passen sie die Anordnung der Elemente an die Größe der Anzeigefläche (Applet-Bereich in Webseite oder Fenster einer Anwendung) an. Schwierig wird es, wenn man selbst mehr Einfluss auf die Anordnung der Elemente nehmen will. Dann muss man Layout-Manager ineinander verschachteln und/oder zu komplexeren Layout-Managern wie `GridBagLayout` *greifen.*

4 Sie setzen Code auf, der ausgeführt wird, wenn der Anwender in einer bestimmten Weise mit dem Steuerelement arbeitet.

```
class Lauscher implements ActionListener
  {
  public void actionPerformed(ActionEvent e)
    {
    // Code der ausgeführt wird, wenn das Ereignis
    // eingetreten ist
    }
  }
...
meinSchalter.addActionListener(new Lauscher());
```

Jetzt wird es richtig kompliziert. Konzentrieren wir uns darauf, das zugrunde liegende Prinzip zu durchschauen. Auf alle Details können wir hier nicht eingehen.

Wie kann der Anwender mit einem Steuerelement arbeiten oder interagieren? Nun, er kann es anklicken, er kann die Maus darüber bewegen, er kann eine Taste drücken, während das Steuerelement aktiviert ist. Für alle diese Ereignisse gibt es vordefinierte Methoden, die Sie implementieren und mit dem Steuerelement verbinden können.

WAS IST DAS

Eine Schnittstelle ist wie eine Klasse, in der nur Methoden ohne Anweisungsteil deklariert sind. Will man eine Methode aus einer Schnittstelle verwenden, leitet man mit Hilfe des Schlüsselworts `implements` *eine eigene Klassen von der Schnittstelle ab und definiert in dieser Klasse die Methoden der Schnittstelle.*

Um beispielsweise das Anklicken eines Schalters abzufangen, verwendet man üblicherweise die Methode `actionPerformed()`, die in der Schnittstelle `ActionListener` implementiert ist.

Wenn Sie also möchten, dass jedes Mal, wenn ein Schalter gedrückt wird, eine Variable `demo` auf `3` gesetzt wird, definieren Sie eine neue Klasse (beispielsweise `Lauscher`), die von der Schnittstelle `ActionListener` abgeleitet ist und die Methode `actionPerformed()` so implementiert, dass in der Methode der Wert der Variablen `demo` auf `3` gesetzt wird.

```
class Lauscher implements ActionListener
  {
  public void actionPerformed(ActionEvent e)
    {
    demo = 3;
    }
  }
```

Nachdem die Klasse für die Ereignisbehandlung aufgesetzt ist, muss man diese Klasse noch mit dem Steuerelement verbinden. Auch hierfür gibt es wieder spezielle Methoden, die in den Klassen der Steuerelemente vordefiniert sind. Schaltflächen (Objekte der Klasse `Button`) verfügen beispielsweise über die Methode `addActionListener()`. Diese Methode muss man jetzt nur noch für die Schaltfläche aufrufen und ihr ein Objekt der zuvor definierten Ereignis-Klasse übergeben.

```
meinSchalter.addActionListener(new Lauscher());
```

HINWEIS

Die Zeile

```
meinSchalter.addActionListener(new Lauscher());
```

ist eine verkürzte Schreibweise für

```
lauscherObjekt = new Lauscher();
meinSchalter.addActionListener(lauscherObjekt);
```

5 Sie greifen auf das Steuerelement zu, um seinen Zustand abzufragen oder zu ändern.

Unter dem »Zustand« eines Steuerelements verstehen wir bestimmte steuerelementspezifische Eigenschaften, deren Wert wir vom Programm aus abfragen oder setzen können.

Für ein `Label`-Steuerelement kann man beispielsweise den Text im Label mit Hilfe der Methoden `getText()` und `setText()` abfragen beziehungsweise neu setzen. Die gleichen Methoden sind auch für die `TextField`- und `TextArea`-Steuerelemente definiert und dienen dazu, den vom Anwender in das Steuerelement eingegebenen Text abzufragen oder einen neuen Text im Steuerelement anzuzeigen.

```
TextField eingabe;

eingabe = new TextField(10);   // Eingabefeld, das 10
                               // Zeichen breit ist
...
String str;
str = eingabe.getText();       // Text aus Eingabefeld in
                               // String str speichern
```

Eingabemasken für Applets

Nachdem wir uns mit den grundlegenden Schritten zur Programmierung mit Steuerelementen vertraut gemacht haben, wollen wir uns ein etwas komplexeres Beispiel anschauen, wie man mit Hilfe von Steuerelementen eine Eingabemaske für Applets erzeugen kann.

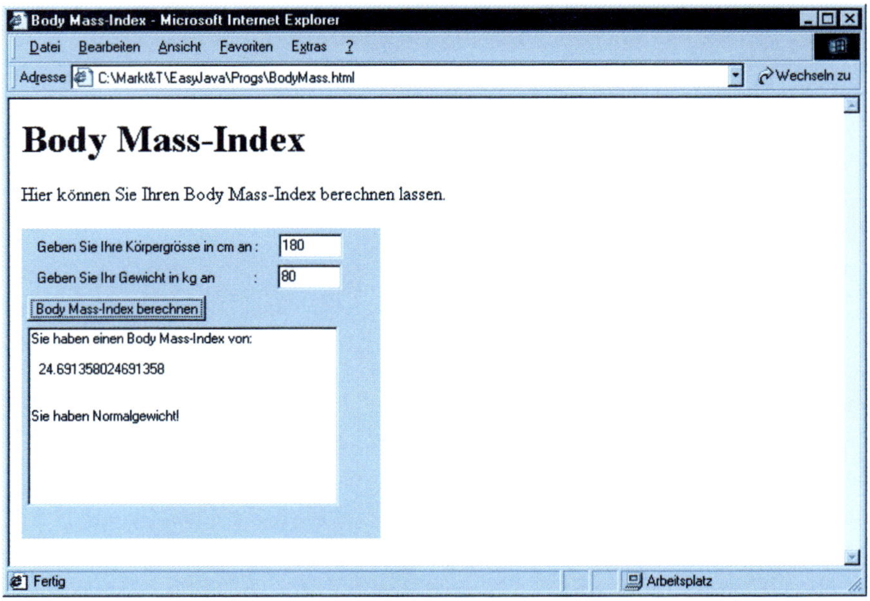

Abbildung 16.4: Das Body Mass-*Applet*

Das nachfolgend beschriebene Applet dient zur Berechnung des Body-Mass-Indexes. Es verwendet zwei `TextField`-Steuerelemente zum Einlesen der Größen- und Gewichtsangaben sowie ein `TextArea`-Steuerelement zur Ausgabe des Ergebnisses. Um die Berechnung ausführen zu lassen, muss der Leser der Website Gewicht und Größe angeben und dann den Schalter drücken (siehe Abbildung 16.4).

```
// Body Mass-Applet
import java.awt.*;
import java.awt.event.*;
import java.applet.*;

public class BodyMass extends Applet
  {
  Label     l_groesse, l_gewicht;
  TextField t_groesse, t_gewicht;
  Button    b_abschicken;
  TextArea  t_ausgabe;
  class Lauscher implements ActionListener
    {
    public void actionPerformed(ActionEvent e)
      {
      String titel;
      String tmp;
      double groesse, gewicht, index;
      titel = e.getActionCommand();
```

```
    if (titel.equals("Body Mass-Index berechnen"))
       {
       tmp = t_groesse.getText();
       groesse = Double.valueOf(tmp).doubleValue();
       tmp = t_gewicht.getText();
       gewicht = Double.valueOf(tmp).doubleValue();

       index = gewicht/(groesse/100*groesse/100);

       t_ausgabe.setText(
            "Sie haben einen Body Mass-Index von:\n\n");

       t_ausgabe.append(String.valueOf(index));

       if(index < 20)
         t_ausgabe.append(
            "\n\n\nSie sind untergewichtig!");
         else if (index >= 25)
            t_ausgabe.append(
              "\n\n\nSie sind übergewichtig!");
         else
            t_ausgabe.append(
              "\n\n\nSie haben Normalgewicht!");
       }
    }
  }

public void init()
  {
  l_groesse = new Label
           ¬("  Geben Sie Ihre Körpergrösse in cm an :");
  t_groesse = new TextField(5);

  l_gewicht = new Label
       ¬("  Geben Sie Ihr Gewicht in kg an         :");
  t_gewicht = new TextField(5);

  b_abschicken = new Button("Body Mass-Index berechnen");

  t_ausgabe = new TextArea(10, 40);

  setLayout(new FlowLayout(FlowLayout.LEFT));

  add(l_groesse);
  add(t_groesse);
  add(l_gewicht);
  add(t_gewicht);
  add(b_abschicken);
  add(t_ausgabe);

  b_abschicken.addActionListener(new Lauscher());
  }
}
```

Nach den üblichen import-Anweisungen beginnt die Definition der Applet-Klasse BodyMass, in der zuerst die Variablen für die Steuerelemente deklariert werden:

```
public class BodyMass extends Applet
  {
  Label     l_groesse, l_gewicht;
  TextField t_groesse, t_gewicht;
  Button    b_abschicken;
  TextArea  t_ausgabe;
  ...
```

Um die Variablennamen später besser auseinander halten zu können, haben wir ihnen Präfixe vorangestellt, die darauf hinweisen, um welche Art von Steuerelement es sich jeweils handelt.

Danach folgt die Definition der Lauscher-Klasse, die wir direkt in der Klasse des Applets definieren können:

```
...
  class Lauscher implements ActionListener
    {
    public void actionPerformed(ActionEvent e)
      {
      String titel;
      String tmp;
      double groesse, gewicht, index;

      titel = e.getActionCommand();

      if (titel.equals("Body Mass-Index berechnen"))

         {
         tmp = t_groesse.getText();
         groesse = Double.valueOf(tmp).doubleValue();
         tmp = t_gewicht.getText();
         gewicht = Double.valueOf(tmp).doubleValue();

         index = gewicht/(groesse/100*groesse/100);

         t_ausgabe.setText(
              "Sie haben einen Body Mass-Index von:\n\n");

         t_ausgabe.append(String.valueOf(index));

         if(index < 20)
           t_ausgabe.append(
                    "\n\n\nSie sind untergewichtig!");

           else if (index >= 25)
              t_ausgabe.append(
                    "\n\n\nSie sind übergewichtig!");
```

```
            else
               t_ausgabe.append(
                     "\n\n\nSie haben Normalgewicht!");
         }
      }
   }
...
```

In der `actionPerformed()`-Methode wird zuerst ermittelt, von welchem Schalter das Ereignis kam. Der Befehlsname des auslösenden Steuerelements (der standardmäßig gleich dem Titel des Steuerelements ist), ist in dem Parameter `e` gespeichert und kann mittels `getActionCommand()` abgerufen werden. Wenn dieser Titel gleich dem Titel unseres Schalters ist (die Bedingung `if(titel.equals("Body Mass-Index berechnen"))` also erfüllt ist), beginnt die Berechnung des Body-Mass-Index.

HINWEIS

Die Überprüfung des Schaltertitels hätten wir uns in diesem Beispiel auch ersparen können, da es ja nur einen Schalter gibt, der gedrückt werden kann. Wenn man aber in einem Applet mehrere Schalter definiert, die man mit der gleichen `Lauscher`*-Klasse verbindet, kann man über den Befehlsnamen feststellen, für welchen Schalter die Ereignismethode aktuell aufgerufen wurde.*

Zuerst werden die Größen- und Gewichtseingaben aus den `TextField`-Steuerelementen abgefragt und in `double`-Werte umgewandelt. Aus diesen Werten kann dann der Index-Wert berechnet werden. Das Ergebnis wird zusammen mit ein wenig erklärendem Text in das `TextArea`-Steuerelement ausgegeben (wobei die Methode `setText()` den alten Text im Steuerelement überschreibt, während die Methode `append()` jeweils weitere Strings an den aktuellen Text anhängt).

Unter der `Lauscher`-Klasse folgt die Methode `init()`. Wie Sie sich vielleicht noch erinnern, gehört `init()` zu den `Applet`-Methoden, die von der Basisklasse `Applet` geerbt und automatisch vom Browser aufgerufen werden. Die Methode `init()` wird aufgerufen, wenn der Browser das Applet lädt. Wir nutzen sie zur Einrichtung der Steuerelemente.

Als Erstes werden die Steuerelemente erzeugt:

```
...
  public void init()
    {
    l_groesse = new Label
             ¬("  Geben Sie Ihre Körpergrösse in cm an :");
    t_groesse = new TextField(5);

    l_gewicht = new Label
         ¬("  Geben Sie Ihr Gewicht in kg an          :");
    t_gewicht = new TextField(5);

    b_abschicken = new Button("Body Mass-Index berechnen");

    t_ausgabe = new TextArea(10, 40);
...
```

Dann wird der Layout-Manager definiert. Wir verwenden hier den `FlowLayout`-Manager, dessen Konstruktor wir die Konstante `FlowLayout.LEFT` übergeben, damit die Steuerelemente in jeder neuen Zeile linksbündig ausgerichtet werden.

```
...
    setLayout(new FlowLayout(FlowLayout.LEFT));
...
```

Anschließend fügen wir die Steuerelemente in das Applet ein:

```
...
    add(l_groesse);
    add(t_groesse);
    add(l_gewicht);
    add(t_gewicht);
    add(b_abschicken);
    add(t_ausgabe);
...
```

Zu guter Letzt wird die Ereignismethode mit dem Schalter verbunden:

```
...
    b_abschicken.addActionListener(new Lauscher());
    }
...
```

und die Definition der `Applet`-Klasse beendet:

```
...
  }
```

Wie Sie sehen, besteht der Großteil des Applet-Codes aus den Anweisungen zur Erzeugung der grafischen Benutzeroberfläche. Der eigentliche funktionelle Code des Applets ist in der `actionPerformed()`-Methode zusammengefasst.

TIPP

Programmieren Sie doch einmal eine Konsolenanwendung zur Berechnung des Body-Mass-Index und vergleichen Sie den Aufwand mit der Erstellung der grafischen Benutzeroberfläche.

Eingabemasken für GUI-Anwendungen

Nachdem wir uns schon einmal in die Erstellung grafischer Benutzeroberflächen eingearbeitet haben, wollen wir nun auch noch sehen, wie man richtige GUI-Anwendungen schreibt.

Das folgende Beispiel zeigt wie man ein GUI-Programm zur Berechnung des Body-Mass-Index erstellt.

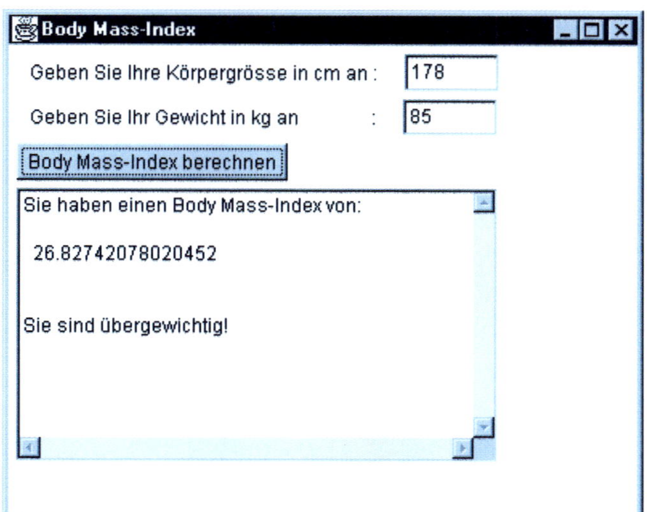

Abbildung 16.5: Fenster der BodyMassGUI*-Anwendung*

```
// Body Mass-GUI-Programm
import java.awt.*;
import java.awt.event.*;


public class BodyMassGUI extends Frame
  {
  Label     l_groesse, l_gewicht;
  TextField t_groesse, t_gewicht;
  Button    b_abschicken;
```

```
TextArea  t_ausgabe;

class MeinWindowLauscher extends WindowAdapter
  {
  public void windowClosing(WindowEvent e)
     {
     System.exit(0);
     }
  }

class Lauscher implements ActionListener
  {
  public void actionPerformed(ActionEvent e)
    {
    String titel;
    String tmp;
    double groesse, gewicht, index;

    titel = e.getActionCommand();

    if (titel.equals("Body Mass-Index berechnen"))
       {
       tmp = t_groesse.getText();
       groesse = Double.parseDouble(tmp);
       tmp = t_gewicht.getText();
       gewicht = Double.parseDouble(tmp);

       index = gewicht/(groesse/100*groesse/100);

       t_ausgabe.setText(
            "Sie haben einen Body Mass-Index von:\n\n");

       t_ausgabe.append(String.valueOf(index));

       if(index < 20)

         t_ausgabe.append(
                "\n\n\nSie sind untergewichtig!");

         else if (index >= 25)
            t_ausgabe.append(
                 "\n\n\nSie sind übergewichtig! ");

         else
            t_ausgabe.append(
                  "\n\n\nSie haben Normalgewicht!");
       }
    }
  }

BodyMassGUI(String titel)
  {
  super(titel);
```

```
        l_groesse = new Label
                 ¬("  Geben Sie Ihre Körpergrösse in cm an :");
        t_groesse = new TextField(5);

        l_gewicht = new Label
             ¬("  Geben Sie Ihr Gewicht in kg an          :");

        t_gewicht = new TextField(5);

        b_abschicken = new Button("Body Mass-Index berechnen");

        t_ausgabe = new TextArea(10, 40);


        setLayout(new FlowLayout(FlowLayout.LEFT));

        add(l_groesse);
        add(t_groesse);
        add(l_gewicht);
        add(t_gewicht);
        add(b_abschicken);
        add(t_ausgabe);

        b_abschicken.addActionListener(new Lauscher());

        addWindowListener(new MeinWindowLauscher());
        }

      public static void main(String[] args)

        {
        BodyMassGUI fenster =
                   new BodyMassGUI("Body Mass-Index");
        fenster.pack();
        fenster.setSize(400, 320);
        fenster.show();
        }
    }
```

Schauen wir uns an, was sich gegenüber der Applet-Version verändert hat.

Zuerst einmal ist die `import`-Anweisung für die `Applet`-Klasse weggefallen und die Hauptklasse heißt nun `BodyMassGUI`. Bedeutender ist allerdings, dass die Hauptklasse jetzt von der Java-Klasse `Frame` abgeleitet wird. Dadurch wird unsere Klasse zu einem Fenster und das Programm zu einem GUI-Programm.

```
...
public class BodyMassGUI extends Frame
  {
  ...
```

Die zweite wichtige Änderung folgt kurz darauf: Es wird eine zweite Lauscher-Klasse definiert.

```
...
  class MeinWindowLauscher extends WindowAdapter
    {
    public void windowClosing(WindowEvent e)
      {
      System.exit(0);
      }
    }
...
```

Die von Frame abgeleiteten Fenster verfügen automatisch über einen Rahmen und Schalter zum Minimieren, Maximieren oder Schließen. Der Schalter zum Schließen des Fensters ist allerdings nicht mit funktionalem Code verbunden. Wir müssen daher selbst festlegen, was passieren soll, wenn der Schließen-Schalter des Fensters gedrückt wird. Da es sich um das Hauptfenster der Anwendung handelt, möchten wir, dass die Anwendung beendet wird, wenn der Benutzer den Schließen-Schalter drückt. Dazu leiten wir eine eigene Lauscher-Klasse von der Klasse WindowAdapter ab und überschreiben die Methode windowClosing(). In der Methode rufen wir die Methode System.exit() auf, die das aktuelle Programm beendet.

WAS IST DAS

Adapter-Klassen sind spezielle Hilfsklassen, die die Verwendung von Schnittstellen mit mehreren Methoden vereinfachen.

Später, im Konstruktor der Klasse, wird dann die Lauscher-Klasse mit dem Hauptfenster der Anwendung verbunden.

```
addWindowListener(new MeinWindowLauscher());
```

Der Konstruktor der BodyMassGUI-Klasse ersetzt die init()-Methode des Applets. Wir definieren den Konstruktor so, dass er einen Titel für das Fenster übernimmt. Diesen Titel reichen wir mit Hilfe der vordefinierten Methode super() an die Basisklasse Frame weiter, die dafür sorgt, dass der Titel in der Titelleiste des Fensters angezeigt wird.

```
...
  BodyMassGUI(String titel)
    {
    super(titel);
    ...
```

Danach folgt die Einrichtung der Steuerelemente und die Verknüpfung des Schalters und des Fensters (dem `BodyMassGUI`-Objekt selbst) mit ihren Ereignisbehandlungsmethoden.

```
...
b_abschicken.addActionListener(new Lauscher());
addWindowListener(new MeinWindowLauscher());
}
```

Die letzten Änderungen betreffen die `main()`-Funktion der Anwendung.

```
...
  public static void main(String[] args)
    {
    BodyMassGUI fenster =
                new BodyMassGUI("Body Mass-Index");
    fenster.pack();
    fenster.setSize(400, 320);
    fenster.show();
    }
}
```

Diese beginnt nunmehr mit der Erzeugung des Fensters, das heißt, es wird ein Objekt der Klasse `BodyMassGUI` erzeugt. Die nachfolgenden Methodenaufrufe ordnen die Steuerelemente im Fenster, legen die Größe des Fensters fest und zeigen das Fenster auf dem Bildschirm an.

Programme debuggen

Nur in den allerseltensten Fällen ist die Arbeit des Programmierers mit dem erfolgreichen Kompilieren und Linken der Anwendung abgeschlossen. Danach beginnt das Austesten des Programms, verbunden mit dem Ausmerzen auftretender Fehler (Bugs).

> **HINWEIS**
>
> *Der Begriff »Bug« (englisch für »Wanze«, »Insekt«) wurde übrigens an der Harvard University geprägt, wo eine in die Schaltungen eingedrungene Motte den Computer lahm legte.*

Grundlagen

Wenn der Quellcode Ihres Programms vom Compiler ohne Fehlermeldung übersetzt und eine ausführbare Programmdatei erzeugt wird, wissen Sie, dass der Quellcode syntaktisch korrekt ist. Das bedeutet aber noch nicht, dass das Programm auch das macht, wofür es aufgesetzt wurde.

- Schnell hat man in eine Formel ein Minuszeichen eingebaut, wo eigentlich ein Pluszeichen hingehört hätte.
- Oder man greift auf das 21. Element eines Arrays zu, das nur für 20 Elemente ausgelegt wurde.
- Oder der Anwender gibt eine negative Zahl ein, wo das Programm eine positive Zahl erwartet (und das Programm unterlässt es, die Eingabe auf Korrektheit zu prüfen – siehe Beispiel zur Berechnung der Wurzel).

Fehler dieser Art in größeren Programmen aufzuspüren, kann sehr schwierig sein. Daher gibt es spezielle Programme, die einem bei der Fehlersuche helfen. Diese Programme bezeichnet man als *Debugger*.

WAS IST DAS

Ein Debugger ist ein Programm, das ein anderes Programm schrittweise ausführen kann. Sofern in dem debuggten Programm spezielle Debug-Informationen vorhanden sind (im Programm verwendete Bezeichner, Zeilennummern etc.), kann der Debugger während der Ausführung des debuggten Programms anzeigen, welche Quelltextzeile gerade ausgeführt wird und welche aktuellen Werte in den Variablen des Programms gespeichert sind.

In der Praxis sieht eine Sitzung mit einem Debugger so aus, dass man ständig die folgenden drei Schritte wiederholt:

1. Man lässt das Programm im Debugger ein Stück ausführen.
2. Man hält das Programm an einer Stelle an, die einem verdächtig vorkommt und in der man einen Fehler vermutet.
3. Man prüft den Inhalt der Variablen, um einen Hinweis darauf zu erhalten, wo etwas schief geht.

Der JDK-Debugger

Der JDK-Debugger heißt *jdb* und eignet sich zur Fehlersuche in Applikationen und Applets. Allerdings handelt es sich bei der aktuellen jdb-Version um ein recht einfaches Programm. Wenn Sie Debugger von anderen Programmiersprachen gewöhnt sind, werden Sie enttäuscht sein. Aber besser als nichts ist er allemal.

Um eine Applikation mit dem jdb zu debuggen, muss zunächst der javac-Compiler spezielle Debug-Informationen hinzufügen, die der jdb-Debugger benötigt. Dazu gibt man beim Kompilieren mit javac die Option `-g` mit, z.B.:

```
Prompt> javac -g Fehlerprogramm.java
```

Nun kann das Programm im Debugger gestartet werden:

```
Prompt> jdb Fehlerprogramm
```

HINWEIS

Falls ein Applet debuggt werden soll, muss der AppletViewer mit der Option `-debug` *aufgerufen werden. Er sorgt dann dafür, dass der jdb mit aufgerufen wird. Wenn also beispielsweise* test.html *das zu untersuchende Applet enthält, wird die Debug-Sitzung gestartet mit:*

```
appletviewer -debug test.html
```

Nach dem Laden und Initialisieren wartet der *jdb* auf Ihre Befehle, die Sie am Prompt eingeben.

Kommando	Beschreibung
`run`	Startet die Ausführung des Programms.
`stop at Klasse:Zeile`	Setzt einen Haltepunkt in Klasse `Klasse` bei Zeile `Zeile`.
`stop in Klasse.Methode`	Setzt einen Haltepunkt in der Methode `Methode` von Klasse `Klasse`. Gestoppt wird bei der ersten Anweisung der Methode.
`step`	Eine Codezeile ausführen. In Methodenaufrufe verzweigen.
`next`	Eine Codezeile ausführen. Methodenaufrufe als einen Befehl ausführen.
`cont`	Programmausführung fortsetzen (nach einem Haltepunkt).
`list`	Den Quellcode anzeigen.
`locals`	Anzeigen der lokalen Variablen.
`print Name`	Anzeigen der Variablen `Name`.

Kommando	Beschreibung
`where`	Die Abfolge der Methodenaufrufe zeigen.
`quit`	jdb beenden.
`help`	Übersicht über alle jdb-Befehle ausgeben.
`!!`	Letztes Kommando wiederholen.

Tabelle 16.4: Wichtige jdb-Kommandos

ACHTUNG

Eventuell werden Sie beim Starten von jdb eine Meldung erhalten, dass versucht wird, eine Internet-Verbindung aufzubauen. jdb setzt einen laufenden TCP/IP-Stack voraus. Wenn Sie keine Standleitung ins Internet haben, sondern eine Wählverbindung (Dial-up), ist dies umständlich und zudem mit Telefonkosten behaftet. Abhilfe verschafft das Anlegen einer Datei hosts, *die die folgende Zeile enthält:*

```
127.0.0.1 localhost
```

Unter Windows 95/98 muss diese Datei ins Windows-Installationsverzeichnis (meist c:\windows*) kopiert werden. Unter Linux ist diese Datei meist schon angelegt: unter* /etc/hosts. *Falls nicht vorhanden, muss diese Zeile hinzugefügt werden.*

Ausblick

Wenn Sie dieses Buch bis hier durchgelesen und die beschriebenen Beispiele nachprogrammiert haben (vielleicht auch schon ein wenig auf eigene Faust experimentiert und programmiert haben), haben Sie bereits viel über Java und die allgemeinen Grundlagen der objektorientierten Programmierung gelernt. Mehr als genug, um eigene Programmideen zu entwickeln und zu realisieren. Verfallen Sie also nicht dem Müßiggang, sondern beginnen Sie gleich damit, eigene Programme zu schreiben. Lernen Sie, auf eigenen Füßen zu stehen, und reifen Sie durch eigene Erfahrungen.

Wenn Sie dabei feststellen, dass Ihnen die Programmiersprache Java liegt, wird es sicherlich nicht allzu lange dauern, bis Sie mehr über Java und die Möglichkeiten der Java-Programmierung lernen wollen.

Java verfügt über eine Reihe von fortgeschrittenen Konzepten und Programmiertechniken, die wir aus Platzmangel und aus Rücksicht auf die Aufnahmefähigkeit des Lesers in diesem Buch ausgeklammert oder nur (vor allem in diesem Kapitel) flüchtig besprochen haben. Wenn Sie mehr über Java erfahren wollen und sich ein Buch für Fortgeschrittene anschaffen, sollten Sie unbedingt darauf achten, dass in dem Buch folgende Themen in angemessener Ausführlichkeit erklärt werden:

- Vererbung von Klassen
- Überschreibung von Methoden und Polymorphismus
- Implementierung von Schnittstellen
- Exceptions
- Threads
- Erstellung von GUI-Anwendungen mit AWT und Swing
- Programmierung von Applets

In dieser Hinsicht können wir Ihnen die folgenden Bücher empfehlen:

- »Jetzt lerne ich Java«, Dirk Louis und Peter Müller, Markt+Technik-Verlag

  Leicht verständliches Lehrbuch für Einsteiger und Fortgeschrittene, mit dem Sie das Gelernte vertiefen und weit in die Bereiche GUI-Anwendungen und Erstellung von Applets vordringen können.

- »Java 2 in 21 Tagen«, Laura Lemay und Roger Cadenhead, Markt+Technik-Verlag

  Ausführliches und gut geschriebenes Einsteiger-/Fortgeschrittenenbuch zum Thema Java im bewährten 21-Tage-Konzept.

Anhang A

FAQs und typische Fehler

FAQs

Was heißt FAQ?

FAQ steht für »Frequently Asked Question« (häufig gestellte Frage). Es handelt sich dabei um Fragen, auf die fast jeder (Java-)Programmierer im Laufe der Zeit einmal stößt:

Warum kann ich mein Programm nicht kompilieren? Der Quellcode stimmt.

Wahrscheinlich stimmt er doch nicht (auf Kleinigkeiten wie Semikolon und Klammern achten). Sehr beliebt ist auch, beim Aufruf von *javac meinJava-File.java* die Endung *.java* zu vergessen.

Wieso kann ich mein kompiliertes Programm nicht starten?

Häufigster Grund ist das Hinzufügen der Endung *.class* beim Aufruf des Interpreters. Richtig ist *java meinJavaFile.*

Auf meinem PC ist Java schon installiert. Wie finde ich heraus, welche Version es ist?

Öffnen Sie ein Konsolenfenster und rufen Sie *java – version* auf (ohne Dateiargument).

Der javac-Compiler meldet, dass ich keinen Konstruktor definiert habe, obwohl es einen gibt!

Wahrscheinlich haben Sie dem Konstruktor einen Rückgabetyp verpasst. Konstruktoren haben aber keinen Rückgabetyp, auch nicht `void`!

Der Compiler gibt eine Warnung aus, dass mein Programm eine Methode verwendet, die *deprecated* ist. Was bedeutet das?

Dabei handelt es sich um Methoden aus den vordefinierten Java-Packages, die veraltet und durch andere, neue Methoden ersetzt worden sind.

deprecated-Methoden werden langfristig nicht mehr unterstützt, und man sollte versuchen, diese Methoden durch die neuen auszutauschen. Eine Liste der deprecated-Methoden eines Programms erhält man, wenn javac mit der Option deprecation aufgerufen wird.

Was bedeutet die Fehlermeldung von javac: *can't make static reference to method ...?*

Dieser Fehler tritt auf, wenn im Code eine statische Methode (z.B. `main()`) versucht, eine nicht als `static` definierte andere Methode aufzurufen. Methoden, die nicht `static` sind, können nur über eine Instanz der entsprechenden Klasse aufgerufen werden.

Warum werden manche Klassen mit dem Zugriffsspezifizierer `public` definiert und andere nicht?

Etwas vereinfacht ausgedrückt, bewirkt der Zugriffsspezifizierer `public`, dass die so deklarierte Klasse für die Außenwelt sichtbar und einsetzbar wird. Wer ist die Außenwelt?

Die Außenwelt ist beispielsweise der Java-Interpreter, der das Programm ausführt. Deswegen sind alle Hauptklassen unserer Programme (für Anwendungen die Klassen, in denen die `main()`-Methode definiert, für Applets die von der Basisklasse `Applet` abgeleitete Klasse) als `public` deklariert.

Wenn Sie später umfangreichere Programme aufsetzen, werden Sie irgendwann damit beginnen, den Quelltext der Programme auf mehrere Quelltextdateien zu verteilen und in Packages zu organisieren. Dabei kann es passieren, dass Sie eine Klasse `A` in einem Package `PA` definieren und in dem Quelltext eines Package `PB` verwenden wollen. Dann müssen Sie die Klasse `A` als `public` deklarieren, denn jedes andere Package gehört aus Sicht der Klasse ebenfalls zur Außenwelt.

Welche Rolle spielen Leerzeichen, Tabulatoren und Zeilenumbrüche im Quelltext?

Sie dienen der Trennung von Bezeichnern sowie der übersichtlicheren Gestaltung des Quelltextes.

```
classHalloWelt
  {
```

Fehler: hier muss ein Leerzeichen zwischen `class` und `HalloWelt` stehen.

```
while(loop<2){++loop;System.out.println(loop);}
```

Korrekt, aber unschön. Hier sollte man Leerzeichen und Zeilenumbrüche zur Verbesserung der Lesbarkeit einfügen.

Typische Anfängerfehler

Es wird nicht zwischen Groß- und Kleinschreibung unterschieden.

```
int meineVar;
...
meinevar = 1;
```

Hier wird der Compiler bemängeln, dass ihm der Bezeichner `meinevar` nicht zuvor bekannt gemacht wurde.

Verwechslung des Gleichheits- und des Zuweisungsoperators.

```
int i = 1;
...
if (i = 10)
  System.out.println("i : " + i);
...
```

Hier wird der Wert von `i` nicht mit dem Wert `10` verglichen. Stattdessen wird der Variablen `i` der Wert `10` zugewiesen. Eine Zuweisung ist aber kein Vergleich und wird nicht zu einem booleschen Wert (`true` oder `false`) ausgewertet. Der Compiler erzeugt daher eine Fehlermeldung.

Hinter die Bedingungen von `if`-Verzweigungen gehört kein Semikolon.

```
int i = 1;
...
if (i == 10);
  System.out.println("i : " + i);
...
```

Ein Semikolon hinter einer `if`-Bedingung interpretiert der Compiler als eine leere Anweisung. In obigem Beispiel wird die `println`-Anweisung daher immer ausgeführt, denn aus Sicht des Compilers kontrolliert die `if`-Bedingung nur die Ausführung der leeren Anweisung.

Aus dem gleichen Grund gehört auch hinter die Schleifenköpfe der `for`- und `while`-Schleifen kein Semikolon.

```
int loop;
for (loop = 0; loop < 10; ++loop);
  {
  System.out.println(loop * loop);
  }
```

Hier wird die leere Anweisung 10-mal ausgeführt, die `println`-Anweisung aber nur ein einziges Mal.

Das letzte Element eines Arrays mit n Elementen hat den Index n-1. Zugriffe auf Elemente mit höherem Index (oder mit Indizes kleiner 0) führen zu Laufzeitfehlern und der Erzeugung einer `ArrayIndexOutOfBounds`**-Exception.**

```
int[] feld = new int[12];
int loop;
...
for (loop = 0; loop <= 12; ++loop);
  {
  feld[loop] =  loop;
  }
```

Hier wird im letzten Schleifendurchgang versucht, in das nicht deklarierte Element `feld[12]` zu schreiben.

Die Division zweier Ganzzahlen liefert eine Ganzzahl zurück – auch wenn das Ergebnis einer `double`**- oder** `float`**-Variablen zugewiesen wird.**

```
int wert1 = 3;
int wert2 = 4;
double ergebnis;

ergebnis = wert1 / wert2;  // ergibt 0
```

Um eine Gleitkommadivision zu erzwingen, muss mindest ein Operand des /-Operators in einen Gleitkommawert verwandelt werden:

```
int wert1 = 3;
int wert2 = 4;
double ergebnis;

ergebnis = (double) wert1 / wert2;  // ergibt 0.75
```

Anhang B

Glossar

Ableitung

Von Ableitung oder Vererbung spricht man, wenn eine neue Klasse auf der Grundlage einer bereits bestehenden Klasse (die man dann Basis- oder Superklasse nennt) definiert wird. So wird die Hauptklasse eines Applets beispielsweise üblicherweise von der Java-Klasse `Applet` abgeleitet.

Applet

Java-Programm, das in Webseiten eingebettet wird. Wird eine solche Webseite von einem Browser angefordert, wird das Applet zusammen mit der Webseite vom Webserver geholt, in den Browser geladen und von dessen integriertem Interpreter ausgeführt (vorausgesetzt, der Browser verfügt über einen integrierten Java-Interpreter).

Argumente

Werte, die beim Aufruf einer Methode an deren Parameter übergeben werden.

Array

Datenstruktur, in der man mehrere Variablen eines Datentyps vereinen kann.

Bibliothek

Sammlung nützlicher Klassen, die man in einem Programm verwenden kann.

Block

Eine oder mehrere Anweisungen, die durch geschweifte Klammern zusammengefasst sind.

Bytecode

Als Bytecode bezeichnet man den vom Java-Compiler erzeugten »generischen« (weil maschinenunabhängigen) Binärcode.

casting

Englischer Begriff für die explizite Typumwandlung.

Compiler

Programm, das den Quelltext eines Programms in Maschinencode (im Fall von Java in maschinenunabhängigen Bytecode) übersetzt.

Debugger

Programm, das ein anderes Programm schrittweise ausführen kann.

Definition
Definition eines Bezeichners (für eine Variable, Methode, Typ etc.). Geht für Variablen und Methoden mit der Reservierung von Speicher einher.

Deklaration
Einführung und Bekanntmachung eines Bezeichners in einem Programmquelltext.

Dekrement
Erniedrigung des Werts einer Variablen um eine Einheit.

Destruktor
Spezielle Methode `finalize()`, die bei Auflösung der Objekte der Klasse aufgerufen wird (Pendant zum Konstruktor, muss aber nur selten definiert werden).

Inkrement
Erhöhung des Werts einer Variablen um eine Einheit.

Instanz
Variable eines Klassentyps.

Instanzvariable
Variable, die in einer Klasse deklariert ist und von der jede Instanz der Klasse eine Kopie erhält.

Interpreter
Programm, das den Code eines Programms in Maschinencode übersetzt und ausführt.

Literal
Konstante, die als Wert direkt in den Quelltext geschrieben wird.

Kapselung
Besagt, dass reale Objekte in ihrer Repräsentation im Programm als aus Eigenschaften (Daten) und ihrem Verhalten (Methoden) bestehend angesehen werden. Die Eigenschaften und das Verhalten eines Objekts werden in der Klasse, die es repräsentiert, zusammengefasst.

Klassen
Klassen beschreiben Objekte mit gemeinsamen Eigenschaften und Verhaltensweisen. In Java ist eine Klasse ein Datentyp, von dem man Variablen (die so genannten Instanzen) bilden kann.

Konkatenation
Aneinanderhängen von Strings.

Konsolenanwendungen
Konsolenanwendungen sind Programme ohne grafische Oberfläche, die üblicherweise von der Betriebssystemkonsole aus aufgerufen werden (unter Windows die MS-DOS-Eingabeaufforderung).

Konstruktor
Spezielle Methode, die bei Einrichtung (Instanzbildung) der Objekte der Klasse aufgerufen wird.

Methoden
Mit Namen versehene Codeblöcke einer Klasse. Sie implementieren das Verhalten, das Objekte der Klasse haben.

Objekte
Dem Begriff des Objekts kommen in der Programmierung je nach Kontext verschiedene Bedeutungen zu:

- In objektorientierten Modellen bezeichnet man als Objekte die real existierenden Dinge, mit denen das Programm später arbeiten soll und für die man Klassen definieren wird.
- In der objektorientierten Programmierung ist ein Objekt eine explizite Manifestierung einer Klasse. Über eine Instanz (Variable vom Typ einer Klasse) kann man auf das Objekt zugreifen.
- Ganz allgemein bezeichnet man in der Programmierung Datenkomplexe, die im Speicher abgelegt sind, als Objekte (Speicherobjekte).

Objektorientierung
In der objektorientierten Programmierung werden Probleme gelöst, indem man Objekte identifiziert, diese in Form von Klassen implementiert und dann mit diesen Klassen weiterarbeitet. Ein großer Teil des Programmieraufwands fließt dabei in die Implementierung einer entsprechenden Klasse zur Repräsentation der Objekte. Der Rest des Programms vereinfacht sich danach, da nur noch Methoden der Klassen aufgerufen werden. Dabei stellen diese Methoden selbst sicher, dass sie richtig ausgeführt werden. Die Implementierung der Klasse braucht den Programmierer nicht mehr zu interessieren! Der resultierende Code ist dank der Klassen leichter zu verstehen, zu warten und wiederzuverwerten. Darüber hinaus steht die objektorientierte Sichtweise der menschlichen Art und Weise, Dinge zu sehen und zu klassifizieren, näher als der Umgang mit elementaren Datentypen.

Package
Packages dienen der Organisation des Quelltextes größerer Programme. Eine Klasse, die in einem Package definiert ist, kann in anderen Packages nur dann verwendet werden, wenn Sie als `public` deklariert wurde (und `public`-Elemente enthält).

Parameter
Variablen einer Methode, die in den runden Klammern hinter dem Methodennamen deklariert und beim Aufruf der Methode mit den Werten initialisiert werden, die der Aufrufer der Methode übergibt (siehe Argumente).

Schleife
Programmkonstrukt zur Mehrfachausführung von Anweisungsblöcken.

Schnittstelle
Schnittstellen sind klassenähnliche Sammlungen von Konstanten- und Methodendeklarationen. Eine Klasse, die von einer Schnittstelle abgeleitet wird, ist verpflichtet, alle Methoden in der Schnittstelle zu implementieren (das heißt Anweisungsteile für die Methoden zu definieren).

Stream
Datenstrom zwischen einer Ein- oder Ausgabeeinheit und dem Programm.

String
Zeichenkette.

Überladung
Mit Überladung bezeichnet man die Definition mehrerer Methoden gleichen Namens. Intern zieht der Compiler die Zahl und Typen der Parameter zur eindeutigen Identifizierung der aufzurufenden Methode heran.

Überschreibung
Als Überschreibung bezeichnet man die Neudefinition einer ererbten Methode in einer abgeleiteten Klasse. Der Sinn ist, dass die abgeleitete Klasse auf einen entsprechenden Methodenaufruf in spezifischer Weise reagiert.

Variable
Variablen sind Zwischenspeicher, in denen man Werte ablegen kann. Jede Variable verfügt über einen Namen, den man bei der Deklaration der Variablen angibt und über den man den aktuellen Wert der Variablen abfragen oder ihr einen neuen Wert zuweisen kann.

Vererbung
Klassen lassen sich in Klassenhierarchien zusammenfassen. Abgeleitete Klassen übernehmen (erben) dabei die Eigenschaften und Methoden der übergeordneten Klasse.

Verzweigung
Programmkonstrukt zur alternativen Ausführung von Anweisungsblöcken.

Whitespace
Zeichen, die Leerräume erzeugen: Leerzeichen, Tabulatoren, Zeilenumbruch.

Zugriffsspezifizierer
Die Zugriffsspezifizierer `public`, `protected` und `private` kommen bei der Klassendefinition zum Einsatz und regeln die Sichtbarkeit und Verfügbarkeit der Klasse und ihrer Elemente.

Anhang C

Ausführung der Beispielprogramme

Alle Programme, deren Quelltexte im Buch mit Dateinamen abgedruckt sind, finden Sie auf der Buch-CD wieder. Zu jedem Kapitel des Buches gibt es ein eigenes Unterverzeichnis. Unter diesem finden Sie die Verzeichnisse für die einzelnen Programme des Kapitels. In dem Programmverzeichnis stehen schließlich die Quelldateien des Programms.

Um eines der Programme auszuführen, gehen Sie wie folgt vor:

1 Kopieren Sie das Verzeichnis des Programms von der Buch-CD auf Ihre Festplatte.

2 Heben Sie gegebenenfalls den Schreibschutz für die Dateien des Programms auf.

Unter Windows klicken Sie im Windows Explorer mit der rechten Maustaste auf die betreffende Datei und wählen im aufspringenden Kontextmenü den Befehl EIGENSCHAFTEN aus. Wenn in dem erscheinenden Dialogfeld die Option SCHREIBGESCHÜTZT markiert ist, deaktivieren Sie die Option.

Unter Unix/Linux können Sie die Zugriffsrechte beispielsweise mit Hilfe des Systembefehls `chmod` setzen. Rufen Sie eine Konsole auf, wechseln Sie in das Verzeichnis mit den Quelldateien und rufen Sie `chmod` wie folgt auf: `chmod 777 dateiname.cpp`.

3 Öffnen Sie ein Konsolenfenster, wechseln Sie in das entsprechende Verzeichnis (mit Hilfe des `cd`-Kommandos) und kompilieren Sie das Programm mit javac. Führen Sie das Programm schließlich mit Hilfe des Java-Interpreters java aus (siehe auch Kapitel 3).

Anhang D

ASCII-Code und reservierte Schlüsselwörter

ASCII-Code

Dec	Hex	Zeichen	Dec	Hex	Zeichen	Dec	Hex	Zeichen	Dec	Hex	Zeichen
0	00	NUL	32	20	SP	64	40	@	96	60	`
1	01	SOH	33	21	!	65	41	A	97	61	a
2	02	STX	34	22	"	66	42	B	98	62	b
3	03	ETX	35	23	#	67	43	C	99	63	c
4	04	EOT	36	24	$	68	44	D	100	64	d
5	05	ENQ	37	25	%	69	45	E	101	65	e
6	06	ACK	38	26	&	70	46	F	102	66	f
7	07	BEL	39	27	'	71	47	G	103	67	g
8	08	BS	40	28	(	72	48	H	104	68	h
9	09	HT	41	29	)	73	49	I	105	69	i
10	0A	NL	42	2A	*	74	4A	J	106	6A	j
11	0B	VT	43	2B	+	75	4B	K	107	6B	k
12	0C	NP	44	2C	,	76	4C	L	108	6C	l
13	0D	CR	45	2D	-	77	4D	M	109	6D	m
14	0E	SO	46	2E	.	78	4E	N	110	6E	n
15	0F	SI	47	2F	/	79	4F	O	111	6F	o
16	10	DLE	48	30	0	80	50	P	112	70	p
17	11	DC1	49	31	1	81	51	Q	113	71	q
18	12	DC2	50	32	2	82	52	R	114	72	r
19	13	DC3	51	33	3	83	53	S	115	73	s
20	14	DC4	52	34	4	84	54	T	116	74	t
21	15	NAK	53	35	5	85	55	U	117	75	u
22	16	SYN	54	36	6	86	56	V	118	76	v
23	17	ETB	55	37	7	87	57	W	119	77	w
24	18	CAN	56	38	8	88	58	X	120	78	x
25	19	EM	57	39	9	89	59	Y	121	79	y
26	1A	SUB	58	3A	:	90	5A	Z	122	7A	z
27	1B	ESC	59	3B	;	91	5B	[	123	7B	{
28	1C	FS	60	3C	<	92	5C	\	124	7C	|
29	18	CAN	61	3D	=	93	5D	]	125	7D	}
30	19	EM	62	3E	>	94	5E	^	126	7E	~
31	1A	SUB	63	3F	?	95	5F	_	127	7F	DEL

Tabelle D.1: Der ASCII-Zeichensatz

Schlüsselwörter

Die folgenden Schlüsselwörter bilden den Sprachschatz von Java und dürfen daher nicht als Namen für eigene Variablen, Klassen oder Methoden verwendet werden. Mit * markierte Einträge sind noch nicht im Java-Standard enthalten, sondern für zukünftige Erweiterungen reserviert.

abstract						
boolean	break	byte	byvalue*			
case	cast	catch	char	class	const	continue
default	do	double				
extends						
false	final	finally	float	for	future*	
generic*	goto*					
if	implements	import	inner*	instanceof	int	interface
long						
native	new	null				
operator*	outer*					
package	private	protected	public			
rest*	return					
short	static	super	switch	synchronized		
this	throw	throws	transient	true	try	
var*	void	volatile				
while						

Tabelle D.2: Die Java-Schlüsselwörter

Anhang E

Lizenzbestimmungen

Sun Microsystems, Inc. Binary Code License Agreement

READ THE TERMS OF THIS AGREEMENT AND ANY PROVIDED SUPPLEMENTAL LICENSE TERMS (COLLECTIVELY "AGREEMENT") CAREFULLY BEFORE OPENING THE SOFTWARE MEDIA PACKAGE. BY OPENING THE SOFTWARE MEDIA PACKAGE, YOU AGREE TO THE TERMS OF THIS AGREEMENT. IF YOU ARE ACCESSING THE SOFTWARE ELECTRONICALLY, INDICATE YOUR ACCEPTANCE OF THESE TERMS BY SELECTING THE "ACCEPT" BUTTON AT THE END OF THIS AGREEMENT. IF YOU DO NOT AGREE TO ALL THESE TERMS, PROMPTLY RETURN THE UNUSED SOFTWARE TO YOUR PLACE OF PURCHASE OR, IF THE SOFTWARE IS ACCESSED ELECTRONICALLY, SELECT THE "DECLINE" BUTTON AT THE END OF THIS AGREEMENT.

1. LICENSE TO USE. Sun grants you a non-exclusive and non-transferable license for the internal use only of the accompanying software and documentation and any error corrections provided by Sun (collectively "Software"), by the number of users and the class of computer hardware for which the corresponding fee has been paid.

2. RESTRICTIONS Software is confidential and copyrighted. Title to Software and all associated intellectual property rights is retained by Sun and/or its licensors. Except as specifically authorized in any Supplemental License Terms, you may not make copies of Software, other than a single copy of Software for archival purposes. Unless enforcement is prohibited by applicable law, you may not modify, decompile, or reverse engineer Software. You acknowledge that Software is not designed, licensed or intended for use in the design, construction, operation or maintenance of any nuclear facility. Sun disclaims any express or implied warranty of fitness for such uses. No right, title or interest in or to any trademark, service mark, logo or trade name of Sun or its licensors is granted under this Agreement.

3. LIMITED WARRANTY. Sun warrants to you that for a period of ninety (90) days from the date of purchase, as evidenced by a copy of the receipt, the media on which Software is furnished (if any) will be free of defects in materials and workmanship under normal use. Except for the foregoing, Software is provided "AS IS". Your exclusive remedy and Sun's entire liability

under this limited warranty will be at Sun's option to replace Software media or refund the fee paid for Software.

4. DISCLAIMER OF WARRANTY. UNLESS SPECIFIED IN THIS AGREEMENT, ALL EXPRESS OR IMPLIED CONDITIONS, REPRESENTATIONS AND WARRANTIES, INCLUDING ANY IMPLIED WARRANTY OF MERCHANTABILITY, FITNESS FOR A PARTICULAR PURPOSE OR NON-INFRINGEMENT ARE DISCLAIMED, EXCEPT TO THE EXTENT THAT THESE DISCLAIMERS ARE HELD TO BE LEGALLY INVALID.

5. LIMITATION OF LIABILITY. TO THE EXTENT NOT PROHIBITED BY LAW, IN NO EVENT WILL SUN OR ITS LICENSORS BE LIABLE FOR ANY LOST REVENUE, PROFIT OR DATA, OR FOR SPECIAL, INDIRECT, CONSEQUENTIAL, INCIDENTAL OR PUNITIVE DAMAGES, HOWEVER CAUSED REGARDLESS OF THE THEORY OF LIABILITY, ARISING OUT OF OR RELATED TO THE USE OF OR INABILITY TO USE SOFTWARE, EVEN IF SUN HAS BEEN ADVISED OF THE POSSIBILITY OF SUCH DAMAGES. In no event will Sun's liability to you, whether in contract, tort (including negligence), or otherwise, exceed the amount paid by you for Software under this Agreement. The foregoing limitations will apply even if the above stated warranty fails of its essential purpose.

6. Termination. This Agreement is effective until terminated. You may terminate this Agreement at any time by destroying all copies of Software. This Agreement will terminate immediately without notice from Sun if you fail to comply with any provision of this Agreement. Upon Termination, you must destroy all copies of Software.

7. Export Regulations. All Software and technical data delivered under this Agreement are subject to US export control laws and may be subject to export or import regulations in other countries. You agree to comply strictly with all such laws and regulations and acknowledge that you have the responsibility to obtain such licenses to export, re-export, or import as may be required after delivery to you.

8. U.S. Government Restricted Rights. If Software is being acquired by or on behalf of the U.S. Government or by a U.S. Government prime contractor

or subcontractor (at any tier), then the Government's rights in Software and accompanying documentation will be only as set forth in this Agreement; this is in accordance with 48 CFR 227.7201 through 227.7202-4 (for Department of Defense (DOD) acquisitions) and with 48 CFR 2.101 and 12.212 (for non-DOD acquisitions).

9. Governing Law. Any action related to this Agreement will be governed by California law and controlling U.S. federal law. No choice of law rules of any jurisdiction will apply.

10. Severability. If any provision of this Agreement is held to be unenforceable, this Agreement will remain in effect with the provision omitted, unless omission would frustrate the intent of the parties, in which case this Agreement will immediately terminate.

11. Integration. This Agreement is the entire agreement between you and Sun relating to its subject matter. It supersedes all prior or contemporaneous oral or written communications, proposals, representations and warranties and prevails over any conflicting or additional terms of any quote, order, acknowledgment, or other communication between the parties relating to its subject matter during the term of this Agreement. No modification of this Agreement will be binding, unless in writing and signed by an authorized representative of each party.

For inquiries please contact:

Sun Microsystems, Inc.

901 San Antonio Road

Palo Alto, California 94303

U.S.A.

JAVA 2 SOFTWARE DEVELOPMENT KIT STANDARD EDITION VERSION 1.3 SUPPLEMENTAL LICENSE TERMS

These supplemental license terms ("Supplemental Terms") add to or modify the terms of the Binary Code License Agreement (collectively, the "Agreement"). Capitalized terms not defined in these Supplemental Terms shall have the same meanings ascribed to them in the Agreement. These Supplemental Terms shall supersede any inconsistent or conflicting terms in the Agreement, or in any license contained within the Software.

1. Internal Use and Development License Grant. Subject to the terms and conditions of this Agreement, including, but not limited to, Section 2 (Redistributables) and Section 4 (Java Technology Restrictions) of these Supplemental Terms, Sun grants you a non-exclusive, non-transferable, limited license to reproduce the Software for internal use only for the sole purpose of development of your JavaTM applet and application ("Program"), provided that you do not

redistribute the Software in whole or in part, either separately or included with any Program.

2. Redistributables. In addition to the license granted in Paragraph 1 above, Sun grants you a non-exclusive, non-transferable, limited license to reproduce and distribute, only as part of your separate copy of JAVA(TM) 2 RUNTIME ENVIRONMENT STANDARD EDITION VERSION 1.3 software, those files specifically identified as redistributable in the JAVA(TM) 2 RUNTIME ENVIRONMENT STANDARD EDITION VERSION 1.3 "README" file (the "Redistributables") provided that: (a) you distribute the Redistributables complete and unmodified (unless otherwise specified in the applicable README file), and only bundled as part of the JavaTM applets and applications that you develop (the "Programs:); (b) you do not distribute additional software intended to supersede any component(s) of the Redistributables; (c) you do not remove or alter any proprietary legends or notices contained in or on the Redistributables; (d) you only distribute the Redistributables pursuant to a license agreement that protects ! Sun's interests consistent with the terms contained in the Agreement, and (e) you agree to defend and indemnify Sun and its licensors from and against any damages, costs, liabilities, settlement amounts and/or expenses (including attorneys' fees) incurred in connection with any claim, lawsuit or action by any third party that arises or results from the use or distribution of any and all Programs and/or Software.

3. Separate Distribution License Required. You understand and agree that you must first obtain a separate license from Sun prior to reproducing or modifying any portion of the Software other than as provided with respect to Redistributables in Paragraph 2 above.

4. Java Technology Restrictions. You may not modify the Java Platform Interface ("JPI", identified as classes contained within the "java" package or any subpackages of the "java" package), by creating additional classes within the JPI or otherwise causing the addition to or modification of the classes in the JPI. In the event that you create an additional class and associated API(s) which (i) extends the functionality of a Java environment, and (ii) is exposed to third party software developers for the purpose of developing additional software which invokes such additional API, you must promptly publish broadly an accurate specification for such API for free use by all developers. You may not create, or authorize your licensees to create additional classes, interfaces, or subpackages that are in any way identified as "java", "javax", "sun" or similar convention as specified by Sun in any class file naming convention. Refer to the appropriate version of the Java Runtime Environment binary code license (currently located at http://www.java.sun.com/jdk/index.html) for the availability of runtime code which may be distributed with Java applets and applications.

5. Trademarks and Logos. You acknowledge and agree as between you and Sun that Sun owns the Java trademark and all Java-related trademarks, service marks, logos and other brand designations including the Coffee Cup logo and Duke logo ("Java Marks"), and you agree to comply with the Sun Trademark and Logo Usage Requirements currently located at http://www.sun.com/policies/trademarks. Any use you make of the Java Marks inures to Sun's benefit.

6. Source Code. Software may contain source code that is provided solely for reference purposes pursuant to the terms of this Agreement.

7. Termination. Sun may terminate this Agreement immediately should any Software become, or in Sun's opinion be likely to become, the subject of a claim of infringement of a patent, trade secret, copyright or other intellectual property right.

Stichwortverzeichnis

Symbols

A

B

C

M

N

O

T

U

V

W

Z